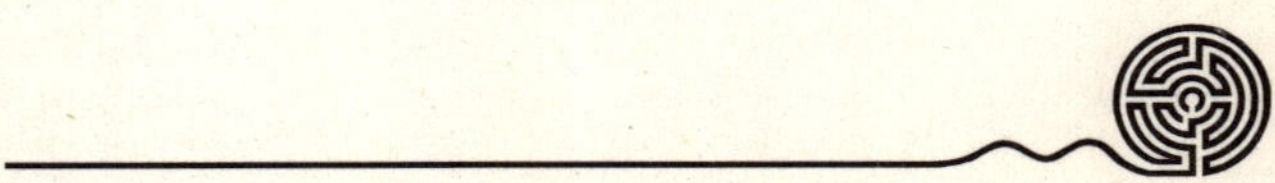

> Eine Krise, hatte Ela irgendwo gelesen, wirkt wie eine Lupe. Sie zeigt dir alles mit übergroßer Deutlichkeit. Das Gute wie das Schlechte.

Unter der Lupe sind hier vier Menschen, die auf unterschiedliche Art in Krisen geraten. Und mit ihrem Ringen im Alltag vergrößert die Lupe das Leben am Rand und inmitten der Großstadt Wien mit ihren Rhythmen und Gesichtern, ihren Institutionen und Traditionen, ihrem scheinbar anonymen Druck.

Anne Goldmann seziert ihre Romanfiguren mit unglaublicher Empathie. Sie legt bloß, wonach sie sich sehnen, was sie aus dem Tritt bringt und wovor sie insgeheim Panik haben. Sie zeigt Narben, die das Leben in Selbst- und Weltwahrnehmung hinterlassen hat. Diese literarische Autopsie ist liebevoll, ohne Blut und Skalpell, völlig frei von Voyeurismus. Sie fällt keinerlei Urteil über die strampelnden, sich im Hamsterrad der modernen Gesellschaft abrackernden Figuren. Figuren, die mir unter die Haut gehen, weil sie so echt sind, brüchig, unzulänglich, vertraut, lebendig, und so intim. Sodass ich mitfiebere, wenn sie sich verstricken, an ihre Grenzen geraten, in die Enge getrieben von einer feindlichen oder auch nur unachtsamen Umgebung.

Anne Goldmanns spezielle Kunst: Die Spannung entsteht nie aus der Frage, wer etwas getan hat, sondern aus der Ungewissheit, was als Nächstes folgt und ob die jeweilige Erzählfigur es schafft, da durchzukommen. Ein Moment des Wartens an der Bushaltestelle kann voller Hoffnung wie voller Schrecken sein.

> War da was? Sie wirbelte herum. Ein kleines Tier mit braunem Fell wieselte vorüber und verschwand im Gestrüpp. Ein Marder? Ein Hamster? Ihr Herz klopfte laut. Tom! Sie atmete auf. Trotz der Hitze trug er Jeans und ein weißes Hemd mit langen Ärmeln. Sie winkte. Er ging schneller und hob die Hand.
> Er geht wie jemand, der sich versteckt, er macht sich klein, dachte sie.

Im Wechselspiel des Erzählten zeigt sich nicht Gut oder Böse, sondern die widersprüchliche, akute Wirklichkeit – subjektiv, mehrdeutig und hochgradig spannend. *Das* ist für mich Thriller.

Else Laudan

Anne Goldmann

Alle kleinen Tiere

Ariadne 1251
Argument Verlag

Der Hund lag mitten auf dem Gehsteig. Er war weiß-gelb gefleckt, nicht allzu groß, aber kompakt. Es schien, als äugte er zu ihr herüber. Sie sah seine spitzen Zähne und sah ihn grinsen. Hunde waren so. Erst taten sie harmlos, dann schnappten sie zu.

Die Luft sirrte, ihre Wangen brannten. Der Flieder duftete wie verrückt. Sie blieb stehen – gespannt, bereit loszurennen, sobald er den Kopf hob, aber nichts dergleichen geschah. Mit dem Handrücken wischte sie sich den Schweiß von der Stirn und sah sich um. Die Straße lag ruhig da. Rechterhand duckten sich kleine verwitterte Häuser mit selbstgebauten Veranden zwischen kraftlose Sträucher.

Wenn er sie anfiel … Ihr Blick lief die verwilderte Buchsbaumhecke entlang, sprang über den schmalen, von Autos zugeparkten Weg und tastete die gegenüberliegende Seite ab: schlichte, ein Stück von der Straße zurückgesetzte Einfamilienhäuser, blendendes Weiß, Kunststofffenster, die Rollläden geschlossen. Die Fassaden waren, anders als herüben, kühl und zurückhaltend. In den winzigen Gärten verdorrte der ordentlich rasierte Rasen. Einzig das Grün ein Haus weiter hatte die Hitze der letzten Tage überlebt. Das Gartentor war angelehnt, Kinderspielzeug lag herum. Unter dem Giebel gähnte ein offenes Fenster.

Sie atmete aus. Der Hund rührte sich nicht. Er glich einem großen Stofftier, das jemand – ein Kind, dachte sie – verloren hat. Oder über den Zaun gepfeffert im Streit. Schlaff lag er da. *Abgefeimt. – Aber nicht mit mir!* Sie schob sich näher an die Hecke heran. Ohne ihn aus den

Augen zu lassen, bückte sie sich nach einer abgebrochenen Schneestange, die zwischen allerlei angewehtem Unrat lag, begutachtete sie und schwang sie probeweise durch die Luft. Das eine – orangefarbene – Ende war dunkel vor Schmutz.

Abgefeimt. Sie mochte solche Wörter. Tom kannte eine Menge davon. Er erklärte ihr ganz genau, was sie bedeuteten, und wenn er sich nicht sicher war, sahen sie im Internet oder in einem seiner Bücher nach.

Nicht mit mir, Hund! Entschlossen packte sie den Stock fester und zwängte sich zwischen zwei parkenden Autos durch auf die Straße. Sie hörte sich selber atmen und spürte den Schweiß die Wirbelsäule entlang und zwischen ihren Brüsten rieseln. Jetzt war sie mit ihm auf einer Höhe. Aber da kam kein Knurren, kein Fiepen, kein Gebell. Sie linste zwischen zwei Autos durch: Er lag unverändert da.

Hier stimmte etwas nicht! In sicherem Abstand trat sie wieder auf den Gehsteig. Jetzt sah sie ihn von vorn. Unter seinem Kopf hatte sich eine dunkle Pfütze ausgebreitet. Vielleicht war ihm schlecht? Kreislaufprobleme! Es war brütend heiß. Oder ein Auto hatte ihn angefahren …

Auch wenn sie Hunde aus gutem Grund nicht mochte – man konnte ihn unmöglich hier in der prallen Sonne liegen lassen. Sie nagte an ihrer Unterlippe und nahm allen Mut zusammen. Er war matt, geschwächt. Das Risiko hielt sich in Grenzen.

»Hund!«

Nichts.

Fliegen summten.

Langsam ging sie auf ihn zu. Sie blieb stehen und zog die Unterlippe zwischen die Zähne, hob schließlich die Stange und stupste ihn vorsichtig an. »Hund?«

Aus der Nähe betrachtet war er dreifarbig. Er hatte Locken wie sie. Weiße Pfoten, als trüge er kurze, schief sitzende Söckchen. Zögernd, wie in Zeitlupe, schob sie den rechten Fuß vor. Die Schuhspitze berührte sein Fell. Das Bild brannte sich ihr ein: Ein kleines Gesicht mit verspanntem Kiefer, struppige weiße und hellgraue Haare auf dem schlaffen Bauch, darunter das babyblaue Lackleder ihrer Ballerinas, darunter der Asphalt.

Unvermittelt kam Wind auf. Er fuhr ihr unter den Rock, bauschte ihn und schlug ihn ihr gegen die Brust. Energisch strich sie den Stoff nach unten. *Marilyn*, hatte Tom gesagt, aber sie hieß Rita und sah auch ganz anders aus.

Die gellenden Schreie, der Stoß, die Schläge und Tritte, das Folgetonhorn, Türenschlagen und weiteres Gebrüll – all das geschah innerhalb von Sekunden. Hart schlug sie auf dem Boden auf. Sie riss die Arme vors Gesicht und krümmte sich zusammen. Ein Tritt traf ihre Hüfte. Wimmernd versuchte sie sich wegzudrehen. Dann Staub, Getrampel, blaues flackerndes Licht, schmutzige Schuhe, Uniformhosen – und die trüben, toten Augen des Hundes ganz nah. Die Fliegen summten. Alles tat ihr weh. Der Hund roch aus dem Mund und der Mann über ihr, von zwei Uniformierten nur mit Mühe zurückgehalten, schrie und schrie: »Du Schwein! Du Schwein! Ich bring dich um!«

¤ ¤ ¤ ¤

Es war nicht das erste Mal, aber diesmal war alles anders. Die Bestatter hatten rote Gesichter, der Mund der Grabrednerin bewegte sich unablässig, die Sonne brannte herab. Es waren nur wenige, durchwegs ältere Leute gekommen. Sie standen mit gleichmütigen Mienen nebeneinander und wischten sich von Zeit zu Zeit mit ihren Stofftaschentüchern über die Stirn. Ein gelbgesichtiger Mann in einem viel zu weiten dunkelgrauen Sommeranzug lehnte an seinem Rollator. Die Frau hinter ihm, deutlich jünger als er, aber auch schon weit in den Sechzigern, blondiert, mit stumpfen Haarspitzen, schaute verstohlen auf ihre Armbanduhr. Schweißtropfen rollten ihr ins faltige Dekolleté. Ela kannte keinen von ihnen. Der Mann, dessentwegen sie hier zusammengekommen waren, hatte nie jemanden eingeladen und war zuletzt nur noch selten ausgegangen. Auch sein Sohn, der ganz vorne am Grab stand und alle anderen überragte, war in all der Zeit, die sie bei ihm in der Wohnung gelebt hatte, nur zweimal aufgetaucht. Es hatte beide Male mit Streit geendet.

Als hätte er ihren Blick gespürt, wischte er sich jetzt über den Nacken. Wie man Spinnweben wegwischt, dachte sie. Oder ein lästiges Insekt. Er beugte sich zur Seite und flüsterte dem neben ihm Stehenden etwas ins Ohr. Sie sah ihn im Profil: ein attraktiver Mann, gut gekleidet und, wie sich gezeigt hatte, genauso stur wie sein Vater. Er war buchstäblich in letzter Minute in die Aufbahrungshalle gekommen, hatte sich in der ersten Reihe ganz links neben ein älteres Paar gesetzt, sich zweimal nach ihr umgedreht und dann die meiste Zeit auf die Kerzen geschaut, die zu beiden Seiten des Sarges brannten. Die Angehörigen sitzen während der Verabschiedung immer auf der Herzseite des Toten, hatte ihr einmal eine Bestatterin erzählt. Verstohlen zupfte sie ihr Kleid zurecht und wechselte die Blumen, einen kleinen Strauß gekräuselter lilafarbener Nelken, in die andere Hand. Sie roch ihren eigenen Schweiß und presste die Arme eng an den Körper. Der süßliche Geruch der weißen Lilien, der müden gelben Rosen, die an den Rändern bereits bräunten, kam in Wellen. Sie spürte Übelkeit aufsteigen, schluckte mehrmals und befeuchtete sich mit der Zunge die Lippen. Ich sollte nicht hier sein, dachte sie. Es war ein Fehler! Aber wenn sie heute fehlte, würde man sich bestimmt fragen … Das Herz klopfte ihr im Hals. Seit Tagen, seit er tot war, hörte sie ihn jede Nacht durchs Haus gehen, näher kommen, sich wieder entfernen. Hörte ihn atmen. Das war das Schlimmste.

Sie schrak auf. Die Rednerin hatte geendet und war zur Seite getreten. Jetzt kam Bewegung in die kleine Gruppe. Die Trauergäste wichen zurück, die Bestatter schoben den Sarg langsam auf das offene Grab zu. Ela starrte auf die Bretter, die es begrenzten, auf die Rücken der Männer in den grauen Talaren, ihre behandschuhten Hände. Von irgendwoher kam Musik. Sie fühlte sich wie betäubt. Wieder hatte sie den grau-weiß gefliesten Küchenboden vor sich, seine weit aufgerissenen Augen und seine Hand, die … Sie fuhr sich an die Kehle, keuchte und rang nach Luft. Die Fliesen – übersät von dicken Flocken. Wie Schnee … *Erde zu Erde, Asche zu Asche, Staub zu Staub. Ich sollte nach vorne gehen.* Aber sie verharrte reglos, sah den Sarg auf einem Gestell über dem Grab stehen, einen der Bestatter sich nach vorne beugen und an einer Kurbel drehen, sah, wie die schwere Eichentruhe sich langsam senkte und schließlich verschwand. Sie biss sich auf die Knöchel und wimmerte. Schlurfende Schritte pflügten durchs trockene Gras. Gesichter wandten sich ihr zu, verschwammen. Jemand hustete. Wieder und wieder prasselte Erde auf den Sargdeckel hinab. Der Liliengeruch hob ihr den Magen. Sie wankte. Sah seine Augen, weit aufgerissen, starr, die rotblauen Lippen, hörte die Fliegen, das Ticken der Küchenuhr, ein Gurgeln – und schrie.

¤ ¤ ¤ ¤

Der kürzeste Weg vom Studio nach Hause führte über den Friedhof. Marisa nickte ihrer Instruktorin, einer sehnigen Mittdreißigerin, zu und warf sich die Sporttasche über die Schulter. Geschafft! Seit sie hierher gewechselt hatte, klappte es wieder mit dem Training. Sie mochte die puristische Ausstattung der Räume, den Verzicht auf jeglichen Schnickschnack wie Sauna, Shop und Saftbar, das konzentrierte Arbeiten an den Maschinen, genau nach Plan. Man kam zwei-, dreimal die Woche, um etwas für seine Fitness zu tun, duschte, grüßte und ging seiner Wege.

Als sie vor die Tür trat, glühte der Asphalt. Sie kniff die Augen zusammen und angelte nach ihrer Sonnenbrille. Überquerte den Parkplatz, eilte die Friedhofsmauer entlang und öffnete das schmiedeeiserne Tor. Der Straßenlärm blieb zurück. Sperlinge tschilpten. Zwischen den Gräbern bewegten sich träge ein paar ältere Frauen. Ein greises Paar saß auf einer der Bänke unter der Linde. Beide waren sorgfältig, aber viel zu warm gekleidet und hielten einander an den Händen. Als Marisa näher kam, blickten sie auf. Die Frau grüßte, der Mann neigte sein Haupt ein wenig zur Seite, als prüfe er das Geräusch ihrer Schritte auf dem Kies. Er lächelte versonnen. Seine Augen waren von einem ganz hellen wässerigen Blau.

Auf Höhe der Aufbahrungshalle bog sie in den asphaltierten Hauptweg ein. Das Tor zum Andachtsraum, in dem die Verabschiedungen stattfanden, war bereits geschlossen. Unter den Bäumen standen drei Bestatter neben einem Leichenwagen. Der vierte, jünger als die anderen, ging leise telefonierend auf und ab. Niemand nahm Notiz von ihr.

Weiter vorne, unter den Birken, war eine kleine Trauergemeinde im Begriff sich aufzulösen. Eine Frau war allein zurückgeblieben. Marisa hätte nicht zu sagen vermocht, ob sie hässlich war – oder schön. Sie trug ein dünnes schwarzes Kleid mit langen Ärmeln, aber keine Strümpfe. Ihre hellen Beine wirkten in ihrer Nacktheit in dieser Umgebung geradezu obszön. Die schmale Gestalt krümmte sich wie unter Krämpfen. Ihre Züge waren vom Heulen dermaßen verzerrt, dass Marisa ein leichter Ekel ankam.

Sie hielten Abstand. Niemand kam zurück, trat zu ihr, legte ihr den Arm um die Schultern. Keiner spendete ihr Trost. Fast unwirsch wandten sich die letzten Trauergäste ab und hasteten auf den Ausgang zu.

Marisa verhielt den Schritt. Wie damals auf der Autobahn – quietschende Bremsen, Glassplitter, ineinander verkeilte Fahrzeuge, die blutende Frau auf der Fahrbahn, die gellend schreit – starrte sie auf die Szene vor sich wie auf ein Naturereignis, das seinen Lauf nimmt und auf eine Katastrophe zusteuert.

Warum hilft denn keiner?

Autos waren vorübergefahren. Gesichter an den Seitenfenstern. Offene Türen, Hupen, Stau. Ein Pulk von Schaulustigen, der rasch anwächst, dichter wird, näher rückt, sich weiter und weiter nach vorne drängt, von der Feuerwehr, den Rettungssanitätern schließlich mit Gewalt beiseitegeschoben werden muss. Und sie, Marisa, inmitten der Gaffer, selber gaffend, ohne was zu tun.

Ihr Atem ging schneller, die Hand fuhr an den Mund.

Was zum Teufel … die war doch gestört! Jetzt lag sie auf den Knien im vertrockneten Gras, neben den Lilien, den Rosen, dem Grün, seltsam verdreht, das Gesicht zur Seite gewandt, als wollte sie sich zu dem Toten legen. Hysterisch! Total hysterisch!

Aber was, wenn ihr übel geworden war?

Ich sollte hingehen.

Und dann? – Ihr aufhelfen? Sie stützen? Von ihrem Elend überschwemmt werden?

Entschlossen packte sie den Griff ihrer Sporttasche fester. Mochte einer der Trauergäste, der sie kannte … Sie drehte sich um. Oder die Bestatter! Der Leichenwagen hatte sich in Bewegung gesetzt und kam langsam auf sie zu. Über der flimmernden Hitze des Asphalts schien er zu schweben. Sie trat zurück ins Gras und ließ ihn passieren. Der Jüngste telefonierte noch immer. Sein Gesicht leuchtete.

Dann ging alles ganz schnell: Der neben dem Fahrer wies nach vorne, der Wagen beschleunigte, bremste, stoppte, die Türen flogen auf. Zwei Männer beugten sich über die Frau, die verwirrt um sich schaute. Einer hob sein Handy ans Ohr und wandte sich ab. Der Jüngste stand da mit hängenden Armen. Als sie ihn ansah, errötete er und senkte den Kopf.

Eine leichte Brise streifte Marisas Nacken. Sie stand wie gebannt, während die Bestatter auf die Fremde einredeten, zu zweit neben ihr in die Hocke gingen, sie stützten und ihr aufhalfen. Ihr Haar hatte sich gelöst und verdeckte das Gesicht. Sie schwankte, strauchelte. Der Fahrer fing sie auf. Jetzt nahmen sie die Männer in die Mitte und führten sie zu einer nahegelegenen Bank. Kurz davor sackte die Frau erneut zusammen. Sie war sehr schlank – Marisa seufzte –, Schlüsselbeine und Hüftknochen stachen deutlich hervor. Das billige schwarze Fähnchen umflatterte ihre nackten Beine.

Eine Staubwolke fegte über den Boden. Der Wind wurde stärker. Er wirbelte Blätter, Plastik und Papierfetzen empor und fuhr ihr ins Gesicht. Das Grüppchen hatte die Bank erreicht, die Frau sank nieder, den Nacken gebeugt. Wieder umringten sie die Männer, ständig die Plätze wechselnd, ein groteskes Ballett in dunklen Uniformen, ganz auf die Fremde konzentriert. Einer kniete sich hin und tastete nach ihrem Puls, ein anderer wedelte mit seinen Handschuhen vor ihrem Gesicht herum.

Der Wind heulte und pfiff in den Zweigen. Er klapperte mit den Türchen der Grablaternen, warf Blumenvasen um und zerwühlte die Baumkronen. Wolken schoben sich ineinander, Vögel taumelten durch die Luft. Der Himmel hatte die Farbe dunkler Tinte. Gleich würde es schütten.

Jetzt hob die Frau den Kopf. Auch die Männer sahen zu Marisa herüber. Hinter ihr, jenseits der Mauer, näherten sich Motorengeräusche. Autos hupten, der unverwechselbare Signalton eines Rettungsfahrzeuges setzte ein. Da endlich riss sie sich los und rannte zum Ausgang. Eine Böe erfasste sie und drückte sie gegen das Gittertor.

¤ ¤ ¤ ¤

Rita war den Polizisten dankbar. Sie hatten den Mann mit dem roten Gesicht von ihr weggezerrt, ihn festgehalten, gebändigt und ins Auto verfrachtet. Zu zweit hatten sie auf ihn eingeredet, hatten telefoniert, ihm einen Zettel in die Hand gedrückt, schließlich die hintere Wagentüre wieder geöffnet und ihn weggeschickt. Sie durfte einsteigen. Im Kommissariat hatte eine freundliche Polizistin mit breiten Hüften, deren Atem nach Kaffee roch, notdürftig ihre Wunden versorgt und ein Glas Wasser vor sie hingestellt.

Aber all die Fragen!

»Nein«, bestätigte sie, »ich mag Hunde nicht.« Auf ihrem Kleid war sein Blut. Sie dachte an die Fliegen und an sein trauriges kleines Gesicht und wurde selber traurig. »Aber ich habe ihm nichts getan.« Der Ellbogen war aufgeschürft und brannte, Schulter und Hüfte schmerzten bei jeder Bewegung. »Was geschieht jetzt mit ihm?«

»Dem Mann?«

Sie schüttelte den Kopf. »Dem Hund.«

»Ein bisschen spät, meinen Sie nicht?«, blaffte der hagere Polizist hinter dem zweiten Schreibtisch nahe dem Fenster, der die ganze Zeit abwechselnd aus einer großen Tasse getrunken, in Papieren geblättert und grimmig vor sich hin gestarrt hatte. »Vielleicht fragen Sie sich besser, was jetzt mit Ihnen passiert.«

Rita zuckte die Achseln. Frau Freese würde kommen, ein ernstes Gespräch mit ihr führen und sie in ihrem eigenartig riechenden Auto nach Hause bringen. Aber heute war Samstag und Frau Freese hatte frei! Sie war fast ein wenig erleichtert. »Dauert das hier noch lange?«, wandte sie sich an den dicken Polizisten vor ihr.

Seine Finger verharrten, legten sich wieder auf die Tasten, bewegten sich, zögerten – und tippten weiter. Er schwitzte und roch ein wenig säuerlich. Durch die dünnen Haare konnte sie seine blasse Kopfhaut sehen. Der Scheitel saß knapp über dem linken Ohr. Sie stellte sich vor, wie er schwimmen ging. In einer großen, weiten Badehose, die seinen Bauch bis über den Nabel bedeckte, zögernd und ein bisschen unbeholfen ins Wasser stieg. Sah ihn untertauchen und mit einer Glatze wieder an die Oberfläche kommen, die schlappe Strähne neben ihm treiben wie ein ertrunkenes Tier.

Ihre Mundwinkel zuckten.

»Das kommt ganz auf Sie an.«

Sie schaute in freundliche braune Augen. Sofort hatte sie ein schlechtes Gewissen. Aber es war wie früher in der Kirche: Je mehr sie sich bemühte, ernst zu bleiben, desto stärker wurde der Reiz. Sie nestelte ein Taschentuch hervor und tat, als putze sie sich die Nase. Es half nicht. *Die schlappe …* Sie prustete los, hielt sich die Hände vor den Mund, krümmte sich … *Strähne!* Sie röchelte, grunzte, Tränen liefen über ihre Wangen.

»Finden Sie das lustig?« Der dünne Polizist sprang auf und stürzte auf sie zu. Sie wich zurück, fühlte die harte Sessellehne im Rücken – und erstarrte.

»Ein Tier erschlagen! Es totprügeln!«, brüllte er. »Eine säugende Hündin! Das findest du lustig, ja?« Er atmete schwer. »Was bist du nur für ein –«

Rita zog den Kopf zwischen die Schultern. Sie konzentrierte sich auf die Pflanze im Topf direkt hinter den beiden, die ganz neu aussah und glänzte. »Ich habe ihm nichts getan«, flüsterte sie. Ihre Knie zitterten.

»Und die Welpen? Wir haben keine Ahnung, wo die sind. Sollen die jetzt verrecken, oder was? Ohne Milch? Ohne …«

Rita hielt den Atem an. Schnaps! Und ein aggressives Parfum! Der klägliche Versuch zu überdecken, dass er trank. Sie dachte an ihre Mutter. Wie sie sich eingenebelt hatte, jedes Mal, bevor sie aufs Amt gegangen war. Noch einen Schluck getrunken und sich die Zähne geputzt hatte. Riechst du was, Ritalein. Nein, oder? Bei ihrer Rückkehr hatte sie geweint.

»Darauf stehen bis zu zwei Jahre Haft.« Sie starrte auf das Geflecht blauer Linien, das sich von seiner fleischigen Nase über beide Wangen zog. Er hatte mehr und breitere Streifen auf seiner Uniform als ihr Polizist. Das hieß, er hatte hier das Sagen. Ihr Kiefer krampfte.

»Kapierst du das?« Speichel flog von seinen Lippen.

Gleich würde er sie packen und vom Sessel zerren … Sie zog den Hals ein.

»Das heißt Gefängnis!«

»René!«

»Strafdrohung – zwei Jahre. Da kommst du so schnell –«

»René, hör auf!« Die Stimme ihres Polizisten kam von weit her.

»Ich –« Ihre Stimme versagte.

»Da wird dir das Lachen schon vergehen!« Seine Augen waren schmale Schlitze, der Mund hässlich verzogen.

»René!«

Es war sinnlos. Das wusste sie. Wenn einen Säufer erst die Wut packte, schaukelte er sich ohne das Zutun anderer selber hoch und immer höher. Anklagen, Vorwürfe, Selbstmitleid, Drohungen, Hass – all das wechselte sich immer schneller ab. Dann gab es Schläge, Prügel, je nachdem, und dann das heulende Elend, Entschuldigungen, Versprechen – und wieder Schnaps, und … Oma, dachte sie, Oma. Ihre Schultern sanken herab. Sie fühlte nichts.

»Hat er dir nicht leidgetan?«, fragte er jetzt gefährlich leise. »Nein? Wenn *dich* jemand mit einem Stock …«

Erschrocken riss sie die Arme in die Höhe. Der Schmerz fuhr ihr in die Seite.

Der dicke Polizist sprang auf. »Herrgott, René! Siehst du denn nicht –«

»Dass sie dich verarscht? Die Behinderte spielt? Das Unschuldslamm.« Sein ganzer Schädel glühte. »Ja, Bruno, das sehe ich!«

»Jetzt reiß dich zusammen! Du bist Polizist!«

Aber er war nicht mehr zu halten. »Diese Kreatur! Eine säugende Hündin! Und dann die Unschuld spielen! Ja, genau. Schau nicht so blöd.« Er ballte die Fäuste, sein Brustkorb hob und senkte sich. »Glaub mir, solche wie die stehen mir bis daher!« Er fuhr sich mit der Handkante über den Hals, als wollte er sich die Kehle durchschneiden. »Wenn ich mir vorstelle, dass das mein Arco … Wenn die meinen Schäfer –«

»René, das hat doch …« Der dicke Polizist hob begütigend die Hand, der Hagere schlug sie weg.

Rita wagte nicht zu atmen. Die Männer starrten einander an. Nach einer Weile wandte sich der Rotgesichtige unwirsch ab. Er atmete mehrmals keuchend aus. »Ja, wir sind Polizisten«, knurrte er. »Und keine verdammten Sozialhelfer, die verlässlich auf die Mitleidsmasche hereinfallen« – er wurde lauter – »und den Verbrechern Zucker in den Arsch blasen.« Sie zuckte zusammen, als er mit voller Wucht gegen den Schreibtisch trat. Er schwankte und schrie auf. Einen Moment lang starrte er dumpf vor sich hin, dann humpelte er davon. »Schau, dass du fertig wirst!«, bellte er über die Schulter. Ein Luftzug streifte ihren Nacken, die Tür schlug zu. Jetzt waren sie allein.

Rita hob den Kopf. Ihre Hände bebten.

Der dicke Beamte sah erschöpft aus. »Tut mir leid, Frau Vesely. Der Kollege ist manchmal ein wenig –«

»Er trinkt!« Seltsam, dass einem Polizisten so was nicht auffiel.

Er reagierte nicht. Langsam ging er um den Schreibtisch herum. Sein Sessel ächzte, als er sich niederließ. »Vielleicht …« Er runzelte die Stirn und beugte sich vor. Schweißtropfen rollten über seine Schläfen.

»Ja?«

Er lächelte gequält. »Machen wir weiter! Das Tier ist tot. Der Mann, der uns verständigt hat, sagt, Sie waren allein auf der Straße. Auf der Schneestange ist Blut. Auf Ihrem Kleid auch. Wie soll das da hingekommen sein?« Er redete langsam und sprach jedes Wort übertrieben deutlich aus.

Wahrscheinlich, dachte sie, hört er nicht gut.

»Hatten Sie Angst? Hat er Sie angefallen?«

»Wer?«

»Ob der Hund Sie angefallen hat.«

»Ich war das nicht«, sagte sie sehr laut.

Er musterte sie. Seufzte. »Frau Vesely, so kommen wir nicht weiter. Gehen wir das Ganze noch einmal in Ruhe durch. Sie sagten, Sie wohnen –«

»Ich wohne allein«, unterbrach sie ihn. Sie dachte an ihre schönen Orchideen zu Hause auf der Fensterbank und stellte mit Schrecken fest, dass sie vergessen hatte, sie zu tauchen.

¤ ¤ ¤ ¤

Manchmal fragte sich Marisa, ob andere das auch kannten: Das Gefühl, bei fast allem, was man machte, nur so zu tun als ob. Zu schauspielern. Sie saß im Büro über Tabellen, inmitten der Kollegen bei Besprechungen, betrat ein Amtshaus, marschierte mit ihren Unterlagen einen Gang entlang, klopfte an Türen und sah sich dabei zu. Es war ein wenig wie früher als Kind, wenn sie Erwachsensein gespielt hatte. Es hätte sie nicht gewundert, wenn jemand sie lachend enttarnt, ihr die Papiere aus der Hand genommen und sie weggeschickt hätte: Komm, Mädchen, das ist nichts für dich!

Alles war ihr zu groß. Selbst ihr Name.

Auf was für Ideen du immer kommst! Ihre Mutter hatte aufgelacht. Von wem du das wohl hast? Und sich gleich selber die Antwort gegeben: Von mir nicht!

Marisa wusste, dass man sie manchmal für arrogant hielt, weil sie den Kopf hoch trug und immer ein wenig Abstand zu den anderen hielt. Aber die kannten sie nicht. Es gab zwei, drei Ausnahmen. Der Mann, auf den sie gerade wartete, war eine davon.

Die beiden Fenster im noch sparsam möblierten Wohnzimmer standen offen, Vögel lärmten im Innenhof. Irgendwo plärrte ein Fernseher. Sie wanderte durch die Wohnung, setzte sich aufs Sofa, sprang auf und strich ihren Rock glatt. Ging zum Kühlschrank, wieder zurück, verschlang eine halbe Tafel Nussschokolade und putzte sich noch einmal die Zähne. Dann stand sie eine Weile unschlüssig vor dem Kleiderkasten im Schlafzimmer, zerrte sich schließlich den Rock über die Hüften und schlüpfte in das rote Kleid, das sie extra für ihn gekauft, aber noch nie getragen hatte, weil sie sich darin halb nackt fühlte. Als endlich die Klingel der Gegensprechanlage anschlug, läutete auch das Telefon.

Sie öffnete ihm barfuß, das Handy am Ohr. Er trat ein, legte den Kopf schief, machte schmale Augen, lächelte und zog sie in seine Arme. Er verfehlte ihren Mund, weil sie genau in dem Moment den Kopf zur Seite drehte. »Ja, Frau Niedeck, kein Problem.« Mit einer kleinen Drehung löste sie sich aus seiner Umarmung und deutete ihm mit einer Handbewegung, er möge ins Wohnzimmer weitergehen. »Ich kümmere mich darum. Mailen Sie mir die Unterlagen. Ja, klar. Nein, mach ich. Gern. Ja, bis Montag.« Ihr Lächeln fiel in sich zusammen.

»Job?« Er trat hinter sie. Sie wandte sich ihm zu, streckte sich und legte die Arme um seinen Nacken. Sie schloss die Augen. Er roch so gut! Sie duschte nie, nachdem sie zusammen gewesen waren, weil sie es mochte, mit seinem Geruch einzuschlafen und wieder wach zu werden. Er lachte darüber, aber sie wusste, dass es ihm gefiel.

»Ja. – Willst du etwas trinken? Ich habe –«

Er küsste sie. »Komm«, murmelte er mit einer Stimme, ein wenig dunkler und kehliger als sonst, mit einem Hauch von Atemlosigkeit. Damit hatte er sie damals geknackt.

»Ich weiß nicht. Ich …«

Er zog sie mit sich, als hätte sie nichts gesagt, beugte sich zu ihr herunter, küsste sie erneut, fordernder jetzt, und streifte ihr die schmalen Träger ihres Kleids über die Schultern. Seine Hände tasteten nach dem Zipp.

Sie räusperte sich. »Ich habe heute auf dem Friedhof eine Frau gesehen, die hat dermaßen geweint … Sie war ganz aufgelöst. – Noch nie habe ich jemanden so weinen sehen.«

Seine Lippen wanderten über ihren Hals zum linken Ohr, die Hände glitten über ihren Rücken, schoben das Kleid nach oben und kamen auf ihrem Hintern zu liegen. »Hmmmm.« Er presste sich an sie und knetete unter dem Slip ihre Pobacken. »Ich habe dich so vermisst. Schon den ganzen Nachmittag habe ich mir vorgestellt …«

Marisa sah sich zu, wie sie seinen Bewegungen antwortete, sich fügte, und zum ersten Mal dachte sie, dass es ihm gar nicht um sie ging.

Im Schlafzimmer kam er sofort zur Sache. Sie schloss die Augen und bewegte sich mit ihm, dachte an das alte Paar auf der Bank, an die Frau mit dem Gesicht im Gras, die Rosen, die Lilien, das Grün, atmete lauter, als er zu keuchen begann und härter in sie stieß, und wartete darauf, dass er mit einem leisen Grunzen auf sie fiel.

Sie lagen nebeneinander und schwiegen. Sie blickte zur Decke, wo Sonnenkringel miteinander spielten. Er streichelte ihren Arm.

»Du bist heute nicht –«

»Nein.«

Er rückte näher und drängte seine rechte Hand zwischen ihre Schenkel.

Sie schob sie weg. »Die Frau …«, sagte sie nach einer Weile.

»Welche Frau?« Er hatte keine Ahnung, wovon sie sprach.

»Komm her.«

Sie zögerte. »Du, wenn mir etwas zustoßen würde –«

»Was soll dir denn zustoßen?« Sofort rückte er ein Stück von ihr ab. »Es ist doch alles okay, oder? Hast du … bist du krank?« Jetzt war er alarmiert.

»Nein.« Sie verzog den Mund zu einem schmalen Lächeln. »Alles gut. Ich frage mich nur: Würdest du um mich … würdest du mich vermissen?«

»Klar.« Er lachte erleichtert. »Das weißt du doch, Liebes! Alles. Jede einzelne Stunde mit dir.« Seine Augen verengten sich. »Was hast du?«

»Nichts.« Sie machte sich los. Setzte sich auf, bückte sich nach ihrem Kleid und streifte es über.

»Was hast du?«, wiederholte er. »Was ist los?« Er klang genervt.

Der Reißverschluss klemmte. Sie zerrte daran, er ruckte, verbiss sich tiefer in den Stoff, sie gab auf. »Nichts. Ich hol mir was zu trinken. Willst du auch –?«

Die Matratze federte. »Nein danke. Ich gehe duschen.«

Sie erstarrte in der Bewegung. »Jetzt schon? Ich dachte –«

»Ich muss heute früher zu Hause sein. Wir haben Gäste.« Er mied ihren Blick.

»Ach so«, sagte sie. »Verstehe.« Die Enttäuschung mauerte ihr den Hals zu.

Mit zwei, drei Schritten war er bei ihr. »Du machst jetzt kein Drama draus, Liebes?« Wie in einem dieser blöden Filme, die ihre Mutter sich immer ansah, wenn sie nicht schlafen konnte, umfasste er ihr Kinn und zwang sie, zu ihm aufzuschauen. Sein Blick war sanft und besorgt wie damals auf der Autobahn, als er sie aus dem Getümmel zu ihrem Auto gelotst hatte. »Hey … nicht weinen, Kleines. Wir sehen uns ja wieder. Und bald …«

Sie schniefte und hasste sich dafür.

»Mach es mir nicht noch schwerer. Du weißt doch …«

Sie nickte und blinzelte. Er drückte sie an sich und tätschelte ihren Hinterkopf.

Als er ihr später, schon im Auto, eine kurze Nachricht schickte, saß sie mit dem Laptop auf den Knien auf dem Sofa und stopfte die restliche Schokolade in sich hinein.

¤ ¤ ¤ ¤

Rita schaute an sich hinab. Ihr schönes neues Kleid war steif vom eingetrockneten Blut. Es stank. Wahrscheinlich musste sie es wegwerfen. Der Beamte korrigierte schon wieder irgendwas, und sie hatte langsam genug. Weil es bei Tom immer Kaffee und Kuchen gab, hatte sie nur eine Kleinigkeit zu Mittag gegessen. Und seitdem, seit mehr als vier Stunden, nichts getrunken als ein Glas Wasser! Entschlossen griff sie nach dem Riemen ihrer Tasche, Lackleder, kaum größer als ein Portemonnaie, und schob den Holzsessel zurück.

Es reicht!

Sie musste dringend aufs Klo. Eine Telefonzelle finden, Tom anrufen. Und etwas essen. Zu dumm, dass sie das Handy zu Hause vergessen hatte! »Ich gehe jetzt«, sagte sie laut. »Auf Wiedersehen.«

Der Polizist hob die Hand. »Frau Vesely, wir sind noch nicht fertig. Sie müssen noch das Protokoll durchlesen. Und dann unterschreiben.«

Sie schob die Unterlippe vor.

»Ich kann es Ihnen vorlesen«, bot er an.

»Nein!« Frau Freese hatte ihr eingeschärft, nichts zu unterschreiben. Auf keinen Fall, nirgends, egal, was die Leute sagen, wie nett sie sind und was sie dir versprechen. Hörst du, Rita, du musst das nicht tun! Das hat Zeit. Du bringst das Papier mit. Ich schau es mir an, und wenn es in Ordnung ist …

In diesem Punkt hatte Frau Freese recht: Jede einzelne Unterschrift in den letzten beiden Jahren, seit sie allein wohnte, hatte ihr Ärger eingebracht. Und das hier sah auch danach aus.

»Frau Vesely, bitte setzen Sie sich. Wir sind gleich fertig.« Der Drucker ratterte.

Sie blieb stehen und verschränkte die Arme vor der Brust. »Sie haben gesagt, ich muss nicht unterschreiben«, sagte sie mit fester Stimme. »Ich darf …« Auch die Tasche hatte etwas abgekriegt. Mit einem einigermaßen sauberen Zipfel ihres Kleides polierte sie die glatte Oberfläche. Schon besser, aber ohne Spucke …

»Warten Sie«, sagte er. Hatte er sie nicht gehört? »Ich gebe Ihnen einen Ausdruck. Sie lesen ihn in Ruhe durch …« Er wedelte mit ein paar Zetteln.

Ihre Blase drückte. Sie presste die Beine zusammen. Wenn sie nicht gleich …

»Frau Vesely!«

Aber da war sie schon bei der Tür, riss sie auf – und rannte dem zornigen Polizisten direkt in die Arme. Er packte sie grob. Sie schrie auf.

»Mooooment! Wohin so schnell?« Er hatte nachgetankt! »Niederschrift fertig?«, bellte er über ihre Schulter. Rita wand sich, aber er war stark. »So. Schluss jetzt mit dem Theater!«

»Lassen Sie mich los. Sie dürfen das gar nicht! Sie sind nicht … befugt.« Sie holte Luft. »Sie überschreiten Ihre … Kompetenzen.«

Der Mann lachte auf. »Nicht befugt! Kompetenzen! – Interessant.« Er löste den Griff und umklammerte Sekunden später ihre Handgelenke. Seine knochige Hüfte presste sich an ihren Bauch. Rita erstarrte.

Niemand darf dich anfassen, wenn du das nicht willst, hörst du, Rita. Niemand hat das Recht, gegen deinen Willen …

Ihr Mund war trocken. »Loslassen! Sofort!«, stammelte sie. »Wenn Sie nicht gleich … Ich muss –«

»Gar nichts musst du!«

Sie versuchte, ihm ihre Arme zu entwinden. »Lass mich los!«

»Das hättest du dir vorher –«

Da hob sie das rechte Bein und holte Schwung. Erwischte ihn mit dem flachen Absatz am Knöchel und rutschte ab. Er brüllte auf und drehte ihr mit einer raschen Bewegung die Hände auf den Rücken. Sie sog die Luft zwischen die Zähne und ging in die Knie. Der Schmerz trieb ihr Tränen in die Augen.

»Das hat sich ausgezahlt«, zischte er an ihrem Ohr. Seine Ausdünstungen hoben ihr den Magen. »Widerstand gegen die Staatsgewalt. Du weißt, was darauf steht?«

»Ich will nach Hause«, flehte sie.

Erst jetzt sah sie ihren Polizisten. Er bückte sich umständlich nach ihrer Tasche und richtete sich schnaufend wieder auf. »Kinderl, was haben Sie sich denn *dabei* gedacht?«

»Die ist verrückt«, keuchte der andere. »Du mit deinem … Geh weg, Bruno, ich mach das schon.«

Rita schrie auf, als er ihre Arme auf dem Rücken nach oben drückte.

»Wir werden keine Handfesseln brauchen. Aber die – *Dame* soll sich erst einmal beruhigen. – Nein, die Tasche bleibt hier.« Energisch schob er sie auf den Gang. Ihre Blase war zum Platzen gespannt. Alles, nur das nicht!, dachte sie. Nicht hier vor allen Leuten!

Uniformierte kamen ihnen entgegen, Männer, eine Frau. Irgendeiner musste doch … »Hilfe! Helfen Sie mir! Hilfe!« Niemand reagierte. Einer lachte.

»Iris!«, rief der Polizist, während er sie weiterzerrte. Eine blonde Frau mit Zopf löste sich aus der Gruppe, machte kehrt und ging neben ihnen her. Sie war noch sehr jung. Ihre Schuhe knirschten bei jedem Schritt.

»Bitte«, flüsterte Rita. »Ich habe nichts …« Aber da ging es schon im Laufschritt die Stiege hinunter. Der Schweiß brach ihr aus allen Poren. »Hilfe!« Sie stolperte und wurde hochgerissen. Zwiebel- und Oreganogerüche strömten ihr entgegen. Ein weiterer, jetzt schmälerer Korridor, noch immer kein Mensch zu sehen, an einem leeren Büro vorbei, in dem ein Karton mit Pizzaresten auf dem Schreibtisch lag, Bildschirme flimmerten, dann nach rechts. Ein Schlüsselbund klirrte, sie wurde in einen stickigen Raum geschoben und die schwere Türe schlug hinter ihr zu.

Rita stand wie betäubt.

Sie hätte später nicht mehr zu sagen vermocht, wie lange sie so dagestanden war, die Knie gebeugt, mit dem Rücken an die schwere Stahltüre gelehnt, hechelnd, ein dumpfes Wummern in den Ohren. Irgendwann begannen ihre Knie zu zittern, ihr Mund war wie ausgedörrt, ihre Hände flatterten. Langsam hob sie den Kopf und richtete sich auf. Ihre Blase schmerzte. Sie stieß die Tür zum Nassraum auf und prallte zurück. Pissoirgestank schlug ihr entgegen, die scheußlich warme Luft stand unbewegt wie eine Wand. Sie hob den Rock und zerrte sich den Slip hinunter. Das WC war aus Metall und völlig versaut, der Deckel fehlte. Vorsichtig ging sie in die Hocke und drückte die rechte Hand gegen den Bauch. Nur nirgends anstreifen! Der verschmierte Fliesenboden unter ihr war feucht, dicke Silberfischchen huschten davon. Die Tür war einen Spalt weit offen geblieben. Dahinter lag eine schmutzig graue Wand, übersät mit einzelnen Wörtern und derben Zeichnungen. Sie krümmte sich. In ihrem Becken, dort, wo ihre Blase war, lag eine

Kugel aus Beton, die zunehmend größer zu werden schien. Es tat so weh! Draußen ratterte etwas vorbei – sie zuckte hoch –, dann war es wieder still. Ihre Schenkel krampften, Tränen schossen ihr in die Augen. Wie lange hockte sie schon da? Fünf Minuten? Eine Viertelstunde? Ihr Herz raste. Panik fiel sie an. Was, wenn ihre Blase platzte? Konnte man daran sterben? Stöhnend erhob sie sich – und rutschte aus. Sie taumelte, ruderte mit den Armen und knallte gegen die geflieste Wand. Der Schmerz nahm ihr den Atem. Was ... war das Blut? Schmutz? Ihre Nasenflügel zogen sich zusammen. Kot? Sie würgte und spreizte den Arm ab.

Das Waschbecken hing neben der Tür. Wasser spritzte hoch und wirbelte in den Abfluss. Hinter der dünnen Wand gurgelte, schmatzte und gluckste es in den Rohren und machte alles nur noch schlimmer. Ein kalter, harter Strahl spülte die bräunliche Paste weg. Sie rieb und schrubbte, bis die Haut nahezu taub war. Dann schüttelte sie das Wasser von den Armen und schloss mit einem Ruck die Tür.

Wieder kauerte sie über der Klomuschel und massierte sich den Bauch. Sie summte, zählte bis hundert und zurück, versuchte an etwas anderes zu denken, aber es half nicht. Oma, dachte sie, Oma! Ihr Kinn bebte. *Wie sie mich gehalten hat. Getröstet. Auch, als ich schon groß war: Alles gut, Rita, alles gut.* Sie hätte gewusst, was zu tun war. *So schnell stirbt man nicht.*

Schritte tappten über ihr und stoppten. Die Leitung pfiff, ein Wasserschwall schoss direkt hinter ihr mit einem Donnern in die Tiefe. Sie plumpste auf den Sitz, ihr Atem floss, das Wasser rauschte, spritzte hoch, Uringeruch stieg auf. Und langsam, langsam löste sich der Schmerz.

Nur nicht sitzen, nur nicht denken! Rita bleibt stehen. Trabt wieder los. Sieben Schritte sind es bis zum Fenster. Und knappe fünf von Wand zu Wand. Sie klopft gegen die Tür. Sie weint. Die rechte Seite ist ganz straff und heiß und prall.

Sie hebt den Rock, betastet ihre Hüfte. Und wieder klopft sie, lauscht. Sie fleht. Sie schreit. »Der Hund, das war ich nicht!« Und: »Hilfe! Helft mir doch! Ich habe ihm nichts getan!« Die Hitze flimmert, alles tut ihr weh. Sie rennt zum Fenster. »Hilfe! Hört mich denn niemand? Lasst mich raus.«

»He, willst du ficken?«, grölt da einer aus dem Hof. Ein raues Lachen folgt. Ein Echo wiehert laut.

Bestürzt springt sie zurück, macht kehrt. Lehnt an der Wand. Die ganze rechte Seite pocht. Da ist ein Tisch. Ein Sessel, festgeschraubt. Und Gitter. Sichtschutzglas. Ihr Atem fliegt. Und rechts, da steht ein Bett. Ein Bett! Das ist kein Warteraum! *Zwei Jahre, hat der Polizist gesagt. Zwei Jahre!* Rita keucht. *Das kann ich nicht, das halte ich nicht aus!* Vor dem gekippten Fenster gurren Tauben. Stimmen steigen aus dem Hof, und einer lacht. Ein Auto startet und fährt los.

Sie sinkt aufs Bett. Steht wieder auf. Erklimmt den Tisch. Hört jemand grölen, gegen Gitterstäbe schlagen. Ein Klatschen hallt. Und Vögel fliegen auf. Dann setzt das Gurren, setzt das Trippeln wieder ein. Und keiner draußen weiß … Frau Freese, Tom … Das Kleid klebt ihr am Körper. Sie steigt vom Tisch. Sie tritt gegen die Tür, rutscht ab und flucht. Sie ballt die Faust und trommelt wild dagegen, wartet, horcht.

Alles bleibt still. Sie schluchzt. Die Tauben girren.

Niemand kommt.

¤ ¤ ¤ ¤

Die Sonne stand schon tief und spiegelte sich in den Fensterscheiben, der Himmel leuchtete flammend rot. Der Wind hatte die Wolken verblasen, es war immer noch drückend heiß. Tom Kralik schaltete die Kaffeemaschine aus und schüttete die bitter gewordene Brühe in den Ausguss. Der Raum war wie aus der Zeit gefallen: abgetretenes Linoleum, Vorhänge mit bunten Ovalen auf beigem Grund, ein röchelnder Kühlschrank, die Küchenzeile in sanftem Pastell und viel zu niedrig für ihn. Tief gebeugt spülte er die bauchige Kanne ab und ließ Wasser nachlaufen, bis das Becken wieder glänzte. Rita würde nicht mehr kommen.

Ich hätte es ihr nicht sagen dürfen!

Was zum Teufel hatte er erwartet? Sie hatte ihn angelächelt wie davor, hier in dieser Küche, später im Wohnzimmer, aber es war nicht mehr dasselbe. Er war nicht mehr derselbe. In ihren Augen.

Er stapelte die Tassen und Untertassen, weiß mit gewelltem Goldrand, auf die beiden Kuchenteller, legte die hellen Stoffservietten übereinander und stützte sich auf dem Tisch ab.

Er tat sich schwer mit Menschen. Immer schon. Es war mit den Jahren nicht besser geworden – im Gegenteil: Was anderen leichtfiel – mit jemandem ins Gespräch zu kommen, zu plaudern, Höflichkeiten auszutauschen –, trieb ihm jedes Mal den Schweiß auf die Stirn. Sie kamen ihm viel zu schnell viel zu nahe. Den meisten von ihnen gebrach es an Takt. Er wusste, was man von ihm erwartete. Er bemühte sich, lächelte, nickte, wenn das Gegenüber zu reden anhob, aber ein Teil von ihm war längst anderswo. Früher hatte ihm das Ermahnungen eingetragen. Von Lehrern, von Verwandten. Gelächter und Rippenstöße von anderen Kindern. Prügel auch. Schon als Kind war er ein Einzelgänger gewesen, ein schmächtiges Kerlchen, das mit vierzehn plötzlich in die Höhe geschossen war, oft genug Zielscheibe übler Scherze seiner robusteren Umgebung. Einer, der sich in dicke Wälzer vergraben hatte und am Ende des Sommers so blass gewesen war wie am Beginn der großen Ferien. Dennoch hatte er schlechte Noten nach Hause gebracht, zweimal die Lehre abgebrochen, und es hatte letztlich nur für eine Anstellung als Busfahrer gereicht. Jahrelang hatte er Schulkinder, Lehrlinge, Pensionisten und brave Arbeitnehmer quer durch die Stadt und im Laufe des Tages wieder zurück chauffiert. Hatte mittags ohne große Lust eines der Billigblättchen überflogen, die überall im Pausenraum herumlagen, sein Jausenbrot gekaut und gequält den Mund verzogen, wenn die Kollegen über ihre eigenen derben Witze lachten. Die anderen Fahrer hatten bald das Interesse an ihm verloren. Ein junger Kollege, der mit seinen Frauengeschichten prahlte, war zur Zielscheibe ihrer rauen Scherze geworden, und Tom hatte aufgeatmet, bis dann die Schmierblätter über ihn berichteten. Mit Balkenlettern auf den Titelseiten. Als die Kriminaler ihn in der Dienststelle abholten, war er unter den Blicken der anderen Fahrer durch die Gasse, die sich vor ihnen auftat, hinausgestolpert. Wie ein geprügelter Hund. Mit gesenktem Kopf, als wäre das Urteil bereits gesprochen.

Tom wischte sich über die Stirn. Er sah Rita vor sich, wie sie ihr Kleid, den weiten Rock sorgfältig glattstrich, bevor sie sich niederließ. Die viel zu roten Lippen, die Spange im Haar – ein Versuch, sich für ihn hübsch zu machen, der ihn rührte. Im Supermarkt hatte sie Jeans und Sneakers getragen und viel jünger ausgesehen.

Ich hätte es ihr nicht sagen dürfen!

Und deswegen hast du deine Arbeit …?

Ja. Mit gesenktem Kopf.

Wie sie sich zu ihm herüberbeugt. Ihre Kinderhand auf seiner. Aber du hast …? Eine steile Falte zwischen den verschiedenfarbigen Augen – links blau, rechts grün –, die ihn immer noch irritierten, der leicht geöffnete Mund.

Er schloss die Augen.

Nein. Nein! Rita, du musst mir glauben.

Aber wieso, Tom? Fast flehend. Du hättest doch einfach –

Ja, hätte ich.

Er schlug die Hände vors Gesicht. Sie hatte ihn gemocht.

Er hätte Geduld haben, abwarten müssen, bis sie einander besser kannten. Sie hatte ihn angesehen. Genickt. Von etwas anderem gesprochen. Sie war genauso lange geblieben wie sonst auch. Hatte sich am Gartentor noch einmal umgedreht und ihm gewunken, wie sie das immer tat. Er hatte ihr nachgesehen und gewusst: Sie wird nicht mehr kommen. Es war vorbei.

¤ ¤ ¤ ¤

Die Sonne war weitergewandert und lag jetzt auf der Fassade. Rita hatte aufgegeben. Mittlerweile glühte der Haftraum wie ein Backofen. Sie fühlte sich matt, ihre Haut glänzte, der Puls wummerte dumpf in ihren Ohren. Sie dachte an die Hündin. Hatten die Polizisten sie dort liegen lassen? Sie weggebracht? Die kleinen Hunde würden sterben. Sie kämpfte mit den Tränen. Wer tat so was? Sie biss sich auf die Knöchel. Aus jetzt! Genug! Das tat nur weh. Vielleicht waren sie ja unter ein Auto gekrochen und suchten jetzt nach ihr … Jemand wird sie gefunden haben. Einer der Ausflügler, ein Nachbar. Ganz bestimmt.

Im Nassraum ließ sie Wasser über ihre Unterarme laufen. Sie trank und kühlte sich den Nacken. Das Kleid war steif vom Blut. Ihr Lieblingskleid! Sie nagte an der Unterlippe, dann löste sie den Gürtel, hob den Rock und beugte sich über das Waschbecken. Sie rieb und wrang und spülte, das Wasser färbte sich und wurde wieder hell. Der Abfluss schluckte widerstrebend. Sie sah an sich hinab. Verzweiflung fiel sie an. Ein knittrig-rauer Fetzen klebte nass an ihren Schenkeln. Die Flecken waren nach wie vor zu sehen, die Ränder flossen ineinander. Der Reißverschluss blockierte. Ratschte. Sie zerrte sich das Kleid über den Kopf, seifte, wusch und spülte, bis ihr Nacken krampfte. Stöhnend richtete sie sich auf. Sie hob das Kleid und schwang es aus. Und jetzt? Im ganzen Raum fand sich kein Haken! Auch in der Zelle – nichts.

Sie legte den Kopf schief und überlegte. Das Fenster! Wenn sie es schaffte, den schmalen Gürtel durch den oberen Spalt außen um ein paar Gitterstäbe zu führen, durch die Armausschnitte – und dann zu verknoten … Das war nicht schlechter als ein Bügel! Entschlossen legte sie das Kleid zur Seite und erklomm den Tisch. Hüfte und Schultern jaulten auf.

Zwei Anläufe scheiterten. Vorsichtig stellte sie sich auf die Zehenspitzen und probierte es erneut. Ihre Finger umklammerten einen der Längsstäbe, die Schulter tobte. Ihr war flau. BH und Höschen klebten ihr am Leib. Mit einer Hand zog sie am Gürtel. Zwei, drei Streben, vier … Geschafft! Die losen Enden baumelten in Schulterhöhe über dem Tisch. Sie zog daran und nahm sie zusammen. Schlüssel klirrten, die Tür flog auf. Rita fuhr herum.

»Nein!«

»Verdammt!« Hektik brach aus. Zwei Polizisten stürmten auf sie zu und holten sie vom Tisch. Sie wimmerte.

»Warum um Himmels willen …?«

»Alles okay?«

Sie stöhnte, hielt sich den Arm. »Ich will nicht –«

»Warum hat sie sich ausgezogen? Und wo ist ihr Kleid?« Die Polizistin mit der dunklen Stimme deutete auf den Gürtel, den sie heruntergerissen hatte und umklammert hielt. »Geben Sie mir das!« Hektisch schaute sie um sich. »Warum zum Teufel ist sie hier? Und wer, verdammt –?«

»Ich glaube, dass René –«

Sie öffnete die Faust. Der Gürtel fiel zu Boden.

»Und warum sagt mir keiner was?« Die Polizistin bückte sich und richtete sich ächzend wieder auf. Zwischen ihren schmal gezupften Brauen stand eine steile Falte. »Ihr könnt sie nicht einfach hier einstellen. Was hat er sich dabei gedacht?« Sie rollte den Gürtel um ihre linke Hand und wickelte ihn wieder ab. Ihre Lippen wurden schmal. »Wo ist er jetzt?«

»Vom Dienst abgetreten. Hat sich krankgemeldet«, sagte eine junge Stimme von der Tür her. »Er sagt, sie hat ihn am Bein verletzt.«

Sie redeten, als wäre sie nicht hier! »Das stimmt nicht«, protestierte Rita, aber niemand beachtete sie.

»Wird wahrscheinlich die ganze nächste Woche im Krankenstand sein.«

Der Polizist inspizierte jetzt das Fenster. »Wieso machst du das?« Er kam näher und starrte ihr auf die Schenkel. Verärgert drehte sie sich weg.

»Du lieber Himmel, da schaut's aus!« Die mit der dunklen Stimme kam aus dem Nassraum gestürmt. »Alles schwimmt!« Sie hielt Rita das versaute Kleid vor die Nase. »Was soll die Sauerei?«, fuhr sie sie an.

Rita riss die Arme hoch und fror ein. Die Zeit schien stillzustehen. Jetzt sahen sie einander an. Sie atmeten im gleichen Takt. Die Polizistin öffnete den Mund: »Es tut mir leid. Ich wollte nicht ...«

»Okay.«

Sie nickte. Dann winkte sie ihren Kollegen zu sich und hielt ihm den tropfenden Fetzen hin. »Leg das ins Waschbecken!«

Widerwillig nahm er das Kleid entgegen. Wasser lief seine Beine entlang, die Uniformhose färbte sich dunkel. Als ob ... Rita hielt sich die Hand vor den Mund.

»Lachst du?«

»Nein!« Erschrocken starrte sie ihn an. Ihr Magen krampfte.

»Bist du noch immer da? Jetzt hol ihr was zum Anziehen!«

»Du willst sie gehen lassen? In dem Zustand?«, protestierte er.

»Das soll der Arzt entscheiden.« Schon hatte sie ihr Telefon am Ohr. Sie lauschte, wartete. »Herr Doktor –?«

Von der Tür her kam ein Schrei: »Sag, spinnst du?« Der Typ verschwand ums Eck, die junge Polizistin rannte fluchend Richtung Waschbecken. Die andere telefonierte immer noch.

Die Tür war frei. Aber – in Unterwäsche?

Da war sie auch schon wieder. Zupfte an ihrer Uniformbluse herum, an der auf Magenhöhe ein dunkler Fleck prangte. Mit großen Schritten kam sie auf sie zu. »Warum haben Sie das gemacht?« Sie baute sich vor Rita auf, breitbeinig, die Hände in den Gürtel gehakt. Wie die echten Helden im Film. Aber sie hatte ein Kindergesicht und ihre Stimme war hell und jung. »Warum haben Sie nicht angeläutet?«

Rita schwieg. Es ist sinnlos, dachte sie. Die hören mir gar nicht zu.

»Ist sie in Ordnung?« Die Ältere steckte ihr Handy weg.

»Sie sagt nichts.«

Rita starrte auf den Boden. Nichts war in Ordnung. Sie stand halb nackt mit knurrendem Magen in einem brütend heißen Kellerraum zwischen wildfremden Leuten. Keiner draußen wusste, wo sie war. Ein Mann hatte sie geschlagen. Alles tat ihr weh. Und der betrunkene Polizist …

»Wissen Sie, wo Sie sind? – Warum Sie hier sind?«

Ich bin nicht dumm.

»Diese Verletzungen –« Die Jüngere beugte sich vor. »Schaut nach Hundebissen aus.« Sie sah erschrocken aus. »Aber die übrigen Blessuren: die Knöchel aufgeschürft. Siehst du, die Hüfte ist angeschwollen, und die Schulter …« Sie richtete sich auf. »Tut es sehr weh?«

Die andere trat neben sie. »Wo kommt das her? Haben Sie sich geprügelt?«

Sie flüsterten miteinander.
»Hat er sie angefasst, hat Iris was gesagt?«
»Nein!«
»War er wieder –?«
Die Junge nickte.

Metall schlug gegen Metall. Alle drei fuhren herum. Ein kleiner Mann mit Knollennase und Glatze eilte schnaufend auf sie zu. Er trug eine helle Leinenhose, ein blassgelbes Poloshirt betonte seinen stattlichen Bauch. »Ihr habt Glück. Ich bin eigentlich gar nicht mehr … Wieso«, wandte er sich an die ältere Polizistin, »fällt euch so was immer im letzten Moment ein? Ah ja. – Suizidversuch? Gerade noch … gut, gut. Nicht zum Aushalten, die Hitze, was? Machen wir es kurz.« Er sah Rita mit hochgezogenen Brauen an. Mit ein paar Zetteln fächelte er sich Luft zu. »Warum hat sie sich ausgezogen?«

»Sie hat mit ihren Sachen das Waschbecken verstopft. Alles überschwemmt.«

»Manche versauen die Wände, andere schmieren mit Kot …«

Er nickte beiläufig, ging zum Tisch, stellte seine Tasche ab und ließ sich nieder. »Kommen Sie her. Ja, Sie! Verstehen Sie mich? – Sie spricht doch Deutsch?«

»Ja. Aber – sie hat eine … also, sie ist etwas –«

»Kognitiv beeinträchtigt.« Der Arzt seufzte und drehte sich zu Rita herum. Er sprach in kurzen Sätzen, wies sie an, geradeaus zu gehen, murmelte »tadellos« und schlug mit einem kleinen Hammer gegen ihre Knie. »Locker lassen«, befahl er. Das kannte sie von früher. Eine normale Untersuchung. Er wies auf ihren Oberschenkel. »Hundebiss?« Sie nickte. Er nickte. Fertig, dachte sie. Aber da ging die Fragerei von vorne los.

Rita schwieg. Sie verdeckte ihre Brust mit gekreuzten Armen und starrte über seine rechte Schulter hin zur Tür. Sie runzelte die Stirn. Da war ein Knopf. Wozu?

»Also warum?« Der Arzt beugte sich vor. Sie hatte ihm nicht zugehört und keine Ahnung, was er von ihr wollte. »Sie müssen schon mit mir reden«, knurrte er. »Warum haben Sie –?«

»Das hat alles keinen Sinn«, murmelte Rita. »Ich will nicht mehr. Ich hab genug.«

¤ ¤ ¤ ¤

Das Krankenhaus lag am Stadtrand inmitten eines großen Parks mit alten Bäumen. Ziegelpavillons zogen sich in wohlgeordneten Reihen den Hang hinauf. Rehe hoben das Haupt. Die goldene Kuppel der Kirche mit den schönen Engelsfiguren glänzte in der untergehenden Sonne.

Die Station lag ruhig da. Ein leerer Gang, von dessen anderem Ende leise Musik herüberwehte. Im Aufenthaltsraum saßen zwei Frauen und starrten vor sich hin. Die Türe des Krankenzimmers war geschlossen.

Ela nahm alles wie durch einen Nebel wahr: die Ärztin, die ihr eine Spritze gab, den Pfleger, der an ihr Bett trat und ihr die Haare aus der Stirne strich, die junge Frau mit den verfilzten Zöpfchen, die sich immer wieder über sie beugte und auf sie einredete, ohne eine Antwort abzuwarten. Sie verstand nicht, was sie von ihr wollte. Sie strampelte, träumte, tauchte auf und wieder unter. Mit zerbissenen Lippen. Trank, hörte den Becher auf den Boden fallen und wegrollen. Öffnete die verklebten Augen. Wollte etwas sagen, aber da war keiner mehr. Bleierne Müdigkeit zog sie in die Tiefe.

Dunkelheit. Durch einen schmalen Türspalt fiel Licht. Mühsam richtete sie sich auf. Gegenüber zwei Betten, eines zerwühlt und leer. *Damit kommst du nicht durch!* Die

Bäume hinter den Scheiben wankten. *Besser, wir machen es gleich. Dann bist du sicher.* Sie griff nach der Tasse auf dem Nachttisch und umschloss sie mit beiden Händen. Hob sie zum Mund und trank. Tee tropfte auf ihr Nachthemd und färbte es blassrot. Ein Lichtschein wanderte über die Decke, zitterte – und versank.

¤¤¤¤

»Ich lass mich sicher nicht noch einmal hinhängen, weil einer meint, ich hätte da was übersehen!«, sagte der Arzt. Mit heftigen Bewegungen setzte er seine Unterschrift auf ein Blatt Papier, schraubte die Füllfeder zu und wedelte die Tinte trocken.

Er ist stinksauer, dachte Rita. Sie trug jetzt eine Art Trainingshose, die ihr viel zu weit war. Das graue T-Shirt roch nach einem Waschmittel, das sie nicht mochte. Sie schlüpfte aus ihren Ballerinas und bewegte die Zehen. Die Füße waren angeschwollen, die Sohlen brannten.

»Was soll ich machen?« Der Arzt erhob sich. »Ich bin schließlich kein Psychiater.« Die junge Polizistin nickte und ließ Ritas Arm los, blieb aber neben ihr stehen.

Rita fuhr sich mit der Zunge über die Lippen. Ihr war noch immer flau. Kein Wunder: Der Hunger, dachte sie, ich muss sofort was essen! »Ich habe –«

Der Arzt packte seine Sachen zusammen. »Machen Sie keine Schwierigkeiten, dann sind Sie bald wieder draußen.«

Was hieß das? Musste sie hierbleiben? Ihr Mund wurde trocken. Gefängnis, dachte sie. Dann ist alles weg: der Job, die Wohnung, die Blumen … Frau Freese wird … Frau Freese! »Ich will, dass meine Betreuerin kommt«, keuchte sie. »Sie müssen sie anrufen!«

»Machen wir. Ziehen Sie Ihre Schuhe an.« Die ältere Beamtin war schweißgebadet. Die kurzen Haare klebten ihr am Kopf. »Frau Vesely, beruhigen Sie sich. Wir fahren ins Spital, und dann …«

»Ins Krankenhaus? Warum?«

Die Frauen wechselten einen Blick.

»Um sicherzugehen, dass alles in Ordnung ist. Dass es Ihnen gut geht.«

Rita schluckte. In ihren Ohren gellte ein hoher Ton. Der Boden wellte sich. Jemand packte sie am Arm. Sie würgte. Ihre Knie knickten ein. Der Boden hob und senkte sich, die Wände stürzten auf sie zu. Die Stimmen wurden laut, dann dumpf. Dann war sie weg.

Jemand schlug sie ins Gesicht. Etwas Feuchtes klatschte auf ihre Stirn. »Ganz weiß …« Die Worte kamen von weit her. »Frau Vesely, hören Sie mich? Frau Vesely?«

Wieder würgte sie.

»Sind Sie schwanger?«

»Dehydriert!« Eine Männerstimme.

Dehydriert! Ich muss Tom fragen … Alles dreht sich. Boah, ist mir schlecht!

Eine Hand hob ihren Kopf. »Trinken Sie.« Plastik schlug gegen ihre Zähne. Wasser lief ihr über den Hals auf die Brust. Rita trank.

¤ ¤ ¤ ¤

Marisas Besuche bei ihrer Mutter verliefen immer gleich. Sie empfing sie in einem *Hauskleid*, wie sie das nannte, servierte Kaffee, zündete sich eine Zigarette an, rauchte, probierte den Kuchen, den sie ihr mitgebracht hatte, beklagte, dass Marisa dünn geworden war – *kein Wunder, wenn du nichts isst* –, dämpfte die Zigarette aus und zündete sich sofort eine neue an. *Der Lebensgefährte* war unterwegs. *Besorgungen machen*. Er ließ sie grüßen. Der aktuelle hieß Anton.

Und wann bringst *du* endlich einmal jemanden mit? Bist du immer noch allein?

Ich werde mich hüten, dachte Marisa. Sie betrachtete das plüschige Rundherum, die abgewohnten Möbel, den Kitsch, den ihre Mutter liebte wie ihre Filme, in denen vor malerischer Kulisse glutvolle oder schmachtende Blicke hin- und herflogen und sich am Ende verlässlich alles zum Guten wendete, die Richtigen sich fanden, allen Widerständen zum Trotz. Wenn die Niedeck das sähe, oder der Chef! *Es sich schön machen zu Hause. Es gemütlich haben …*

Als Kind war sie sicher gewesen: Das ist nicht meine Mutter. Sie war schon fast neun, als sie begriffen hatte: Pech gehabt. Sie war tatsächlich das Kind dieser Frau.

Die Mutter redete, der Fernsehapparat flimmerte. Marisa wühlte in den Kissen nach der Fernbedienung und stellte den Ton leiser. Die Mutter verzog den Mund, Marisa maulte. Ein Wort gab das andere. Sie stritten. Wütend schaufelte sie Kuchen in sich hinein, bis ihr übel war.

Dann brach sie auf.

¤ ¤ ¤ ¤

Rita schnupperte. »Die haben dich aber ordentlich zugedröhnt«, sagte eine heisere Stimme direkt über ihr. »Richtig gutes Zeug.« In den Chemiegeruch mischte sich die laue Süße von – Milchreis? Pudding? Vanillemilch? Das Kissen raschelte. Die Bettdecke hatte sich um ihre Beine gewickelt und hinderte sie daran, sich umzudrehen, die rechte Seite war straff gespannt und schmerzte von der Hüfte bis ganz oben.

Nicht die Augen öffnen. Warten – und alles fühlt sich wieder richtig an: Das Bettzeug ist weich und duftet nach dem vertrauten Waschpulver. Und nach ein paar Tagen dann nach mir. Wo man mit dem Nacken aufliegt, ist das Kissen feucht, und das dünne Nachthemd ... Endlich erwischte sie die Decke am richtigen Ende. Sie zog daran und kämpfte sich frei.

»Du bist schon die Zweite.«

Geh weg!

»Isst du das noch? Kann ich das haben? Du?« Eine Hand legte sich auf ihren Oberarm. Der Milch-Vanille-Pudergeruch wurde intensiver. Rita blinzelte.

»Na endlich.«

Blonde Dreads stachen auf sie herab. Ein breiter blasser Mund bewegte sich, die Augen darüber waren grau. Rita schob die Ellbogen nach hinten und richtete sich stöhnend auf. Das Mädchen war blass und erbärmlich dünn.

»Wahnsinn – deine Augen! Spacig! Sind das Kontaktlinsen? Wo hast du die her?«

»Meine Augen sind so.« *Heterochromie*, hieß das, hatte Tom ihr erklärt. Kompliziertes Wort, aber die Leute interessierten sich sowieso nicht dafür. Starrten sie entweder an oder reagierten wie die da.

»Arg! Wie ein Husky!« Sie knabberte an ihren Nägeln. »Kann ich –?« Sie ließ nicht locker.

»Nein!« Es klang hart. Rita errötete. »Ich habe ewig nichts mehr gegessen. Ich sterbe vor Hunger.« Sie sah sich um. Drei Spinde, drei Betten, dazwischen war viel Platz. Meine Wohnung, dachte sie, passt zweimal in den Raum. Gegenüber nahm sie eine Bewegung wahr. Jemand lag zusammengekrümmt unter der Decke und zuckte, lange dunkle Haare flossen über den Bettrand.

Mit einem Mal war alles wieder da: die besorgten Gesichter, die Hand auf ihrem Arm, wie sie sich loszureißen versucht und schreit und nach Frau Freese verlangt. Und taumelt und sich übergibt. Die schaukelnde Fahrt. Wie sie erneut kotzt und die Polizisten, andere als zuvor, sie anherrschen, der Fensterheber summt und der Fahrtwind ihr ins Gesicht fährt. Dann das Spital, ein dicker Arzt in einem offenen weißen Kittel, weitere Fragen und ihr ›Nein, nein, lasst mich. Ich will nicht mehr! Ich will nicht mehr!‹. Nichts mehr sagen, kein Wort, und Übelkeit und Hunger und Angst. Die Spritze, verschwommene Gesichter und ein grelles Licht in den Augen und dann …

Das dünne Mädchen hatte sich auf dem Nebenbett niedergelassen und redete auf sie ein, ohne eine Antwort abzuwarten. Dass alle hier verrückt sind. Dass sie klauen wie die Raben und man keinem vertrauen darf. Ob Rita Zigaretten hat, und dass die andere Frau genauso wie sie … Auch seit gestern, und, als hätte Rita nicht schon nein gesagt: »Kann ich jetzt? Weißt du, Vanillepudding mag ich echt am liebsten.«

Rita richtete sich stöhnend auf. Das Essen auf dem Tablett sah nicht sonderlich verlockend aus – zwei Brote mit vertrockneter Salami, die sich an den Rändern bereits wölbte, obenauf je ein schlaffes, gefächertes Gürkchen, ein Ei, in dünne Scheiben geschnitten –, aber sie griff danach wie eine Verhungernde. Der Tee, Hagebutte oder Malve, war viel zu süß. Sie aß, trank, löffelte den Pudding, ohne aufzusehen. Zuletzt leckte sie den Löffel ab und legte ihn aufs Tablett. Sofort fühlte sie sich besser.

Schon seit einer ganzen Weile war es völlig ruhig im Zimmer. Ihre Bettnachbarin saß vornübergebeugt, den Kopf gesenkt, und kämpfte offensichtlich gegen den Schlaf. Warum legte sie sich nicht einfach hin? Ihr Mund stand ein wenig offen, Speichel lief ihr übers Kinn. Rita sah ihre grasgrünen Clogs langsam über den Rist rutschen. Sie polterten auf den Boden und sprangen weg. Das Mädchen reagierte nicht. Ihre Nägel waren schlampig schwarz lackiert. Unter dem verwaschenen langärmeligen Croptop blitzte ein Nabelpiercing auf. Ein schlecht gestochenes Rosentattoo verunstaltete ihren Bauch. Rita sah sie wanken und sprang auf. Keine Minute zu früh: Mit halbgeschlossenen Lidern kippte sie plötzlich vornüber, direkt gegen Ritas ausgestreckte Hand.

»Hey, pass auf!«

Die Lider hoben sich langsam, aber sie schien sie nicht zu sehen.

»Hörst du mich?«

Ihre Lippen bewegten sich lautlos. Sie wirkte völlig weggetreten.

»Hey«, Rita schüttelte sie. »Besser, du legst dich hin.« Die andere reagierte nicht. Wieder neigte sie sich nach vorne. Mit gebeugtem Rücken blieb sie auf halber Höhe hängen und wippte nach. Rita stand bereit, sie aufzufangen, aber sie fiel nicht. Nach einer Weile hob sie langsam den Kopf, ihre leeren Augen streiften Rita, dann ging das Ganze von vorne los.

So konnte kein Mensch sitzen, ohne aufs Gesicht zu fallen.

»Hallo!« Die hat was eingenommen, dachte Rita. Ich muss ... »Hallo?«, rief sie laut, aber die Person gegenüber regte sich nicht. Rita tastete nach dem Schalter, die Leuchtstoffröhren knackten, das Deckenlicht flammte auf. Sie zögerte einen Moment, aber das sah nicht gut aus. Entschlossen drückte sie die Klingel über ihrem Bett.

Sie kamen zu zweit, wechselten einen Blick und rannten los. Beugten sich über das Mädchen. »Scheiße«, fluchte der Pfleger. »Sie war clean. Wo hat sie das Zeug her?« Er schlug sie auf die Wange. »Du hast gedrückt! Alice?«

»Nicht geschlafen. Müde.« Das Mädchen bemühte sich krampfhaft, die Augen offen zu halten.

»Müde! Alice, komm! Nicht mit mir! Du bist total zugedröhnt. Was ...« Fast synchron rollten die Schwester und er Alices Ärmel hoch, und Rita sah die wulstigen Narben, die sich über ihren linken Unterarm zogen. Eine Stelle war blau unterlaufen, der Einstich frisch.

»Zeug«, nuschelte sie.

»Hat sie hier im Zimmer … War sie weg? Haben Sie was gesehen?«

Rita schüttelte den Kopf.

Die Schwester zog Handschuhe an und schob vorsichtig die Decke weg. Sie schaute unter das Kissen, die Matratze, riss die Lade des Nachtkästchens auf und wühlte darin herum.

»Nichts! Wir müssen draußen … Aufenthaltsraum, Nischen, Klos –«

»Verdammt!« Der Pfleger zog das Mädchen hoch. Sie sackte weg. »He, schau mich an, Alice. Komm schon.« Rita sah seine große Hand auf ihre Wangen klatschen. Er kniff sie in den Nacken. Das Mädchen reagierte nicht. »Alice, hey! Komm. Komm schon.« Sie packten sie in Seitenlage. Ihr Gesicht war fast grau, verfärbte sich bläulich, ihr Kiefer wurde seltsam starr.

»Ist alles okay? Ich dachte –«

Der Blick des Pflegers ließ sie verstummen. Die Schwester hatte plötzlich ein Handy am Ohr. »Intoxikation. Ja.« Die Ärztin war keine zwei Minuten später zur Stelle. Rita starrte auf den Ringerrücken des Pflegers und den schmalen der jungen Ärztin, die eine Spritze aufzog. Sie kniff die Augen zusammen. Bloß nicht hinschauen! Sie hatte sich schon als Kind vor Nadeln gefürchtet.

»Ja, sie kommt. – Guuut. – Bleib liegen, liegen bleiben, Alice.«

Rita blinzelte. Der Pfleger drückte das Mädchen aufs Bett nieder.

Die Ärztin richtete sich auf und stopfte den Stauschlauch in die Manteltasche. »Überwachung. Zur Sicherheit. Die legt nach, wenn sie die Möglichkeit dazu hat.« Dann wandte sie sich um. Sie sah müde aus. »Sie haben geläutet?« Resigniert sah sie der Schwester und ihrem Kollegen hinterher, die das Bett mit der heftig protestierenden Alice aus dem Zimmer schoben. »Gut gemacht«, lobte sie. »Sie sind seit gestern hier?«

Rita nickte.

»Die Polizei sagt, Sie haben versucht, sich das Leben zu nehmen.«

»Was? – Nein! Ich habe doch nur … Muss ich jetzt ins Gefängnis?«

»Wie kommen Sie denn auf so was?«, fragte die Ärztin. »Krank zu sein ist kein Verbrechen.«

¤ ¤ ¤ ¤

Tom Kralik kleidete sich sorgfältig, Anzughose, dunkles Hemd, schlürfte im Stehen, an den Herd gelehnt, seinen Kaffee, spülte Tasse und Löffel ab und nahm das Sakko von der Sessellehne.

Die beiden Nachbarhäuser lagen verwaist da, aber auf der anderen Straßenseite schimmerte bereits Licht durch die Badezimmerfenster. Es war Montag, kurz nach sechs, aber sie mussten zeitig aus den Federn, um ihre Kinder zu den Tagesmüttern oder in den Kindergarten zu bringen. Ins Büro hasten, damit sie die Kredite zurückzahlen konnten. Für das Auto, das neue Eigenheim.

Warum so gehässig, Tom?, fragte er sich. So warst du früher nicht.

Früher … Früher standen zu beiden Seiten des Wegs Häuser wie das, in dem er lebte: in der Nachkriegszeit billig gebaut von einer Generation, die vor allem vergessen wollte, neu anfangen. Die Gruben zuschüttete, Ziegel abklopfte und mit dem Schubkarren Baumaterial heranschaffte, von dem niemand so genau wusste, woher es kam. Die Erzählungen seiner Großmutter hatten nach Bahnschwellen und Holzfeuer gerochen. Er dachte an die einfache Kost und Kinderabenteuer auf der *Gstetten,* den Brachen hinter den Gärten. Als er hier eingezogen war, roch es in der Siedlung nach Vorschriften, nach Soda, Schmierseife und *Bohnenkaffee* am Samstagnachmittag, und die Gemüsebeete, der Hühnerstall, die Zeilen mit Erdäpfeln und Kraut hatten Obstbäumchen und Blumenbeeten Platz gemacht. Im Lauf der Jahre waren die Häuser größer geworden und winterfest, und aus den Mietern wurden Besitzer. Noch heute fragte er sich, wie seine Omsch so viel Geld hatte auf die Seite legen können, dass er nun tatsächlich ein Haus besaß.

Der Bus war pünktlich und fast leer. Er schaukelte durch die Siedlung, sammelte drei weitere Frühaufsteher ein, Lehrlinge wohl, noch ohne Führerschein, die völlig erledigt aussahen und Tom nicht beachteten. Der junge Fahrer mit hoch ausrasiertem Nacken nickte ihm zu. Fast wie früher auf dem Land.

An der Endstelle stieg Tom in die U-Bahn um und nach ein paar Stationen in die Straßenbahn. Der Zug, eine der neuen Garnituren, füllte und leerte sich. Er saß wie immer ganz hinten und schaute auf die hässlichen Fassaden entlang der Hauptstraße, deren Umgebung immer grüner wurde, je weiter sie sich vom Stadtzentrum entfernten. Schreiend bunte Geschäftslokale, Schnellimbisse, Wohnhäuser und Billigsupermärkte reihten sich aneinander. Sie passierten Gemeindebauten, die schöne alte Remise mit ihrer Sichtziegelarchitektur und lieblos errichtete Neubauten mit Glasfassaden, deren Aussehen ihn schaudern ließ. Er zählte fünf Autohäuser und dreizehn Kosmetik-, Friseur- und Nagelstudios und schämte sich in der Sekunde für seine Vorurteile. Die ersten Steinmetzbetriebe und Gärtnereien kamen in Sicht, eine rote Ziegelmauer kündigte den Zentralfriedhof an. Mit einem Ruck hielt die Straßenbahn an. Tom fuhr weiter bis zum zweiten Tor.

An einem der Verkaufsstände stand er ratlos vor dem Angebot, bis die Frau hinter den Kränzen und Gestecken hervorkam, auf verschiedene Buketts wies und einzelne hochhielt. Er winkte ab und kaufte rasch ein paar hübsche orangefarbene Blumen, die wie kleine Sonnen aussahen. Erst später bemerkte er, dass dünne Drähte ihre Köpfe durchbohrten und sie aufrecht hielten. Er wandte sich nach links, kam an zwei Friedhofsgärtnern vorbei, die sich über ein frisch bepflanztes Grab beugten. Vögel stiegen auf und jubelten, er sah kleine, moppelige Hamster zwischen den Erdhügeln spielen und eine gut genährte graue Katze vorüberhuschen. In den Zweigen der mächtigen Bäume schaukelten Krähen und stießen heisere Schreie aus. Die Luft war noch angenehm kühl.

Er betrat die Verabschiedungshalle kurz vor acht. Außer ihm war niemand gekommen. Er blickte auf den schlichten, nackten Sarg und schluckte. Lange hatte er gedacht, dass es mit der Zeit leichter werden würde. Er hatte sich getäuscht. Noch immer schnürte es ihm die Kehle zu angesichts der drei einsamen Nelken auf dem Deckel, wenn die Musik vom Band anhob, die Bestatter den Raum betraten und sich vor der sterblichen Hülle eines ihnen fremden Menschen verbeugten. Sie mussten ihn für einen Spinner halten, der aus irgendeinem seltsamen Grund immer wieder bei einem der Armenbegräbnisse auftauchte, so wie andere regelmäßig in Gerichtsverhandlungen saßen oder von Unfällen, Feuersbrünsten und anderen Katastrophen magisch angezogen wurden. Für sie war das hier Alltag, Routine. Jährlich an die tausend Menschen allein in Wien, oder vielmehr ihre Angehörigen, konnten sich kein ordentliches Begräbnis leisten. Tendenz steigend, hieß es. Der Abschied war schlicht, auf das Nötigste beschränkt. Gleichwohl war er jedes Mal wieder berührt davon – und in gewisser Weise getröstet –, dass man die Armen nicht einfach bei Nacht und Nebel in einen abgelegenen Teil des Friedhofs karrte und dort begrub. Ein schlichtes Neigen des Kopfes, ein kurzes Innehalten als letzte Würdigung eines Lebens, von dem nichts geblieben war. Niemand, der sich erinnerte oder erinnern wollte, keiner, der den Toten auf seinem letzten Weg begleitete. Tom blinzelte, als die Bestatter den Sarg anhoben und zum Wagen brachten. Er folgte ihnen, die Augen auf das helle Holz gerichtet, die drei Blumen, und schaute keine drei Minuten später mit steifem Nacken hinunter ins offene Grab. Er hob die Hand. Orangefarbene Blüten leuchteten aus der Tiefe. Dann griff er nach der Schaufel, die ihm einer der Männer reichte, und legte ein paar Münzen in seine Hand. Er wandte sich ab, als die Erde auf den Deckel polterte. Nach zehn Minuten war alles vorbei. Er ging davon, quer über den Friedhof, auf dem jetzt reges Treiben herrschte, blieb unvermittelt stehen, zögerte und entschied sich dann anders. Er fuhr zurück in die Stadt.

¤ ¤ ¤ ¤

Marisa gähnte verhalten. Sie war erst gegen Mitternacht völlig erledigt ins Bett gefallen und bereits um sieben aufgebrochen, um die Listen, die sie Samstag nach seinem überraschenden Abgang erstellt hatte, noch einmal durchzugehen, auszudrucken und Frau Niedeck auf den Tisch zu legen. Obwohl die Auftragslage der Firma allem Anschein nach gut war, konnten sie hier, an der Peripherie, von einer umfassenden Digitalisierung und so banalen Dingen wie einer leistungsstarken Klimaanlage nur träumen. Im verdunkelten Besprechungsraum surrten und eierten mehrere Standventilatoren. Die meisten der Kollegen hatten ihre Unterlagen mit dem Wasserglas, ihrer Tasse oder ihrem Handy beschwert. Zum Glück wurde hier nicht geraucht. Frau Niedeck saß zwischen den Männern, sehr aufrecht, in einem schmal geschnittenen Kleid, die bestrumpften – oder leicht gebräunten? – Beine schräg nebeneinandergestellt. Marisa hatte Bilder aus Fünfzigerjahre-Filmen vor Augen: eine Frau im Damensitz auf einer Vespa, die sich an den Fahrer schmiegte. Wie alt mochte die Sekretärin sein? Fünfzig, fünfundfünfzig? *Eine verblühte Schönheit*, würde ihre Mutter sagen. *Zu viel Schmuck, ein bisschen dramatisch. Tut sich schwer mit dem Älterwerden. Aber sie bewahrt Haltung, immerhin.* Die Niedeck lächelte sie an. Marisa fühlte Hitze aufsteigen und beugte sich über ihr Tablet. Warum fiel ihr so was gerade jetzt ein? *Weil sie mich einschüchtert?*

Sie straffte sich und wandte den Kopf. Erol, Daumen am Smartphone, die schwarzen Haare wie gelackt, hing entspannt in seinem Drehsessel im Epizentrum der Luftströme. Sie hatten zur selben Zeit begonnen. Gegen ihn rannte sie vermutlich um den Platz des Neueinsteigers, der schließlich fix übernommen werden würde. *Wenn ich durchhalte. Und keinen Fehler mache.* Vielleicht konnte sie mit überdurchschnittlichem Engagement punkten. Der Bereitschaft, Überstunden zu machen, auch einmal am Wochenende zu arbeiten. Wenigstens hatte die Niedeck so etwas angedeutet. Marisa bemühte sich, ein Gähnen zu unterdrücken. Erol war nicht bösartig wie Hecker, der jetzt zu ihr herübergrinste, dazu ein Partytier und viel zu gechillt, um sich für den Job zu zerreißen. Souverän, hatte Hecker gesagt, der Bursche ist souverän. Nehmen Sie sich ein Beispiel, Mädchen.

Souverän! Kunststück! Marisa verzog den Mund. Sein Vater war Unternehmer. Wohlhabend. Die beiden Schwestern studierten Medizin. Er war der einzige Sohn. Seine Zukunft war gesichert. Sie machte ein paar Notizen, ihre Nasenflügel weiteten sich. Überrascht hob sie den Kopf.

Der Chef, Herr Wolff, verwendete augenscheinlich ein exzellentes Deodorant. Er hatte das Sakko ausgezogen und referierte mit ausladenden Gesten über das neue Projekt Am Feldgarten, das mittlerweile Gestalt angenommen hatte. Das junge Architektinnenteam hatte die ersten Entwürfe überarbeitet, er hatte weitere Änderungen gefordert, war aber bereits jetzt sichtlich begeistert.

»Vierundzwanzig exklusive provisionsfreie Eigentumswohnungen mit Garten, Terrasse oder Loggia«, sagte er. »In absoluter Grünruhelage. Wir wenden uns an ein anspruchsvolles Publikum. Vergeben als Bauträger direkt. Bezugsfertig. Übernehmen im Bedarfsfall den Kontakt zur Bank für ein maßgeschneidertes Finanzierungskonzept.«

Sie runzelte die Stirn. Jeder hier kannte das Konzept. Wir sind sein Testpublikum, dachte sie überrascht. Für die Gespräche mit den Investoren.

Wolff war, wie sie fand, eine interessante Persönlichkeit. Selbstsicher und smart switchte er anstandslos auf hemdsärmelig und direkt, wenn die Notwendigkeit dazu bestand. Er hatte seinerzeit eine kleine Baufirma übernommen und ausgebaut, war jetzt auch als Finanzdienstleister tätig, bestens vernetzt, und betrieb gemeinsam mit seiner Frau zwei bekannte Lokale in der Innenstadt. In der Stadt gab es ein weiteres Büro, das mehrfach in Architekturzeitschriften zu sehen gewesen war und Marisa nachhaltig beeindruckt hatte. Und das hier, dachte sie und griff nach ihrem Glas, ist die Bruchbude aus seinen Anfängen, an der er aus irgendeinem Grund noch immer hängt. Hier hocken die Leute, die … ja, was? Ihr Blick schweifte über die Kollegen und verharrte bei Hecker. Ein Polier, der in das neue Projekt von Anfang an eingebunden war, in jeder Besprechung saß wie eine dickhalsige Kröte und … Erol sah sie belustigt an. Sie beugte sich über ihre Unterlagen und begann wieder eifrig zu schreiben.

»Zu den Änderungen: Durch die Zusammenlegung von je zwei Wohnungen sowohl im Erd- als auch im Dachgeschoss können wir Einheiten bis zu hundertfünfzig Quadratmeter anbieten. Ein Teil der Tiefgarage, drei Ebenen, wird auch den Anrainern zur Verfügung stehen. Die geplante Umwidmung in eine Wohnstraße kommt allen zugute. Wir profitieren davon unmittelbar.«

Marisa kaute an ihrem Stift. Der Chef griff zum Wasserkrug und schenkte sich nach. Hecker, der ihm gegenübersaß, war bereits bei der dritten Tasse Kaffee und schwitzte wie ein Schwein. Er hatte alle paar Minuten zustimmend genickt und bei Erwähnung der Wohnbaustadträtin, die er im Übrigen wie sie alle nur aus den Medien kannte, spöttisch gelächelt.

»Das wird, wiewohl klein, ein ökologisches Vorzeigeprojekt mit Solaranlage, natürlichen Dämmstoffen, Nutzung des Grauwassers für die Toilettenspülung, Nistplätzen auf dem Dach und …« Wolff musterte sie. Marisa fühlte sich ertappt.

Hecker hob das Kinn. »Alles gut und schön, Chef. Wir haben das Doppelgrundstück am Anfang der Straße. Aber –«

»Wie weit sind wir mit den Verträgen?«

»Dieser –« Hecker raschelte mit Papieren.

»Kornmesser.« Marisa malte einen Balken um den Namen.

»Kornmesser, genau«, er nickte, »wird unterschreiben, sobald die Erbschaftssache abgewickelt ist.«

Schwarz unterbrach: »Sollten wir nicht –«

»Das ist eine klare Sache. Der will das Haus so schnell wie möglich loswerden. Der braucht das Geld.«

»Und die Schwester?«

Hecker nahm einen Schluck Kaffee und verzog den Mund. »Die will die Hütte nicht«, sagte er und stellte die Tasse ab. »Die lebt in Deutschland, die Geschwister sind sich einig.«

Wolff nickte und sah auf die Uhr. »Kornmesser ist auf mich zugekommen. Das passt.«

»Chef, was ist mit der Widmung?« Hecker fächelte sich mit einem Prospekt Kühlung zu. »Das sind Einfamilienhäuser. Es gibt keinerlei Anzeichen –«

»Es hat sich nichts geändert: Die Neubausiedlung soll erweitert werden, nach hinten ins Grünland, in der Nähe werden eine Volksschule und ein Kindergarten errichtet. Es ist noch nicht offiziell, also, das bleibt unter uns, aber das geht durch. Wir bauen wie geplant. In spätestens zwei Jahren geht's los. – Was ist mit diesem …?«

»Kralik.« Schwarz übernahm. »Laut Rainer ist alles unterschriftsreif. Er war am Freitag wieder dort. Der Typ wollte noch einmal drüber schlafen, aber Rainer sagt –«

»Der wird sich noch ein bisschen zieren«, fuhr Hecker dazwischen. »Der Kerl versucht natürlich, so viel Geld wie möglich herauszuschlagen, aber glaubt mir, der unterschreibt.«

Wolff lehnte sich zurück. Die Hemdknöpfe bewiesen ihre Effizienz. »Das hat absolute Priorität. Wir lassen alles, wie es ist, machen gegebenenfalls am einen oder anderen Objekt ein paar kleine Sanierungsarbeiten, damit das nicht zu viel Aufmerksamkeit erregt …«

»Oder setzen übergangsweise jemanden rein«, schlug Schwarz vor. Er nahm seine Brille ab und rieb sich die Nasenwurzel.

»… und werden die dann nicht mehr los. Nein. Machen wir nicht, Herr Schwarz. Ich will abwarten, bis alles unter Dach und Fach ist, und dann so schnell wie möglich bauen.«

Bevor sich in den neu erbauten Häusern gegenüber eine Bürgerinitiative formiert und ich mich mit Anwälten, Naturschützern, Mediatoren und tausend Einwänden herumschlagen muss, ergänzte Marisa im Stillen.

»Wir werden den Ball flach halten.« Alle nickten. Wolff kratzte sich am Kinn. Seine Augen wurden schmal. Er lächelte. »Frau Faber? Sie fahren hin und holen den Vertrag.

Rainer ist wahrscheinlich noch bis Donnerstag im Krankenstand.«

Marisa schluckte. »Und wenn er, also Herr Kralik –«

»Falls Sie Hilfe brauchen, Fräulein Faber …« Hecker grinste schief. Die Niedeck schüttelte missbilligend den Kopf. In der ersten Woche hatte sie Marisa ständig zu bemuttern versucht. So was blieb kleben, wenn man nicht sofort eine Grenze zog.

»Frau Faber, alles klar?«

»Ja.«

»Legen Sie zur Not zehntausend drauf, das geht in Ordnung. Sollte er weiter nachdenken wollen, fahren Sie wieder.«

»Chef, ich will ja nicht … ich meine –« Hecker zog einen Mundwinkel nach oben und deutete auf Marisa.

»Frau Faber, Sie verfahren wie besprochen.« Der Chef erhob sich. Die Sitzung war beendet.

Erol langte nach seiner Sonnenbrille und zwinkerte ihr zu. Frau Niedeck strich ihren Rock über den Hüften glatt und begann das Kaffeegeschirr abzuräumen, die Herren steckten die Köpfe zusammen und lachten. Erol schlenderte zu ihnen.

»Den unterschriebenen Vertrag abzuholen ist ja wohl keine Hexerei. Das kann ein Pudel!« Hecker wieherte.

»Rainer hat gesagt –«

»Mein Gott, Erol, das ist eine Bruchbude. Wenn die Leute eine Gelegenheit wittern …«

Nicht hinhören, dachte Marisa. Du kennst den doch! Sie klappte ihren Kalender zu. Ihr erster Auftrag. Vom Chef persönlich. Wenn Sie sich bewähren, Frau Faber … Sie dachte an ihr Bewerbungsgespräch. Sie durfte es nicht vermasseln.

¤ ¤ ¤ ¤

Montagabend. »Sie müssen noch ein wenig Geduld haben«, hatte die Ärztin gesagt. »Ihre Betreuerin hat heute frei, wir reden morgen mit ihr. Dann sehen wir weiter. Wenn alles passt …«

»Ich muss arbeiten!«

Sie hatte genickt und gelächelt. Ihr erklärt, dass es besser war, sie bliebe freiwillig: »Dann ist alles viel einfacher. Auch für Sie. Ich kann Sie nicht gehen lassen, bevor nicht klar ist, dass wir uns keine Sorgen mehr machen müssen. Dass jemand sich um Sie kümmert.«

»Und wenn ich nicht –?«

»Dann muss innerhalb von vier Tagen eine Richterin oder ein Richter darüber entscheiden. Die würden Sie hier besuchen und mit Ihnen reden. Gemeinsam mit jemandem von der Patientenanwaltschaft. Die achten drauf, dass Ihre Rechte eingehalten werden.«

Ins Gefängnis, das hatte sie ihr versprochen, musste Rita jedenfalls nicht.

Es gab Hörnchen mit Wurststückchen, der Salat war ohne jeden Geschmack. Trotzdem pickte Rita jede einzelne Nudel auf und aß auch das Salatschüsselchen leer.

Also nur noch eine Nacht! Vor dem Fenster rauschten die Bäume im Wind. Jemand schrie laut und durchdringend. Die Frau im Bett gegenüber bewegte sich und stöhnte. Hatte sie Schmerzen? Im Laufe des Abends hatte ein Pfleger zweimal kurz nach ihr gesehen. Alle hier waren ständig beschäftigt, huschten ins Zimmer, huschten hinaus. Blieben praktisch nie stehen. Beim zweiten Mal hatte sie einen angehalten: »Wie geht es dem Mädchen mit den Dreads?«

»Alice? Die ist nicht mehr da. Abgehauen.« Er hatte die Schultern gezuckt und war zur Tür geeilt.

Man konnte also abhauen!

Aber so – in dem Aufzug? In den seltsamen Klamotten, die sie von der Polizistin bekommen hatte? Rita verzog den

Mund. Und – schlau war es auch nicht. *Die wissen ja, wo ich wohne.* Sie stellte den Teller ab und schwang ihre Beine über die Bettkante. Es klappte erstaunlich gut. Sie mussten ihr etwas gegen die Schmerzen gegeben haben, es tat kaum noch weh.

Der schmale Schrank neben ihrem Bett war nicht versperrt, der Schlüssel steckte. Sie fand ihr Täschchen, die Schuhe. Das Kleid lag zerknüllt in einem Plastiksack. Der Gürtel fehlte. Rita hielt es in die Höhe und kämpfte mit den Tränen. Es war verschrumpelt und schien deutlich geschrumpft zu sein. Das passte einer Zehnjährigen! Es stank nach Plastik und Chemie. Sie stopfte es zurück in den Beutel, verknotete ihn und warf ihn in den Papierkorb.

Die Tür zum Gang knarrte. Weiter vorne war leise Musik zu hören. Aus dem Stützpunkt wahrscheinlich. Bestimmt würde man sie zurückscheuchen ins Zimmer. Das kannte sie, das war immer so gewesen.

»Kannst du nicht schlafen? Brauchst du was?«

Nein, nicht noch mehr Medikamente! Die Mittagsration heute hatte sie nicht mehr geschluckt, die vom Abend, von einer Tablette abgesehen, nach hinten geschoben, wo bis vor einem Jahr der Weisheitszahn gewesen war, und später ins Klo gespuckt. Sie hatten nichts gemerkt.

Leise schloss sie die Tür. Der Raum fiel ins Dunkel. Früher hatte sie sich nachts gefürchtet, aber jetzt war das anders. Sie war kein Kind mehr. Sie war erwachsen.

¤ ¤ ¤ ¤

Ela lag schon seit geraumer Zeit wach und wälzte sich von einer Seite auf die andere. Wie lange war sie schon hier? Zwei Tage? Drei? – Länger? Der Rücken tat höllisch weh. Sie streckte sich und stöhnte auf, knüllte das Kissen zusammen und suchte nach einer Position, die einigermaßen erträglich war. Ein Lichtstreifen huschte über die Decke, das Mädchen im Bett neben der Tür schmatzte leise und fiel erneut in einen unruhigen Schlaf. Vor den hohen Fenstern standen die Bäume jetzt unbewegt wie Schatten.

Vorsichtig zog sie ihr Nachthemd zurecht. Es roch fremd und unangenehm verschwitzt. Sie bewegte ihre Zehen, die Finger, schlug die Decke zurück und rollte sich auf den Rücken. Ja, so war es besser. Zum ersten Mal, seit sie hierhergebracht worden war, hatte sie das Gefühl, leidlich wach zu sein. Sie war immer noch wie in Watte gepackt, aber ihr Kopf funktionierte wieder. Sie sah sich auf dem Friedhof. Die Gesichter der anderen, ältere Leute, die sie gleichgültig ansahen. Das seines Sohnes, der sie noch in der Aufbahrungshalle vom Sarg weggescheucht hatte. »Wenn ich einmal nicht mehr bin, werden sie antanzen«, hatte sein Vater gesagt. »Wenn es was zu erben gibt. Verrückt ist er, gierig! Weißt du, Ela, er ist ein fauler Hund. Keine Disziplin! Hat mit Anfang zwanzig mit einer dubiosen Firma viel Geld gemacht, alles verjuxt und sich seitdem nicht mehr gefangen.«

Wer, dachte sie, wusste noch davon? Vom Streit der beiden, dem schlechten Verhältnis zwischen Vater und Sohn. Der alte Mann hatte zuletzt sehr zurückgezogen gelebt. Und auch wenn sie nach und nach das eine oder andere besser verstanden hatte … In einem hatte er recht behalten.

Plötzlich fröstelte sie. Noch zwei, drei Tage, dann würde sie gehen. Es war das erste Mal seit vielen Jahren, dass sie sagen konnte: nach Hause.

Sie war ihm auf der kleinen Grünfläche vor dem Spital begegnet. Drei müde Bäume, zwei Sitzbänke, Hartriegel als Begrenzung zur Straße. Er war nur widerwillig zur Seite gerückt, als sie sich, den Befund in der Hand, blind vor Tränen, neben ihn hatte fallen lassen. Ein alter Mann mit verkniffenem Mund, wie es unzählige in dieser Stadt gab. Die schmalen, auffallend gepflegten Füße steckten in teuren Ledersandalen, der gestreifte Bademantel war ihm zu groß.

»Bist du Türkin?«, hatte er sie später gefragt, und ohne ihre Antwort abzuwarten, erklärt: »Das ist mir egal.«

Er ist ein alter Mann, hatte sie gedacht, und dass alles besser war, als noch einmal von Amt zu Amt zu pilgern und sich schikanieren zu lassen. Eine Woche später hatte er ihr ohne viel Aufhebens den Abbruch bezahlt. Ein Zimmer für sie leergeräumt. Und an jedem Ersten im Monat lag auf dem kleinen Tischchen im Vorzimmer ein Kuvert mit dem vereinbarten Betrag.

»Kinder« – sie erinnerte sich noch genau an seine Worte – »Kinder sind eine Plage. Du ziehst sie unter Entbehrungen groß, versuchst ihnen Werte mitzugeben, etwas Anstand beizubringen, schickst sie in gute Schulen – und dann: Sie pfeifen dir was, gehen ins Ausland, nach mir die Sintflut, oder versuchen dich weiter auszupressen wie eine Zitrone, anstatt selber die Ärmel aufzukrempeln.« Er hatte sie angesehen. »Ist es nicht so? Und wenn du alt bist, schieben sie dich ab. Ins Pflegeheim!« Wütend hatte er die Krücke in den Boden gerammt. »Den Teufel werde ich tun! Ich will nach Hause.«

Er hatte ihr imponiert, obwohl er sie gleich darauf angeblafft hatte wegen ihres Versuchs, ihn zu trösten.

»Lass das!« Unwirsch hatte er ihre Hand abgeschüttelt. »Ich bin alt, aber kein Trottel. Nichts wird wieder, wenn man sich nicht selber darum kümmert!« Dann hatte er ihr das Angebot gemacht – »keine Sorge, die Putzfrau kommt einmal die Woche« –, ihm den Haushalt zu führen und ihn, *vor allem während der ersten Zeit daheim,* ein wenig zu unterstützen. Einkäufe, Arztbesuche, so was. Er wolle sonst nichts von ihr. Er sei schließlich kein Perverser.

»Warum kein Pflegedienst?«

»Damit die mich gängeln und herumkommandieren? Nein, danke schön!«

Dann hatte er sie *examiniert*, wie er das nannte. »Immerhin, nicht wahr, bist du eine Fremde für mich.«

Am nächsten Tag hatte sie ihn besucht und die Freude – oder Erleichterung? – hinter seinem ruppigen Gehabe registriert, als sie das Krankenzimmer betrat. »Meine Nichte«, hatte er sie dem Pfleger vorgestellt.

Mit zwei Reisetaschen war sie eine Woche später bei ihm eingezogen. War über den leise knarrenden Parkettboden seiner großen, ein bisschen verstaubten Wohnung gegangen und hatte gedacht: Das Schlimmste ist vorbei.

¤ ¤ ¤ ¤

Na endlich, dachte Tom, reagieren sie. Vor vier Tagen war zwei Häuser weiter zum ersten Mal eingebrochen worden, gestern Abend hatte er, am Weg zurück von der Bushaltestelle, jemanden mit einer Taschenlampe durch den Garten geistern sehen und erneut angerufen. Man hatte ihn vertröstet.

Ist der Einbrecher noch im Haus?

Aha, wieder alles dunkel?

Wie lange ist das her?

Gut, wir schicken jemanden, sobald wir einen Wagen frei haben.

Gegen Mitternacht war ein Polizeiauto langsam die Straße entlanggefahren und nach einer Weile wieder zurück. Wahrscheinlich hatten sie hinten auf der Wiese Pause gemacht. Ein schöner Platz, aber vor allem an den Wochenenden völlig überlaufen. Seit eine Zeitung die Stelle als Geheimtipp verkauft hatte, war der Weg regelmäßig zugeparkt. Unter den Anrainern auf der anderen Straßenseite regte sich bereits Widerstand. Einer war mit einer Unterschriftenliste herumgegangen. Tom hatte ohne zu zögern unterschrieben.

Er seufzte und ließ den Vorhang los. Schickten die jetzt Zivile? Und – kamen die nicht immer zu zweit? Wenigstens war das in den Fernsehkrimis so gewesen, deren größten Teil seine Omsch zuletzt meist verschlafen hatte, während der Krebs sie langsam von innen her auffraß. Der Schmerz hatte sie angefallen wie ein Tier, sich in sie verbissen und sich durchgenagt bis auf die Knochen, bis zuletzt keines der Medikamente mehr gewirkt hatte und sie im Spital an der Schmerzpumpe gehangen und langsam verdämmert war. Ganz allein.

Sie sah nicht aus wie eine Polizistin. Sportlich, schlank, aber – Stöckelschuhe? Jetzt schaute sie zum Haus herüber. Unwillkürlich trat er einen Schritt zurück. Die Stores … Sie kann dich nicht sehen! Er atmete aus und drückte die Schultern nach hinten.

Sie studierte das verwischte Namensschild auf der Klingel am Zaun, als er vors Haus trat.

»Es ist offen!«

Sie hob den Kopf, kniff die Augen zusammen und hielt den Arm in die Höhe gegen die Sonne. »Herr Kralik?« Das Gartentor quietschte. Sie schloss es behutsam, den Nacken gebeugt. Sie war noch sehr jung. Als sie sich umwandte, lächelte sie. »Schön, dass ich Sie antreffe, Herr Kralik. Faber, Marisa Faber. WOGE-Bau.« Ihre Finger umschlossen sanft die seinen.

Schöne Haare, dachte er. Und: Sie riecht gut.

»Woge-Bau?« Er wusste nicht wohin mit seinen Händen.

»Ich komme wegen des Vertrags.« Sie war ein wenig außer Atem.

Er zögerte.

»Darf ich reinkommen?«

Er trat zur Seite. »Ja, natürlich«, sagte er schnell.

Sie biss sich auf die Lippen und fuhr sich mit der Hand an den Hals. »Nach Ihnen.«

Er nickte und ging voraus.

»Schön haben Sie es …« Sie stockte. »Schön, Sie haben sich entschieden? Mein Kollege … Herr Weber, er hat gesagt …«

Er bemerkte, wie sie sich umsah und errötete. Er wies auf das Sofa, aber sie zog einen der unbequemen Holzsessel beim Esstisch zu sich, ließ sich ganz vorne auf der Kante nieder und wühlte in ihrer Mappe. Ein Blatt segelte zu Boden. Sie bückten sich gleichzeitig danach, ihr helles, duftendes Haar streifte sein Gesicht. Er verhielt einen Moment, während sie hochfuhr, den leeren Zettel bereits in der Hand.

»Danke.« Sie sah ihn nicht an.

»Möchten Sie etwas trinken?«

»Nein danke.« Sie lächelte nervös und fummelte an ihren Haaren herum. »Ich muss gleich weiter. Mein Kollege, er wartet vorne …«

Er ging zur Kredenz und kehrte mit dem zusammengefalteten Vertrag zurück. Legte ihn vor sie auf den Tisch, setzte sich zwei Sessel von ihr entfernt hin, lehnte sich zurück und verschränkte die Arme. »Ich verkaufe nicht«, sagte er.

Sie riss die Augen auf. »Sie –?«

»Ich habe mich entschieden. Ich bleibe hier. Ich gebe das Haus nicht auf.«

»Jetzt bin ich« – sie räusperte sich – »ehrlich gesagt, etwas überrascht, Herr Kralik. Mein Kollege hat mir –«

»Ich habe mich entschieden.«

Sie sah ihn erschrocken an. »Gibt es Unklarheiten, Herr Kralik? Haben Sie Fragen? Ich bin mir sicher, Herr Kralik, dass wir …«

Er schüttelte den Kopf. Sie tat ihm leid.

»Über den Preis können wir noch reden«, sagte sie eifrig. »Ich kann unser Angebot –«

»Nein.«

»Wir haben Zugang zu einer Reihe von attraktiven Bauprojekten, die sehr zentral liegen.« Sie wühlte in ihrer Mappe und zog einen Folder hervor. »Wir könnten Ihnen in einem davon, schauen Sie« – jetzt atmete sie wieder gleichmäßig, aber ihre Stimme war dünn und brüchig – »eine Wohnung besorgen, wenn Sie sich sofort entscheiden. Miete, Mietkauf, wie Sie wollen. Zu Sonderkonditionen. Ich kann mich da für Sie ...«

Er hörte ihr zu, wie sie ihm zunehmend sicherer die Schrecken einer Großbaustelle beschrieb und die unglaubliche Lebensqualität in einem schall- und wärmeisolierten Neubau näher zum Zentrum hin pries.

Aber – hatte es nicht geheißen, dass man die Häuser niederreißen und eine Lagerhalle errichten wollte? In ein, zwei Jahren. Wir expandieren, aber wir haben es nicht eilig, hatte der bullige Typ gesagt. Ganz unter uns, Herr Kralik, das alles hier steht ohnehin auf wackligen Beinen. Diese Straßenseite ist gar nicht als Wohngebiet gewidmet. Ich habe läuten gehört, dass ...

Er runzelte die Stirn. Die Sache stinkt, dachte er. Der Kerl hat gelogen. Und jetzt schicken sie dieses Mädchen her, um den unterschriebenen Vertrag abzuholen, als wäre alles längst geklärt. Und sie in ihrem Eifer redet sich um Kopf und Kragen. Sollte er sie darauf ansprechen? Besser nicht. Wie es aussah, war sie nur das Laufmädchen. Plötzlich wurde ihm heiß. Eine Art Lockvogel! Er sprang auf.

Sie machte keine Anstalten, sich zu erheben. »Wir möchten, dass Sie zufrieden sind, Herr Kralik.« Bitte, flehten ihre Augen. »Ihre beiden Nachbarn verkaufen. Sie werden allein mitten auf einer Baustelle sitzen.« Sie klappte den Folder auf und wieder zu und legte ihn schließlich auf den Tisch. »Es wird auf jeden Fall gebaut werden, Herr Kralik: zwei Stockwerke, eine dreigeschossige Tiefgarage mit Anrainerparkplätzen. Hier bleibt kein Stein auf dem anderen. Sie werden mindestens zwei Jahre, wahrscheinlich drei, inmitten von Lärm und Dreck leben. Das können Sie doch nicht wollen!«

Nein, das wollte er ganz bestimmt nicht. Aber vielleicht war ja auch das gelogen: dass er der Einzige war, der sich weigerte, zu verkaufen. Gut, das Doppelgrundstück war unbebaut, und das erste Haus in der Straße stand seit drei Monaten leer. Aber das nebenan? Die neue Nachbarin hatte ihm versichert: Ich bleibe. Die hatte doch nicht … Er musste mit ihr reden! »Die nebenan«, sagte er, »wird auch nicht verkaufen.« Er räusperte sich und wies zur Tür. »Bitte gehen Sie jetzt. Das ist jetzt nichts gegen Sie persönlich, ich meine …«

Sie stand auf und verstaute umständlich den Vertrag in ihrer Tasche. Den Folder ließ sie liegen. »Ihr letztes Wort, Herr Kralik?«, fragte sie. »Das kann ich nicht glauben.«

Er legte die Hand auf die Türschnalle. Aber sie gab nicht auf. »Hier ist meine Karte, Herr Kralik. Rufen Sie mich an. Reden wir noch einmal darüber. Wir finden sicher –«

»Meine Entscheidung steht«, sagte er. Es klang schroffer als beabsichtigt. Er stand wie auf glühenden Kohlen. Geh endlich, dachte er, bitte geh!

Sie zögerte. »Sie unterliegen einem Irrtum, Herr Kralik«, sagte sie dann. »Sie sind der Einzige, der –« Sie biss sich auf die Zunge.

»Sich noch querstellt?«

Sie sah ihn erschrocken an. Presste die Mappe vor die Brust und wich zurück. »Der noch – überlegt«, sagte sie vorsichtig.

»Nebenan –« Er brach ab und schluckte. Sie hatte so ein liebes, freundliches Gesicht. Geh bitte, flehte er still.

»Der alte Herr Kornmesser ist verstorben. Sein Sohn hat sich sofort zum Verkauf entschlossen. Sie sehen also, Herr Kralik –«

»Das Nachbarhaus«, sagte Tom mühsam beherrscht und starrte über ihre Schulter auf die Straße, »gehört einer jungen Frau. Und die, das weiß ich sicher, die bleibt.« Er war schweißgebadet.

¤ ¤ ¤ ¤

Marisa stand vor dem Waschbecken. Zehn Minuten waren vergangen, seit sie mit unbewegter Miene Heckers Ausbruch über sich hatte ergehen lassen und sich dann mit verkrampftem Kiefer, kurz vorm Losheulen, aufs Klo gerettet hatte. Das Wasser rauschte. Ihre Augen waren verquollen und gerötet. Sie legte den Kopf zurück und tropfte sie ein, blinzelte und ging näher zum Spiegel. Noch ein bisschen Puder auf die Nase. Okay. Schon besser. Ich kann mich nicht hier verschanzen, bis alle weg sind, dachte sie. Ich muss zurück auf meinen Platz und weitermachen, als wäre nichts passiert. Professionell mit Fehlern umgehen. Kritik aushalten … Daraus lernen.

Wie mitleidig Schwarz sie angesehen hatte! Das war das Schlimmste. Das kann ein Pudel! Hecker berichtete wahrscheinlich gerade dem Chef, dass sie alles versemmelt hatte.

»Haben Sie nicht zugehört? Sind Sie blöd? Da hätten wir es gleich plakatieren können!«

In der Küche war niemand. Ich werde das ausbügeln! Wie auch immer. Wenn ich noch die Chance dazu kriege, dachte sie. Klar war das blöd. Aber was hätte ich denn machen sollen? Der Wasserkocher pfiff. Sie zuckte zusammen.

Wie der mich angesehen hat! Und dann das Wohnzimmer … Wie das einer Oma … Die ersten Minuten, dachte sie, sind entscheidend. Er hat gemerkt, dass ich unsicher bin … Sie streckte sich nach einer Tasse im obersten Regal und zog eine Schublade auf. Es war nur noch Pfefferminztee da. Sie versenkte zwei Beutel in der bauchigen Tasse.

Am schlimmsten war die Stille gewesen. Dass keiner aufgeschaut hatte, als sie aus Heckers Büro gekommen war. Alle hatten weitergearbeitet, als wäre nichts geschehen. Dann noch die Handbewegung von Schwarz: Was habt ihr euch erwartet! Und jetzt, dachte sie verzweifelt, was jetzt? Wieder auf Jobsuche gehen? Wieder alles von vorne?

Die Tür flog auf. Erol. Der hatte ihr gerade noch gefehlt!

Er stellte sich neben sie und suchte die Teile seiner Espressokanne zusammen. »Entspann dich! Ist nicht deine Schuld.« Er stellte seine sorgsam gehütete Mokkatasse bereit. Das Mahlwerk legte los, Kaffeeduft flutete die Küche.

»Ich bin entspannt!« Sie ließ die Schultern sinken. Jetzt schickten sie ihr auch noch *Mr Cool* hinterher, um sie weiter zu demütigen.

»Das war schlecht vorbereitet«, sagte er. »Oder Absicht.«

»Wie – Absicht? Was meinst du?«

»So dumm kann keiner sein! – Dein Tee!«

»Was ist damit?«

Er wies auf ihre Tasse. Ein Beutel war geplatzt, der Tee war dunkel, voller Brösel, untrinkbar.

Sie leerte ihn in den Ausguss. Der Deckel des Mülleimers klackte. Hitze stieg ihr in die Wangen.

Hau ab, dachte sie. Hau endlich ab!

»Was hat Hecker gegen dich?« Er füllte Wasser ein, gab das Kaffeemehl in den Filter und schraubte die Kanne zu. »Warum hackt der ständig auf dir herum?«

Sie zuckte die Schultern. Er stand viel zu nahe. Tolles Parfum, musste sie widerwillig eingestehen, aber zu viel davon. Sie verschränkte die Arme vor der Brust.

Er trat einen Schritt zurück und stellte die Kanne auf den Herd. »Entschuldige.«

»Keine Ahnung«, murmelte sie erschöpft. »Tut er das?« Sie nahm eine Flasche Mineralwasser aus dem Kühlschrank und drängte sich an ihm vorbei. »Ich hab zu tun«, sagte sie schroff.

»Hey, was ist los. Warum bist du plötzlich so –?«

»Was?«, zischte sie und ärgerte sich augenblicklich darüber.

»Ich bin nicht dein Feind, Marisa«, sagte er ruhig. »Vielleicht« – er zögerte – »sollten wir einmal was trinken gehen. Hast du Lust?«

Geht's noch?

Er sah sie verwundert an. Hatte sie das laut gesagt? Nein, offensichtlich nicht. »Nein danke.«

Am Gang bückte sie sich nach zwei Zetteln, die vom Faxgerät über den Boden gesegelt waren. Die Niedeck war nicht in ihrem Zimmer. Sie legte ihr die Kopien auf den Schreibtisch und ging nach nebenan in ihr eigenes Büro. Es war ausgesprochen geräumig und diente gleichzeitig als Archiv. An einer Wand standen lichtgraue Karteischränke, eine zweite war bis zur Decke mit Regalen zugestellt. Penibel beschriftete Ordner versprühten den Charme einer Registratur. Die Niedeck! Die machte wohl gerade ihre Papiere fertig. Sie würde nach ihr rufen und dann … Lustlos klickte sie sich durch ihre Mails. Eigentlich konnte sie es genauso gut bleiben lassen … Ihr Augen weiteten sich. Sie beugte sich vor und las mit offenem Mund. Der Typ hatte nicht gelogen: Das Haus neben diesem Kauz gehörte tatsächlich nicht dem Sohn des Verstorbenen. Die Besitzerin, da stand es schwarz auf weiß, war eine Manuela Kiliç.

¤ ¤ ¤ ¤

Rita langweilte sich. Sie hatte gefrühstückt, die Tabletten erneut ins Klo gespuckt, hatte geduscht und notgedrungen ihre verschwitzten Sachen wieder angezogen. Im Aufenthaltsraum hockten lauter ältere Leute, die verloren vor sich hin starrten oder mit sich selber redeten. Also wieder zurück auf den Gang!

Die Tür nach draußen ließ sich nicht öffnen, aber immer wieder kamen Ärzte und Pflegepersonal von anderen Stationen, die aufschlossen und weitereilten, ohne darauf zu achten, ob die Tür hinter ihnen auch tatsächlich ins Schloss fiel. Rita blieb vor einem lieblichen Landschaftsbild stehen und behielt aus den Augenwinkeln den Eingangsbereich im Auge. Ein Hausarbeiter schleppte eine Leiter vorbei und zwinkerte ihr zu, und nach einer Weile scheuchte eine Schwester sie zurück ins Zimmer. »Gehen Sie rein. In Kürze ist Visite!«

Das Ganze dauerte keine zehn Minuten. Die Tür öffnete sich, mehrere Ärzte und ein Pfleger, den Rita noch nie gesehen hatte, rauschten mit einem knappen Gruß an ihr vorbei auf ihre Zimmernachbarin zu. Sie reihten sich am Bettende auf, beugten sich über eine Mappe, hoben die Köpfe. Eine junge Ärztin fragte etwas, die Frau antwortete. Sie sprach stockend und sehr leise.

»Gut«, sagte ein Grauhaariger – der Oberarzt oder Primar, dachte Rita –, dann drehten sich alle wie auf ein Kommando um und kamen zu ihr herüber. Sie blieben am Bettende stehen, der stämmige Pfleger blätterte in den Unterlagen. Rita hörte »Suizidversuch«, »Impulsdurchbrüche«, die Namen mehrerer Medikamente, unmöglich zu merken, und sah den Grauhaarigen nicken.

»Noch etwas: Die Mutter der Patientin ist uns bekannt …«

Ein Ruck ging durch ihren Körper. Ihre Muskeln waren straff gespannt, in ihrem Bauch rumorte es. Du musst ruhig bleiben, beschwor sie sich. Hör nicht hin!

»… zahlreiche stationäre Aufenthalte, auch hier, bei uns, Alkoholabusus«, ergänzte die Ärztin.

Du willst nach Hause! Ihr wurde heiß. Sie stemmte die Fersen in die Matratze. Man konnte die Wut abfangen, sie wusste das. Atmen. Das alles hat nichts mit dir zu tun! Zählen! Nicht hinhören! Und vor allem – jetzt bloß nichts sagen! Sie räusperte sich und setzte sich kerzengerade auf. Ihre Hände waren feucht.

»Wie geht es Ihnen heute?« Der Arzt nahm seine Brille ab, fuhr sich mit der Hand über die Augen, seufzte und setzte sie wieder auf.

»Gut.« Sie atmete aus. »Ich bin gesund, ich will –«

»Ihre Betreuerin ist verständigt. Sie wird morgen gegen Mittag hier sein«, informierte der Pfleger. »Dann schauen wir weiter.«

»Morgen? Sie sollte doch heute –« Rita drückte ihre Nägel in die Handinnenflächen. Manchmal half das.

»Es hat sich ein bisschen verzögert, Frau Vesely, aber morgen ganz sicher.«

»Ich muss arbeiten«, sagte Rita.

Der Arzt sah sie überrascht an. »Was machen Sie denn?«

»Ich bin in einem Supermarkt beschäftigt. Ich –«

»Transitarbeitskraft«, warf die junge Ärztin ein. »Frau Vesely lebt in einer ambulant betreuten Wohnung. Die Nachbetreuung ist also gesichert. Die Sozialarbeiterin holt sie ab.«

»Gut, gut.« Der Arzt hatte es eilig. »Sie kümmern sich um die Details.« Sein Handy schrillte, er griff in die Tasche seines Arztkittels. »Was ist denn? Ich bin … Die zwei Aufnahmen? Ja, meinetwegen, legen Sie sie …« Er schritt auf die Tür zu, der Pfleger schloss geräuschvoll die Mappe, die Ärztin zuckte die Achseln und lächelte Rita aufmunternd zu.

Die beiden anderen, kaum älter als Rita, murmelten »Auf Wiedersehen« und trotteten hinterher.

»Morgen? Ganz sicher? Versprochen?«

Niemand reagierte. Die Tür schlug hinter ihnen zu.

Rita keuchte. *Das können sie nicht machen!* Sie sprang aus dem Bett und trat gegen das Nachtkästchen. Glas klirrte, die Medikamentenbox fiel auf den Boden. Sie verpasste dem Möbel einen weiteren Tritt und kickte die Box weg.

Morgen, morgen! Sie konnte es nicht mehr hören. Wie lange denn noch! Nur mit Mühe unterdrückte sie den Impuls, den Ärzten nachzurennen. Besser nicht! Sie ballte die Fäuste und biss sich auf die Knöchel. Heute Nachmittag, hatten sie gesagt. Und jetzt – morgen!

Barfuß tigerte sie zum Fenster und wieder zurück zum Bett. Man hielt sie zum Narren!

Die Beobachtungsstation damals, das war etwas anderes gewesen. Kinder- und Jugendpsychiatrie. Sie hatte Ärger gemacht. War bockig gewesen. Beide Male. Man hatte wissen wollen, was mit ihr los war. Das hatte gedauert. So was brauchte seine Zeit.

Aber jetzt? Es war alles geklärt. Ihr war zum Weinen.

Die freundliche Ärztin am Sonntag … Es hatte gut ausgesehen.

Aber dann: Erna Vesely. Das ist ihre Mutter?

Sie war über Jahre Patientin bei uns.

Sie ist tot. Ich bin nicht wie meine Mutter. Ich trinke nicht, ich … ich bin nicht wie sie!

Die Ärzte hatten einander angesehen und mit ihren Unterlagen geraschelt.

Wenn die Freese morgen nicht da ist, dann haue ich ab, dachte Rita. Vernünftig oder nicht – es reicht.

Ein Geräusch ließ sie herumfahren. Die Frau stand mitten im Zimmer. Sie war kleiner als Rita und sehr blass, ihre Augen waren gerötet, die Lippen spröde. Schwere dunkle Haare umrahmten ein zartes Gesicht. Das zerknitterte Nachthemd roch säuerlich.

Rita zog sich die rutschende Hose über die Hüften hoch und ging auf sie zu. »Ich bin Rita.«

»Ela. Ela Kiliç«, sagte die Frau. »Ich muss mit jemandem reden. Ich habe Angst.«

¤ ¤ ¤ ¤

Die Tür zum Chefbüro war geschlossen. Marisa holte Luft, klopfte, hörte ein kräftiges »Ja« und drückte die Klinke nieder.

Wolff stand mit dem Rücken zur Tür und stopfte sich das Hemd in die Hose. Er hob den Bund an. Mit einem Ruck schloss er den Reißverschluss und wandte sich um. »Sie? – Herrgott, Frau Faber. Schauen Sie nicht so! Ich muss zu einem Termin. Und bei den Temperaturen …« Er hielt drei Krawatten hoch. »Welche nehme ich?«

»Besprechung?« Ihre Stimme klang viel zu hoch. Piepsig, dachte sie. Kleinmädchenhaft. Sie räusperte sich. »Die silbergraue.«

»Die hier?«

Sie nickte.

»Für mich ist eine so gut wie die andere.« Er lachte. »Ohne meine Gattin und die liebe Frau Niedeck …« Mit geübten Griffen band er die Krawatte und zog sie straff.

Er ließ sie zappeln.

»Hat Herr Hecker –?«

Er musterte sie. »Was ist Ihnen da eingefallen?«

Sie setzte zu einer Erklärung an, aber er winkte ab. »Besonders schlau war das nicht, aber das wissen Sie selber. Wenn sich da jetzt eine Bürgerinitiative formiert …«

»Es tut mir leid«, murmelte sie.

»… müssen wir uns was überlegen.« Er wirkte ruhig, aber noch traute sie dem Frieden nicht.

»Herr Wolff, ich …« Ihre Hände waren feucht. Das Blatt in ihrer Hand zitterte.

»Ja?«

»Wir gehen von falschen Voraussetzungen aus.«

Wolff schloss die Kastentüre und prüfte im Spiegel den Sitz seiner Krawatte. »Klartext«, forderte er. »Worum geht's?«

»Das renovierte Haus neben dem von Herrn Kralik –«

»Das vom Kornmesser?«

Sie nickte. »Ich habe einen Grundbuchauszug eingeholt.« Sie reichte ihm den Ausdruck.

Seine Brauen zogen sich zusammen, sein Mund wurde schmal. »Manuela Kiliç?« Er sah sie an. »Wer ist das?«

»Ich weiß nicht.«

»Der Eintrag ist keine drei Wochen alt.«

»Und rechtskräftig. Eine Schenkung. Lastenfrei. Die Notarin bestätigt –«

»Und diese – Kiliç wohnt da?«

»Das nehme ich an. Sie war nicht zu Hause, aber ich kann versuchen –«

»Nein. Verdammt!« Er hieb mit der Faust auf den Tisch.

Erschrocken zog sie den Kopf ein.

»Das ist der Gipfel. Bin ich von lauter Idioten umgeben?« Er riss sein Handy ans Ohr. »Luisa, ruf Hellinger an. Nein, ihn direkt. Ich verspäte mich eine Dreiviertelstunde. Und dann, egal, irgendwas, du machst das schon. Und dann Rainer. Stell ihn durch. Ja, ich warte.«

Sie wagte kaum zu atmen.

»Ich weiß, dass er im Krankenstand … das ist mir egal. Genau. Danke, Luisa. Ich warte.« Er warf sich in den Schreibtischsessel und atmete keuchend aus. »Entschuldigen Sie. Aber das ist unfassbar. – Gut, dass wenigstens eine hier mitdenkt.« Er rollte ein Stück zurück und musterte sie. »Wie sind Sie darauf gekommen?«

»Herr Kralik hat von einer Frau gesprochen, die da wohnen soll. Und ich dachte –«

»Gut«, sagte er und erhob sich. »Das haben Sie gut gemacht, Frau Faber.«

Marisa errötete vor Freude.

¤ ¤ ¤ ¤

»Tot?«, fragte Rita erschrocken. »Und du hast ihn gefunden?«

Die Frau starrte auf die Tischplatte vor sich. Zwischen ihren Brauen stand eine steile Falte, ihr Atem ging schnell. Sie sprach leise, stockend. Als müsse sie einen Text ablesen, den sie nicht versteht, dachte Rita. Sie hat vergessen, dass ich hier bin.

Noch wusste sie nicht so recht, worauf die Geschichte hinauslief. Bis jetzt klang es fast wie ein Märchen: Ein armes Mädchen wird von einem Mann gerettet und aufgenommen. Er hat ein gutes Herz, sie gewinnt ihn lieb. Und weil er schon alt ist, macht er sich Sorgen, was sein wird, wenn er nicht mehr lebt, denn da lauert schon jemand auf das Erbe: sein Sohn, der sich nie um ihn gekümmert hat. Und der ist ein *Halunke*. Ein *Gauner*. Und brandgefährlich.

Er schenkt ihr also ein Haus, damit … Rita überlegte. War das möglich? Gab es wirklich Leute, die einer völlig Fremden, einfach so, ihr Haus schenkten?

Du kommst mich besuchen, und dann wirst du es sehen, hatte sie gesagt.

Wahrscheinlich bildet sie sich das alles ein, dachte Rita. Wir sind hier in einer psychiatrischen Klinik. Außerdem verhielt sich die Frau seltsam: Erst hatte sie gar nicht reagiert, kein Wort gesprochen, und jetzt redete sie in einem fort.

Rita räusperte sich. »Er ist tot?«

Langsam hob die Frau den Kopf. »Ich habe ihn angerufen, da saß ich noch beim Friseur. Er hat sich nicht gemeldet. Ich hatte gleich das Gefühl …« Sie wirkte wie weggetreten. Die erstaunlich kräftigen Hände – Hände, die es gewohnt sind anzupacken, dachte Rita –, rangen miteinander. An ihrem Hals pochte eine Ader. Sie schluckte. »Ich habe ihn noch gefragt: Herr Gottlieb, soll ich nicht lieber hierbleiben, wenn er kommt?«

»Wer?«

»Der Sohn. Aber er hat den Kopf geschüttelt: Geh nur, Ela. Er wird mich schon nicht umbringen.« Sie presste die Hand gegen die Stirn. »Er war ein guter Mensch. Er hat mir geholfen«, sagte sie. Es klang, als hätte sie die Sätze auswendig gelernt. »Er wollte nicht, dass ich …«

Das hatte Rita bereits gehört. Sie wartete, aber es kam nichts mehr. Sie rutschte auf dem Sessel nach vorne und fixierte die Frau. »Ela?«

Die andere sah sie nicht an. »Er lag auf dem Boden, auf den grauen Fliesen in der Küche, die helle Hose nass bis zu den Knien, die linke Hand zu …«, sie stockte, »die Hand auf dem Herzen war seltsam verkrampft. Ich habe erst nicht verstanden. Herr Gottlieb, um Himmels willen! Ich war in Panik. Bin auf die Knie. Blaue Lippen! Kein Puls. Wieder auf. Ans Telefon. Ich hab ihm das Hemd aufgeknöpft. Meine Hände waren schmierig, feucht. Sein weißes Hemd hatte Flecken. Schlagobers! Es war überall. Fein gesprüht, zerronnen, in dicken Patzen direkt auf dem Boden. Der … der Schlagobersspender daneben. Der obere Teil war abgesprengt. Er lag unter dem Tisch.« Ihr Kinn zitterte. »Sein Sohn«, flüsterte sie heiser, »der hat ihn umgebracht.«

Es ging bereits auf Mitternacht zu. Rita lag im Bett und wartete auf den Schlaf. Normal, dachte sie. Irgendwann ist man ausgeschlafen. Die Notbeleuchtung schimmerte bläulich. Ela hatte ihre Tabletten genommen und war nicht mehr ansprechbar. Rita hörte ihre ruhigen Atemzüge und seufzte. Wieder hatte sie ihre Medikamente verschwinden lassen. Es musste auch so gehen. Wie sollte man wieder arbeiten, wenn man am Morgen die Augen nicht aufbekam!

Draußen erklang leise Musik, dann war es wieder ruhig. Rasche Schritte näherten sich, Gummisohlen quietschten. Die Tür öffnete sich einen kleinen Spalt, ein Lichtstreifen fiel in den Raum, dehnte sich aus, wurde wieder schmal und verschwand. In der Nacht gingen sie noch einmal durch, um nachzusehen, ob alles in Ordnung war.

Seltsam, dachte Rita. Drei Tage, und es fühlte sich bereits vertraut an. Nur an den faden Geschmack des Essens konnte sie sich nicht gewöhnen. Sie würzte jedes Mal kräftig nach, bevor sie zur Gabel griff.

Die Frau gegenüber stöhnte auf. Kein Wunder, dachte Rita. Das war eine furchtbare Geschichte. Da hätte ich auch Angst. Ein alter Mann rettet sie davor, sich etwas anzutun. Sie zieht bei ihm ein. Sie hilft ihm im Haushalt.

»Obwohl ich nicht besonders geschickt bin in solchen Dingen.«

Davor hatte sie immer bei irgendwelchen Typen gewohnt, Männern in ihrem Alter, und es war nie gut gegangen.

»Und deine Eltern?«

Sie hatte die Achseln gezuckt.

»Hast du denn niemanden? Gar niemanden?«

Er, Herr Gottlieb, wie sie ihn nannte, hatte Kinder: einen Sohn, der nur auf sein Geld aus war. Eine Tochter irgendwo in Deutschland, die sich nicht einmal zu Weihnachten meldete.

Was sind das bloß für Menschen?, dachte sie.

Und dann hatte er Ela das Häuschen geschenkt, in dem er früher mit der Familie die Sommer verbracht hatte.

Sie drehte sich zur Seite, das Bettzeug raschelte. Warum schenkte einem jemand ein Haus? Die Frage ließ sie nicht los.

»Er wollte mich absichern.«

Er hatte ihr das Haus gezeigt. Sie waren beim Notar gewesen. Er hatte gedrängt: Besser, wir machen das gleich. Im Taxi hatte er gelächelt. Zufrieden. Jetzt kann er es dir nicht mehr abnehmen.

Sie schwitzte. Es war furchtbar heiß im Zimmer. Sie schlug die Decke zurück und tappte ins Bad. Die Leuchtstoffröhre flimmerte und knackte. Der Sohn war sicher wütend gewesen. Aber – Mord? Wie soll das funktionieren – mit einem Schlagobersspender?

Sie wusch sich die Hände und trocknete sie sorgfältig ab. Dann löschte sie das Licht und schlüpfte wieder ins Bett.

Ela war sich absolut sicher. Sie hatte es ihr genau erklärt: Wenn das Ding explodiert, mit großer Wucht gegen den Brustkorb prallt, kann das zu einem Herzstillstand führen. Es gab sogar ein Wort dafür: Herzerschütterung. Je kürzer und härter der Schlag, desto größer ist das Risiko zu sterben. So was kam angeblich immer wieder bei Eishockeyspielern vor. Wenn man nicht sofort reagierte, mit Mund-zu-Mund-Beatmung und Herzmassage begann, den Notarzt rief …

Und das hatte er nicht getan, sondern seelenruhig seine Tasse, den Teller, Löffel und Gabel abgewaschen und in den Schrank gestellt, das Tortenstück in den Abfalleimer gekippt und die Tür zugezogen.

»Er hat ihn sterben lassen!«

»Vielleicht haben sie gestritten, und er ist gegangen, bevor –«

»Bevor der Unfall passiert ist? – Nein! Herr Gottlieb hätte nie Essen weggeworfen, das noch gut war.«

»Hast du das der Polizei gesagt?«

Ein Achselzucken.

»Also nicht?«

»Damit der mich beschuldigt? Erbschleicherin. Hat den alten Mann manipuliert, um ans Haus zu kommen. Und ich sitze monatelang in Untersuchungshaft …«

Sie hatte richtiggehend gehetzt gewirkt.

»So läuft das doch, Rita! – Nein, ich vertraue denen nicht.«

Der Polizei?

Sie hatte recht. Es konnte genauso gut danebengehen, und die Falsche bekam Probleme und wurde womöglich noch bestraft. Bis vor kurzem war sich Rita sicher gewesen:

Polizisten waren dazu da, einem zu helfen, wenn man in Not war. Sie fingen Verbrecher und übergaben sie dem Gericht. Und dann werde ich zu Unrecht beschuldigt, eingesperrt und hierher verfrachtet! Tom war es nicht anders ergangen. Sie nickte. Man konnte sich nicht darauf verlassen, dass die Polizei … Es gab auch dort Menschen, die einem nicht zuhörten, die tranken und brutal waren. Und ehe man es sich versah, saß man in einer Zelle.

Aber trotzdem – man konnte nach so einer Tat doch nicht einfach zur Tagesordnung übergehen!

»Hast du außer mir jemandem davon erzählt, Ela?«

»Seinem Hausarzt. Er hat den Totenschein ausgestellt. Ein paar Tage später war ich bei ihm. Wollte mit ihm reden.«

»Und?«

»Er hat unwirsch reagiert, abgewunken.«

»Unwirsch? Was bedeutet das?«

Ela hatte die Stirn gerunzelt. Und dann gelächelt.

»Er war verärgert: Wollen Sie mir unterstellen, ich hätte falsch befundet? Das ist nicht Ihr Ernst! Sie sind verrückt! Er hat mich hinausgeworfen. An der Tür« – sie hatte die Hände vors Gesicht geschlagen – »an der Tür hat er mir nachgerufen: Und Sie, Frau Kiliç, wo waren *Sie* eigentlich? Wenn Sie da gewesen wären, könnte er vielleicht noch leben.«

¤ ¤ ¤ ¤

Marisa war enttäuscht. Wolff hatte entschieden, dass Rainer Weber wieder übernehmen würde: Er soll seine Fehler selber ausbügeln.

Keine zwei Stunden später war Weber aufgetaucht und im Chefbüro verschwunden. Man hatte Wolff hin- und hergehen und brüllen hören, dann war es eine Weile ruhig gewesen und schließlich war Weber mit einem Grinsen, das zeigen sollte, dass ihm das, wie er gerne sagte, *am Arsch vorbeiging*, herausgekommen und hatte sich an seinen Schreibtisch gesetzt.

Marisa stand auf und schloss die Tür. Sie kapierte das nicht: Obwohl sie alles falsch gemacht hatte, was man falsch machen konnte, war die Kopfwäsche ausgeblieben. Wolff hatte sie behandelt wie ein liebevoller Vater: Du weißt selber, dass das nicht schlau war. Und dann noch Lob für ihre Eigeninitiative. Aber bei Weber tickte er völlig aus.

Es klopfte. Erol stand mit zwei Mokkatassen in der Tür.

»Darf ich?« Er stellte eine vor sie hin und nahm auf der anderen Seite ihres Schreibtisches Platz.

»Was willst du?«

»Ein bisschen Gesellschaft.« Er schmunzelte und wurde wieder ernst.

»Danke.« Sie deutete auf den Kaffee.

Er nahm einen Schluck und schien zufrieden. »Gut, was?« An Selbstbewusstsein mangelte es ihm nicht. »Denk dir nichts«, sagte er leichthin. »Wolff ist ein bisschen unorthodox.«

»Unorthodox?«

»Na ja. Schwer zu berechnen. Der geht das alles ein wenig anders an als die Firmen, die ich so kenne.« Er drehte die Tasse in den Händen. »Ein Selfmademan eben. Wie mein Vater. Aber es funktioniert, wie man sieht.«

»Wenn dein Vater eine eigene Firma hat –«

»Du meinst: Warum ist der Typ dann hier?« Er kniff die Augen zusammen, beugte sich vor und senkte die Stimme. »Werksspionage«, sagte er mit schiefem Mund. »Ich will hinter das Geheimnis seines Erfolgs kommen.«

»Echt jetzt?«

Er sah sie verblüfft an. Dann brach er in schallendes Gelächter aus. Er klopfte ihr auf den Oberarm, als wäre sie sein Kumpel. »Das glaubst du nicht wirklich!« Seine Schultern zuckten, er beruhigte sich nur langsam.

Sie hasste ihn.

»Marisa! Mein Vater und er sind Freunde! Die kennen sich schon lange. Und mein Baba«, er grinste, »findet, das hier ist eine gute Schule. Ich soll einmal was anderes sehen als diese geschniegelten Immobilien-Buden, wie er sie nennt, in denen ich während des Studiums war. Und was anderes als unsere eigene Firma.«

»Baubranche?« Endlich kam das Gespräch in geordnete Bahnen. Sie nippte am Kaffee. Süß und stark und ziemlich gut. Sie nickte anerkennend.

»Abbruchsunternehmen. Eine Baufirma. Werkzeugleasing.«

»Werkzeugleasing? Wolff ist in der Gastronomie, im Baugewerbe … Und jetzt …«

»Genau: Jetzt geht er unter die Immobilienentwickler. Hat es einmal ausprobiert. Und Blut geleckt. Er hängt sich richtig rein. Fast manisch. Will seinem Schwiegervater was beweisen.« Er lehnte sich zurück. »Das erste Projekt hat eingeschlagen: kleine Anlage, aber in der Ausführung ganz groß. Planung, Finanzierung, Umsetzung – alles ist wie am Schnürchen gelaufen.« Er war sichtlich beeindruckt. »Wie jetzt beim Feldgarten: Top-Lage, wie immer er auch an solche Grundstücke kommen mag, junge, hungrige Architektinnen, die sich was trauen und arbeiten bis zur Selbstausbeutung – und er selber Tag und Nacht dran. Die Investoren sind sofort darauf angesprungen und … Du kennst das andere Objekt?«

»Auf dem Papier.«

»Auf dem Papier!«, rief er aus. »Das musst du dir anschauen, Marisa! Das ist weit weg von dem, was man sonst so sieht. Das ist großartig!«

»Mach ich.« Sie wechselte das Thema. »Und – wie lange bleibst du hier?«

»Zwei, drei Monate. Mal schauen.« Er zuckte die Achseln. »Mein Vater will einen harten Burschen als Nachfolger.

Party machen, feiern kannst du, wenn du was erreicht, was geleistet hast, meint er.«

Kein Konkurrent also. Sehr gut! »Du bist gewissermaßen zur Nachschulung hier?« Sie konnte sich ein Grinsen nicht verkneifen.

Auch er grinste. Eigentlich war er gar nicht so übel. Sie zögerte.

»Du kannst gut mit Hecker.«

»Hecker hat mich für eine arrogante Sau gehalten und voll auflaufen lassen …«

»Echt jetzt?«

»… bis er mich zum ersten Mal auf der Baustelle erlebt hat. Ich kann anpacken, weißt du. Bin harte Arbeit gewohnt. Das hat er auch gleich dem Chef rapportiert. Seitdem läuft es.«

»Hehe, du bist also unter Aufsicht.«

»Sozusagen.« Er schien es ihr nicht übelzunehmen. »Und du?«

»Was – ich?«

Er musterte sie und lachte. »Ich schau dich an. Ich werde nicht schlau aus dir. Du bist hier irgendwie so Mädchen für alles, gibst ordentlich Gas, machst auf souverän, lässt dich aber dabei von Hecker schikanieren und vergraulst die gute Frau Niedeck, die dir nützlich –«

»Was meinst du?«

»Du hast keine Ahnung, oder? Luisa Niedeck ist hier die graue Eminenz. Die ist von Anfang an dabei. Der Chef hört auf sie. Sie hat ihre Männer im Griff.« Er grinste. »Hecker kommt ja direkt von der Baustelle, und Rainer –«

»Ich brauche keine zweite Mama.«

»Ah ja? Hey, du tust dir nichts Gutes, wenn du –«

»Ich komm selber klar.« Sie hob das Kinn und verschränkte die Arme vor der Brust.

»Siehst du, jetzt schaust du schon wieder so –«

»So?«, schnappte sie.

»Komm, entspann dich.« Er rutschte ein Stück vom Schreibtisch weg, als wäre sie ein Hund, der ihn unvermittelt anspringen könnte, und hob beruhigend die Hand. »Ich will dir ja nur –«

»Die Welt erklären. Danke«, sagte sie schroff.

»Das heißt: Halt die Klappe, Erol, oder?«

Sie nickte. »Ja, das heißt es«, sagte sie.

»Und stellt schon wieder die Stacheln auf.« Er erhob sich und nahm ihre beiden Tassen. »Kaum, dass man glaubt … tja, wieder nichts.« Er seufzte dramatisch und sah sie dermaßen bekümmert an, dass sie grinsen musste.

»Ich bin einer von den Guten, Marisa«, sagte er. »Sieht man doch.«

»Na, dann.«

Er deutete eine Verbeugung an und verließ den Raum.

¤ ¤ ¤ ¤

Tom Kralik las die Bewerbungen noch einmal durch, korrigierte da und dort eine Kleinigkeit, fügte ein Foto ein und klickte auf Drucken. Drei waren es, die er heute noch zur Post bringen wollte. Sein Berater am Arbeitsamt würde sich damit zufriedengeben. Sie verkehrten meist über sein elektronisches Konto, persönliche Termine waren selten geworden. Unqualifiziert, fünfzig plus mit Hafterfahrung. Wahrscheinlich hatten sie ihn längst aufgegeben.

Früher hatte er durch die vielen Überstunden ganz gut verdient, aber jetzt waren seine Ersparnisse aufgezehrt, und ohne das Haus … Er stand auf und schaltete den Drucker aus. Alle kleinen Tiere, dachte er, werden von den großen gefressen. Das war immer schon so. Aber die Brutalität nahm zu. Man zahlte Hungerlöhne, forderte überdurchschnittlichen Leistungswillen und uneingeschränkte

Mobilität. Und verhöhnte einen dazu, bar jeder Scham. Eine frühere Ministerin hatte allen Ernstes behauptet, man könne von hundertfünfzig Euro leben, und die junge Frau aus der Immobilienbude hatte ihm einen Prospekt mit Mietwohnungen unter die Nase gehalten, die weit jenseits seiner Möglichkeiten lagen. Sie war allem Anschein nach auf die Butterseite gefallen und musste sich nicht demütigen lassen. Sich nicht wie viele ihrer Alterskolleginnen bei sogenannten Castings um einen schlecht bezahlten Job in einer Drogeriemarktkette zum Affen machen. Oder wie er regelmäßig zu Vorstellterminen traben, die nichts brachten außer Fahrtkosten. Gestresst war aber auch die gewesen …

Sie ist noch sehr jung, dachte er, und unsicher. Schöne Haare! Er lächelte. Der Kugelschreiber streikte. In der Tischlade fand er einen anderen und setzte sorgfältig seine Unterschrift auf jedes Blatt. Auch wenn sie schließlich unverrichteter Dinge abgezogen war – die werden nicht aufgeben, dachte er. Ich sollte mich wappnen.

Er musste mit der neuen Nachbarin reden. Sie warnen. Wenn dieser Kerl, der ihn zur Unterschrift hatte drängen wollen, wieder auftauchte …

Das war ein Bulldozer. Der überfuhr einen ohne jede Rücksicht. Tom machte sich Sorgen. Die Frau war zart, fast filigran. Feinnervig, sensibel, dachte er. Sie wirkte nicht besonders widerstandsfähig. Er konnte sich gut vorstellen, dass sie, von dem Vieh bedrängt, einfach aufgab und unterschrieb. Aus purer Angst. Er selber hatte sich nicht anders zu helfen gewusst, als eine halbe Zusage zu geben. Damit war er ihn dann losgeworden. In Ruhe lassen, da war er sich sicher, würde man ihn nicht.

Die Nachbarin. Tom wurde warm, als er an ihre erste Begegnung dachte. Ein Taxi war vorgefahren. Sie hatte dem Alten vorsichtig aus dem Wagen geholfen und ihn gestützt. Die

Wege waren vereist, es lag noch ein wenig Schnee. Nebeneinander waren sie auf dem Plattenweg langsam auf das Haus zugegangen, und der alte Kornmesser hatte gelächelt. Er ging gebeugt, seine scharfen Gesichtszüge waren weich geworden, das Haar war weiß, aber immer noch voll. Tom hatte sich gefragt, wer sie war, ob Lukas eine Tochter hatte. Oder Jutta, der Papaliebling, die mit achtzehn, kurz nach dem Tod der Mutter, ausgezogen war. Sie sah keinem der beiden ähnlich, aber das besagte nichts. Erst später hatte er bemerkt, dass sie älter sein musste, als es den Anschein hatte. Vielleicht eine Pflegerin? Einfach hatte die es sicher nicht!

Einige Zeit später waren Bauarbeiter aufgetaucht und im Haus verschwunden, hatten nacheinander die Firmenwagen eines Installateurbetriebs und eines Elektrikers in der Straße geparkt. Es war laut geworden. Und dann wieder still.

Gegenüber, in den neu erbauten Häusern, waren die ersten Mieter eingezogen.

Tom hatte im Garten das alte Herbstlaub zusammengerecht, als die Frau, im selben dünnen, jetzt offenen dunkelblauen Mantel, auf einem alten Waffenrad die Straße entlanggekommen war. Sie war abgestiegen und hatte ihn gegrüßt. War zögernd an den Zaun gekommen. »Wir werden uns jetzt öfter sehen. Auf eine gute Nachbarschaft.«

Später hatte er überlegt, was mit ihr nicht stimmte. Glatte dunkle Haare, ein Gesicht ohne besondere Merkmale, jemand, der einem auf der Straße nicht auffiel. Sie hatte sich ganz normal verhalten, und trotzdem … Da war etwas, das ihn irritierte. Gut, vielleicht irrte er sich ja.

Dann war sie eingezogen. Wenigstens glaubte er das. Er hatte ihr geholfen, mehrere Kartons aus dem Kofferraum des Taxis gehoben und zum Haus geschleppt. Sie hatte sich bedankt, ohne ihn anzusehen, und ihr Gepäck hastig über die Schwelle geschoben. Er hatte kehrtgemacht und war gegangen.

Abends brannte kein Licht. Vielleicht hielt sie sich in der Küche auf, die, anders als seine, nach hinten hinaus ging? Er stellte sich vor, wie sie unter einer kleinen Lampe saß und nähte. Die Schränke inspizierte. Ihre Sachen einräumte. Eine Einkaufsliste schrieb oder ein Buch zur Hand nahm.

Er schüttelte den Kopf. Man wurde eigen, wenn man so lange allein lebte wie er. Er hatte immer behauptet, dass es ihm so am liebsten war: ganz für sich zu sein, niemandem eine Erklärung schuldig, aber immer öfter dachte er sich Geschichten aus zu den Menschen, denen er begegnete, wie um sich zu bestätigen, dass es andere gab, die sich wie er in einem kleinen, abgezirkelten Bereich bewegten, Dinge taten, die ihm vertraut waren, und ihn so mit ihren Leben verwoben, ohne etwas von ihm zu fordern.

¤ ¤ ¤ ¤

Frau Freese zerrte sich den zusammengerollten Baumwollschal mit dem blassen Batikmuster vom Hals und fächelte sich damit Luft zu. Dabei scannte sie den Raum. Die dünnen, fransig geschnittenen Haare klebten ihr am Kopf. Ela saß frisch geduscht, in einem schwarzen Kleid, das über Nacht zum Trocknen im Bad gehangen war, am Tisch und kämpfte mit ihrem Frühstück. Die Freese nickte ihr zu, ging zum Fenster und beugte sich hinaus. Der Schultergurt ihrer schweren braunen Umhängetasche schwang nach vorne, der Gurt schnitt ihr ins Fleisch. Sie trug eine Hose. Das war neu.

»Beeil dich. Wir reden später«, sagte sie, ohne sich umzudrehen.

Rita angelte unter dem Bett nach ihren Schuhen. »Haben Sie mit der Ärztin gesprochen?« Bestimmt hatte sie ihnen alles erzählt: Mutter Alleinerzieherin, Alkoholikerin, depressiv, völlig überfordert mit dem Kind. Keine Ahnung, warum das Jugendamt so lange zugeschaut hat. Dabei haben die beiden direkt neben dem Amtshaus gewohnt. Erst als die Kleine dann dort beim Portier aufgetaucht ist, da war sie keine sechs, und geschrien hat: Die Mama stirbt, die Mama stirbt!, hat man sie endlich herausgenommen. Die Mutter in die Psychiatrie verfrachtet. Die Wohnung war eine Müllhalde: Berge von Flaschen, Erbrochenes, Kot. Die hat es nicht mehr aufs Klo geschafft. Die Kleine kam auf die Beobachtungsstation. Und dann zur Großmutter. Bestimmt nicht das, was ein verwahrlostes, ungefördertes Kind braucht.

Die Freese hatte keine Ahnung! Die Oma hatte immer zu ihr gehalten. Hatte für sie gekämpft, war mitten in die Schulstunde gekracht und hatte sich die Lehrerin geschnappt, wenn Rita am Vortag weinend nach Hause gekommen war.

»Das sind nicht deine Sachen.« Die Betreuerin stand jetzt mit dem Rücken zum Fenster und musterte sie. »Wo sind die?«

Rita zuckte die Achseln. »Futsch.« Sie hatte Frau Freese mehrmals gebeten, es nicht zu tun, aber die erzählte die Geschichte immer wieder, obwohl das schon so lange her war und nicht mehr wichtig.

Als ich die Betreuung übernommen habe, war sie dermaßen unselbständig. Ich hatte Angst, dass sie die Wohnung abfackelt oder unter Wasser setzt. Sie hat im Wesentlichen von Süßigkeiten gelebt, es grenzt an ein Wunder, dass ihre Zähne nicht kaputt sind. Aber – an der Stelle tätschelte sie ihr immer den Arm – wir haben es hingekriegt, nicht wahr, Rita? Seit einem guten Jahr lebt sie in einer ambulant betreuten Wohnung.

»Wir müssen, Rita. Wir reden später. Komm.« Frau Freese legte ihr den Arm auf die Schulter.

Rita machte sich los. »Ich muss mich noch verabschieden.«

Ela war aufgesprungen und sah sie erschrocken an.

Sie beugte sich zu ihr hinunter und umarmte sie. Ela schien die Luft anzuhalten, ihr Körper versteifte sich.

Sofort ließ Rita sie los. »Ich geh heute noch hin, versprochen!«

»Links, beim Kellerabgang.«

»Ja.«

»Und bitte pass auf.« Ela zögerte. »Vielleicht solltest du nicht allein …«

Schlecht, ganz schlecht, dachte Rita, und Frau Freese runzelte auch bereits die Stirn. Jetzt überlegt sie, was ich mir wieder »aufgehalst« habe: Warum kümmerst du dich nicht um deine eigenen Angelegenheiten, Rita? Immer musst du … und dann …

»Blumen gießen«, sagte sie schnell. »Ich gieße bloß ihre Blumen. Den Garten.« Sie rieb sich den Nacken. »Frau Freese, ich bin fertig. Gehen wir.«

Eine Viertelstunde später saß sie neben ihrer Betreuerin im Auto. Vor ihnen leuchteten rote Bremslichter auf und erloschen. Sie rollten ein, zwei Meter vor und standen schon wieder.

»Ich habe gar nichts erzählt«, sagte Frau Freese. Ruckartig fuhr der Wagen wieder an. »Das war auch nicht nötig. Deine Mutter war hier jahrelang Patientin. Die Ärzte wollten sichergehen, dass du nicht auch –«

»Sie dürfen das gar nicht!« Rita zupfte ein Stück Nagelhaut ab.

Frau Freese seufzte.

»Begrenzte Aufmerksamkeitsspanne, mangelnde Impulskontrolle … kogni…« – Rita setzte noch einmal an – »kognitiv beeinträchtigt!« Es war nicht das erste Mal, dass sie deswegen aneinandergerieten. »Ich weiß genau, was das heißt. Ich habe nachgesehen.« Mit Tom. Sie hatten ein Wörterbuch gebraucht. »Ich bin nicht blöd«, pfauchte sie.

»Rita, niemand behauptet das!« Die Betreuerin trat das Bremspedal durch. Ein Fußgänger sprang fluchend zur Seite und zeigte ihr den gestreckten Mittelfinger.

»Immer redet ihr über einen, als wäre man gar nicht da!«

»Ihr?« Frau Freeses Gesicht glühte.

»Ihr Betreuer, die Ärzte, die Polizisten!« Das war ungerecht, aber dieser sanfte Ton brachte sie jedes Mal auf die Palme. Sie rutschte auf dem Sitz nach vorne und drückte ihre Knie gegen das Handschuhfach. »Was riecht hier eigentlich so?«

»Bitte setz dich normal hin.«

Vor einer gelb blinkenden Ampel blieben sie stehen. Eine Straßenbahn ratterte vorbei, eine der alten, die mittlerweile selten waren. Rita fand sie viel hübscher als die neuen. »Warum reden Sie schlecht über meine Mutter? Sie kannten sie gar nicht.«

»Rita, bitte! Ich muss mich konzentrieren.« Ihr Handy läutete, sie hob den Hintern, streckte sich durch und angelte es aus der Hosentasche. Sie seufzte und legte es auf die Mittelkonsole. Rote Flecken wucherten ihren Hals hinauf. »Wenn wir einen Unfall haben, wenn uns jemand auffährt, sind deine Knie …«

Die Ampel schaltete auf Grün, sie fuhren los. Murrend setzte Rita sich aufrecht hin.

»Ich weiß, dass du sauer bist, aber …« Frau Freese setzte den Blinker und fuhr mit Schwung auf einen freien Parkplatz vor einer Apotheke. Sie griff nach ihrem Handy. »Deine Medikamente«, sagte sie. »Komm.«

»In dem Aufzug?«

Frau Freese musterte sie. »Okay. Ich bin gleich wieder da.«

Rita schaute ihr nach, wie sie mit hochgezogenen Schultern die Stufen hinauflief und in der Apotheke verschwand.

Ein kleines Kind, noch nicht schulpflichtig, das weinend auf der Straße steht… Ich verstehe nicht, warum man so lange zugeschaut hat. Auf der Beobachtungsstation hat man … Sie schob die Unterlippe vor. Es war *ihre* Geschichte. Und niemand hatte das Recht …

Die Großmutter hat sie verhätschelt, behandelt wie ein Baby.

Das war der Punkt, wo alle sie mitleidig ansahen. Aufmunternd nickten. Sie steckte den Zeigefinger in den Mund und schmeckte Blut. »Das geht euch nichts an«, murmelte sie. »Das geht euch überhaupt nichts an.«

¤ ¤ ¤ ¤

Ela kämmte sich die Haare, fasste sie zusammen und schlang sie im Nacken zu einem Knoten. Eine der Schwestern hatte ihr Shampoo und ein paar Haarnadeln gebracht. Ihr schwarzes Kleid roch nach Seife. Die Unterwäsche trocknete auf dem Fensterbrett.

Ich gehe nach Hause, dachte sie. Es fühlte sich unwirklich an nach all der Zeit. Kein Privatzimmer irgendwo, lieblos möbliert, aus dem man – Eigenbedarf, leider, Frau Kiliç, ja, bis Montag, gut, aber dann … – jederzeit gekündigt werden konnte, kein Schlafplatz in einem Wohnheim, wo sie einem die Matratze unter dem Arsch wegklauten. Kein Zimmer in einem billigen Hotel, wenn zufällig etwas Geld da war. Nein – ein ganzes Haus!

Eine Haarsträhne hatte sich gelöst. Sie strich sie nach hinten und klammerte sie fest. Liebesschwüre und Rosen, die Hoffnung auf ein bisschen Freundlichkeit und Zur-Ruhe-Kommen – das hatte jedes Mal mit einer Enttäuschung geendet. Die Kerle hatten keinen Respekt. Man wurde ausgebeutet, benützt – und wieder auf die Straße gestellt. Ausgesetzt wie ein Hund. Jedes Mal mit ein paar

Schrammen mehr. Aber damit war jetzt Schluss! Sie nickte ihrem Spiegelbild zu. Wenn man sich nicht selber darum kümmert … Es würde verblassen, alles. Nach und nach. Sie hatte wieder ein Leben.

¤ ¤ ¤ ¤

Der Bus schaukelte durch eine Kleingartensiedlung. Leute gingen ihren Freizeitvergnügungen nach oder arbeiteten im Garten. Rita sah gebräunte Frauen im Bikini in der Erde graben, kleine Hunde springen. Vor einem der Schrebergartenhäuschen deckte ein älteres Paar gemeinsam den Tisch. Männer standen in der Sonne und schwitzten, Kleinkinder liefen herum. In einem Plastikpool schwamm ein bunter Ball. Alles war wieder wie früher. Man berührte und umarmte einander und stand in Gruppen beisammen. Der Bus legte sich in die Kurve. Sie verließen die Siedlung und bogen in eine größere Straße ein. Noch zwei Stationen. Sie zog ihr Handy aus der Tasche und steckte es wieder weg. Eine Frau stieg aus, eine andere zu. Sie setzte sich genau auf den Platz, von dem die andere aufgestanden war. Hinter ihr unterhielten sich zwei Männer über die Verrohung der Sitten und die Notwendigkeit, den Jungen wieder Respekt beizubringen. Sie beachteten sie nicht. »Eine verlorene Generation«, sagte der eine. Er war dünn und trug eine Sauerstoffbrille. Er sah ziemlich mitgenommen aus. Der Bus wurde langsamer, blinkte und fuhr in die Haltestelle ein. Er neigte sich ein wenig nach rechts. Mit einem leisen Zischen öffneten sich die Türen. Rita stieg aus. Nach dem Kühlschrankklima im Bus traf sie die Hitze wie ein Schlag. Es roch nach Staub und Urin, nach heißem Asphalt und vertrocknetem Gras.

Tom war nirgends zu sehen.

Sie wurde unruhig. Zurück in der Wohnung hatte sie ihre

Orchideen ins Wasser gestellt, geduscht, eine Kleinigkeit gegessen, ihre Chefin angerufen – und dann ihn.

Komm, hatte er gesagt. Du brauchst dich nicht zu sorgen. Ich gehe dir ein Stück entgegen.

Sie zog ihre Bermudashorts zurecht und fächelte sich Luft zu. Der Bus blinkte und fuhr weg.

Sie fühlte sich beklommen. Ja, es war noch hell, aber … Was, wenn der Schläger wieder irgendwo am Weg auf sie lauerte und erneut über sie herfiel? Besser, sie wartete noch ein bisschen. Tom war üblicherweise pünktlich. Er musste jeden Moment da sein. Sie bückte sich. Die Umhängetasche schlug gegen ihre nackten Unterschenkel und rutschte ins staubige Gras. Sie hockte sich hin, löste die Schuhbänder und band sie neu. Ein Surren näherte sich. Sie reagierte viel zu spät. Der Radfahrer schoss auf sie zu, aus dem Nichts, sie sprang auf. Rennen, dachte sie, rennen!, aber sie stand wie erstarrt, sah seinen weit geöffneten Mund, sah ihn das Rennrad verreißen, über den Asphalt schlittern, Kies aufspritzen, sah sein verzerrtes Gesicht, ganz nah. Hörte ihn schreien. Wie durch ein Wunder fing er sich wieder und preschte unter lautem Fluchen an ihr vorbei den schmalen, steilen Weg hinunter. Der Gestank seines verschwitzten Kunststofftrikots zog wie eine Fahne hinter ihm her.

Ritas Puls jagte, ihre Schultern sanken herab. Mit weichen Knien bückte sie sich nach ihrer Tasche und drückte sie an die Brust. Nichts passiert. Alles gut. Alles gut. Sie hechelte. Die Straße war leer. Freie Sicht. Hinter ihren niedrigen Zäunen hockten die neuen Häuser mit geschlossenen Augen nebeneinander. Auf dem schmalen Grünstreifen vor dem zweiten setzte ein Rasensprenger totes Gras unter Wasser, daneben tränkte ein anderer einen saftig grünen Vorgarten. Sie ruckelten und sprühten und zauberten kleine Regenbogen ins Gegenlicht. Die Sträucher rechterhand waren verblasst und ließen die Blätter hängen, selbst die alten Bäume sahen erschöpft aus.

War da was? Sie wirbelte herum. Ein kleines Tier mit braunem Fell wieselte vorüber und verschwand im Gestrüpp. Ein Marder? Ein Hamster? Ihr Herz klopfte laut. Tom! Sie atmete auf. Trotz der Hitze trug er Jeans und ein weißes Hemd mit langen Ärmeln. Sie winkte. Er ging schneller und hob die Hand.

Er geht wie jemand, der sich versteckt, er macht sich klein, dachte sie.

»Bin ich froh! Tut mir leid. Dieser Immobilienmensch …« Er forschte in ihrem Gesicht. »Bei dir alles gut?«

Sie nickte und gab ihm die Hand. »Aber meine Orchideen … Sie waren ganz schlapp, die Blüten verdorrt. Die Blätter sehen aus wie gekocht.«

Er legte den Arm um ihre Schulter. »Ich habe mir Sorgen gemacht.«

Vom Westen schwebte ein Flugzeug herein, ein zweites folgte. Die Lichter blinkten, langsam sanken die Maschinen herab und verschwanden hinter den Bäumen.

Sie blieb stehen. »Die Hundebabys, Tom … vielleicht hat sie ja jemand gefunden. Ich meine, es kann doch sein. Aber ich möchte trotzdem …«

Er nickte.

»Ich hoffe, es ist noch nicht zu spät.«

⌘ ⌘ ⌘ ⌘

Sie durchkämmte beide Gärten bis ganz nach hinten, wo ein hoher durchgehender Maschendrahtzaun Schneeball-, Flieder- und Forsythiensträucher vom angrenzenden kleinen Laubwald trennte.

Tom stand vorne auf der Straße. Früher, dachte er, wäre kein Fremder hier ungesehen hereinspaziert, hätten sich

Vorhänge bewegt, jemand die Lamellen seiner Jalousien auseinandergezogen und durchgelinst, wäre sofort einer vor die Tür gekommen, die Hände in die Hüften gestemmt, und hätte gefragt, was sie da mache. Er dachte an den feisten Finanzbeamten, der immer ein wenig nach Knoblauch gerochen hatte. Hinter seiner Thujenhecke hatte er streunenden Katzen aufgelauert, Autokennzeichen notiert und sich als Ordnungshüter geriert. *Eine Schande für die ganze Siedlung* hatte er Tom genannt. Einmal Verbrecher, immer Verbrecher!

Gut, dass er verkauft hatte, weggezogen war. Tom hatte ihn, wie den alten Kornmesser, schon als Kind nicht gemocht. Er hatte die Enge in der Siedlung gehasst, die Kontrolle, die täglichen kleinen Gehässigkeiten. Und jetzt? Er fuhr sich über die Stirn. Da drüben standen neue Häuser, und auf dieser Seite der Straße war es nur noch eine Frage der Zeit, bis die Bagger auffahren würden. Bald nach dem Verkauf hatte sich rund um das verwaiste Haus im verwilderten Garten Gerümpel getürmt. Gegenüber war es nicht anders gewesen. Kaum war der Bauzaun errichtet, fuhren auch schon in der Dunkelheit Autos vor und luden Sperrmüll ab. Die Mulden hatten sich mit alten Möbeln, Schutt und zerbrochenen Fliesen gefüllt. Zerknüllte Zigarettenschachteln, leere stinkende Dosen, Eisbecher, auf denen Fliegen weideten, lagen jetzt zwischen den Sträuchern und altem Grasschnitt. Jemand hatte ein ganzes Regal über den Zaun geworfen und ein paar alte Reifen hinterher.

Er ging die Hecke entlang und blieb am Gartentor stehen. Rita hatte die Schuhe ausgezogen, ihre Haare waren zerzaust, die Wangen gerötet. Sie verhielt den Schritt und schien zu lauschen, ging zurück zum Werkzeugschuppen, schirmte das Licht mit den Händen ab und drückte ihr Gesicht an die Scheibe. Dann zog sie die Schultern hoch und ließ sie wieder fallen: Nichts.

Er hatte sich umsonst gesorgt. Sie war wiedergekommen. Sie mochte ihn, hatte sofort angerufen. Er sah sie am hinteren Zaun auf die Knie gehen. Behutsam schob sie ein paar Äste beiseite, verzog das Gesicht und stand auf. Dann trottete sie zurück und kletterte über den niedrigen Zaun in den Garten seiner Nachbarin. Tom folgte ihr heraußen auf dem Gehweg. Sie umrundete das Haus, stand auf der Veranda, schaute unter die verwitterten Möbel und dann zu ihm herüber. Ein Auto näherte sich, wurde langsamer, er nickte dem Fahrer zu, aber der reagierte nicht. Eine füllige Frau in einem kurzen, zerknitterten hellblauen Leinenkleid kam aus dem Haus gegenüber gelaufen und öffnete das Tor. Der Wagen verschwand im Carport und die beiden im Haus. Oben schlug ein Fenster zu.

Rita kam nach vorne. Er öffnete die Gartentür, sie schlüpfte durch, die Schuhe noch in der Hand.

Wieder legte er ihr den Arm um die Schultern. »Wenn die Hündin mit den Jungen hier gewesen wäre, hättest du sie gefunden.«

Sie riss die Augen auf. »Vielleicht sind sie ja in den Wald gelaufen?«

»Da ist der Zaun«, erinnerte er sie.

»Wir müssen deinen Garten –«, sagte sie eifrig und machte sich los.

»Ich habe alles abgesucht.«

Sie verzog den Mund, nickte, stellte ihre Schuhe ab. »Ich muss noch den Rasen gießen, die Sträucher. Das wird aber dauern.« Sie rannte los, verschwand auf der Kellertreppe, tauchte aber gleich wieder auf. »Du brauchst nicht zu warten, Tom. Ich komm dann hinüber.« Sie rollte den Schlauch von der Trommel, hob die Brause, lachte und spritzte sich die Füße, die Beine nass. Dann zog sie den Schlauch übers Gras bis zum Flieder und legte los.

»Guten Abend!«

Tom wandte den Kopf. Die Üppige von gegenüber stand vor ihrem Gärtchen auf der Straße. Hinter ihr ruckelte der Rasensprenger, spuckte noch einmal zischend, erstarb.

»Guten Abend.« Er zögerte und schickte ein Lächeln nach.

»Ganz schön heiß heute.«

Er murmelte etwas, das nach Zustimmung klang.

»Haben Sie etwas verloren?«, fragte sie.

Er schwieg.

»Weil – ich habe Sie vom Küchenfenster aus gesehen …«

Tom schaute hinüber. Jemand machte sich dahinter zu schaffen. Er sah den Vorhang sich bewegen.

»Einen Welpen.« Er verschränkte die Arme.

»Einen Hund?« Jetzt wurde sie lebhaft. »Ich hoffe, es ist nichts passiert. Am Wochenende wurde hier einer erschlagen, stellen Sie sich vor! Sie haben davon gehört?« Sie wartete seine Antwort nicht ab. »Und mein Bruder hat jetzt die Scherereien. Dabei –«

»Gerda!« Ein drahtiger Mann in kurzen Hosen trat aus dem Haus. Das kleine Mädchen auf seinem Arm brüllte, als ginge es um ihr Leben.

»Jaaa!«

»Kommst du?« Er war sichtlich überfordert. Das Kind bog sich nach hinten, nach vorne, kreischte schrill und drosch mit geballten Fäusten auf ihn ein.

»Und das alles nur wegen des Katers«, sagte die Frau.

»Haben Sie –«

»Gerda! Verdammt …«

Sie seufzte. »Sie sehen, ich muss … Schade. Viel Glück bei der Suche!«

Er schaute ihr nach, wie sie mit schwingendem Hintern quer über den ertrunkenen Rasen zum Haus ging, das brüllende, sich aufbäumende Kind entgegennahm, sich vom sichtbaren Ärger des Mannes ungerührt noch einmal zu ihm umwandte, lächelte und den Arm hob. Dann verschwanden sie alle drei im Haus.

»Was wollte die von dir?« Rita war mittlerweile im vorderen Teil des Gartens angelangt und fast fertig.

»Keine Ahnung. Tratschen, nehme ich an. Und irgendwas war mit ihrem Bruder und einem Kater.«

»Hat sie was von den Welpen gesagt?«

»Das mit dem toten Hund hat sich wohl herumgesprochen.« Er zuckte die Achseln. »Soll ich übernehmen?«

»Nein. – Sie hat dir zugewunken.«

Sie war eifersüchtig! Mein Gott, dachte er, als ob ich … Er sah den runden Hintern vor sich und verzog den Mund.

»Was ist, warum lachst du?«

»Ach, nichts.« Er nahm ihr den Schlauch ab und rollte ihn auf.

Sie lehnte an der Wand und nagte an ihrer Unterlippe. Ihre Locken waren feucht und kringelten sich um ihr erhitztes Gesicht. »Tom«, sagt sie nach einer Weile, »ich muss dich etwas fragen.«

¤ ¤ ¤ ¤

Sie hatten nichts gefunden. Keinen Hund und kein Anzeichen dafür, dass je einer hier gewesen war. Rita hatte ihr Eis gelöffelt und geschwiegen. Er hatte ihr zugesehen, wie sie langsam den Löffel in den Mund schob, wie ihre Lippen sich darum schlossen und wieder öffneten. In gewisser Weise, dachte er, ist sie noch ein Kind. Arglos. Direkt. Schnell außer sich, den Tränen nahe. Und leicht zu trösten. Ablenkung half. Schokolade. Ein Eis. Himbeereis mit Schlagobers mochte sie am liebsten.

Sie war so anders als das Mädchen, das ihn damals ins Unglück gestürzt hatte, obwohl die viel jünger gewesen war. Sie hatte ihn belogen und … Er fuhr sich mit der Hand über die Stirn.

Warum denkst du immer noch daran?

Weil danach mein Leben in Scherben lag.

Er hatte sich geschworen: So etwas passiert mir nie wieder.

Rita war anders.

»Tom, ich muss dich etwas fragen.« Sie hatte am Tischtuch herumgezupft und ihn nicht angesehen. »Was machst du, wenn jemand einen Unfall hat und umfällt? Sich nicht mehr rührt?«

»Welcher Unfall? – Rita?«

»Egal, ein Schlag gegen die Brust. Er fällt um. Alle wissen, dass du Streit mit ihm hattest.« Erst da hatte sie ihn angesehen. »Die werden dich verdächtigen, dass du ihm was getan hast. Was machst du?«

»Rita, was ist passiert?«

Sie hatte seinen Arm abgeschüttelt. »Rufst du die Rettung oder haust du ab?«

»Habe ich ihm was angetan? Habe ich ihn geschlagen?«

Sie hatte ihn verwirrt angesehen. Dann hatte sie verstanden. »Nein. Hast du nicht.«

»Der lebt noch?«

»Hm. Keine Ahnung. Ja. Wahrscheinlich … vielleicht … Ich weiß nicht. Er läuft blau an und bewegt sich nicht.«

»Was um Himmels willen ist passiert? Rita, bist du in Schwierigkeiten?«

»Nein. Ich frag dich nur …«

Es war ihm schwergefallen, ihr die Wahrheit zu sagen: Ich würde abhauen.

Ich wäre gern ein besserer Mensch, dachte er. Kurz hatte er überlegt, sie anzulügen. Zu sagen, was alle sagen würden: Die Rettung rufen natürlich, Hilfe holen. Er hatte sich dagegen entschieden.

»Ich hätte Angst, dass niemand mir glaubt. Ich würde abhauen.«

Sie hatte genickt, als habe sie genau das erwartet.

»Vielleicht«, hatte er versucht, das Ganze abzumildern, »hätte ich von unterwegs, aus einer Telefonzelle, die Polizei angerufen und gesagt, dass jemand vorbeischauen soll. Dass ich ihn nicht erreichen kann, dass ich mir Sorgen mache.«

»Ohne deinen Namen zu sagen?«

»Anonym, ja.«

»Anonym.« Sie hatte versucht, sich das Wort einzuprägen. »Anonym? – Genau so wird es gewesen sein.« Plötzlich hatte sie es eilig gehabt. »Tom, ich muss gehen.«

»Willst du mir nicht sagen –«

Sie hatte den Kopf geschüttelt. »Ich muss sie erst fragen. Vielleicht will sie das ja nicht.«

»Wen fragen, Rita? Um wen geht es?«

»Um Ela.«

»Die Nachbarin?«

»Ja.«

Er hatte gehofft, sie zum Reden zu bringen. Aber sie hatte ihn nur angesehen.

Sinnlos, dachte er. Entweder sie erzählt aus freien Stücken oder eben nicht. Die Nachbarin!

Eigenartig war das schon. Ausgerechnet die beiden …

»Und warum ist diese Ela im Spital?«

»Weil sie traurig ist und erschöpft. Und Angst hat.«

»Rita, Angst vor wem?«

In was war sie da hineingeraten? Seit gestern dachte er darüber nach, und er war kein Stück weiterkommen. Ein Schlag gegen die Brust. Er fällt um. Alle wissen, dass du Streit mit ihm hattest. Das klang gar nicht gut. War der Kerl am Samstag deshalb auf sie losgegangen? Weil sie der anderen half? Aber wobei? Eine Straftat zu vertuschen? Diese Ela hatte doch nicht etwa … Aber Rita hatte die doch erst danach kennengelernt?

Du spinnst dir was zusammen. Die Welt ist nicht wie in deinen Büchern. Hatte er nicht selber genug Probleme? Er stand auf und ging zur Kredenz. Der verdammte Vertrag – das war real. Dieser Immobilienmensch, der keine Ruhe gab. Den musste er loswerden. So schnell wie möglich.

¤ ¤ ¤ ¤

»Wir verhandeln mit ihr«, hatte Wolff entschieden. »Sie ist die rechtmäßige Eigentümerin, worauf also warten?«

Weber war sofort losgefahren, hatte sie aber nicht erreicht. Sie muss da sein, hatte er gemeint. Der Garten war frisch bewässert, der Postkasten leer. Er würde später noch einmal hinfahren. »Und zu dem Freak, diesem –«

»Zu Herrn Kralik«, sagte Marisa.

»Zu diesem Kralik, ja.«

Er ärgert sich, dachte Marisa. Er ist immer noch wütend und will es nicht zeigen.

Sie sah, wie Wolffs Blick ihrem folgte.

Er runzelte die Stirn und sprang auf. »Zeit, dass sich etwas bewegt.« Mit zwei, drei Handgriffen schob er seine Unterlagen zusammen. »Rainer, du kümmerst dich um die Bestellungen für den Bauhof. – Erol? Kommst du?«

Jeder hatte verstanden. Rainer Weber knallte einen Packen Papier auf den Tisch und stürmte nach hinten. Hecker verschwand im Lager, und Frau Niedeck setzte sich zu den beiden Aushilfskräften ins große Büro und schloss nachdrücklich die Tür.

Keine fünf Minuten später hörte Marisa Erols Stimme: »Vergessen Sie es, das mache ich nicht!« Er klang mühsam beherrscht.

Sie erhob sich und ging zum Kopierer.

Wolff stand in der Tür. Er wirkte überrascht. »Du hast das vielleicht falsch verstanden. Dein Vater …«

»Nein.« Erol atmete hörbar aus. Mit einer ruckartigen Bewegung fasste er sich in den Nacken und trat einen

Schritt zur Seite. Seine Brauen senkten sich und zogen sich zusammen.

Mit einem Mal herrschte Geschäftigkeit auf dem Gang. Hecker gesellte sich mit ein paar Zetteln zu ihr, Schwarz hatte im Aktenlager zu tun, und Frau Niedeck stand im Türrahmen und schaute Erol besorgt an. Hinter ihr reckten die beiden Aushilfsbuchhalterinnen die Hälse.

Frau Niedeck schloss die Tür. Wolff zuckte die Achseln und ging zurück in sein Büro. Hecker packte Erol am Arm und zog ihn mit sich. Nach wenigen Metern blieben sie stehen. »Bist du von der Finanzpolizei, oder was?«, zischte er. »So läuft es eben in der Branche.«

Sie sah, wie Erols Körper sich verspannte. Er machte sich los. »Das sind unsaubere Methoden, Karl. Damit will ich nichts zu tun haben.«

Unsaubere Methoden. ›Unorthodox‹, hatte er es ihr gegenüber genannt. Sie griff nach den Kopien und entnahm das Original. Hinten im Gang gesellte sich Rainer Weber zu den beiden. Hecker ruderte mit den Armen und redete leise auf Erol ein, Weber schnaufte.

Erol stand jetzt mit dem Rücken zu ihr. ›Einen richtig harten Kerl aus mir machen. Eine gute Schule.‹

Irgendwas lief hier gewaltig schief. Sie zuckte die Schultern. *Solange ich in Ruhe meine Arbeit machen kann. Mein Geld kriege.* Sie musste ja nicht alles wissen. Und das hier war definitiv nicht ihre Sache.

»Frau Faber?«

Wolff! Sie fuhr herum.

»Kommen Sie bitte.«

Ihr wurde heiß. Ein Blatt segelte zu Boden. Sie bückte sich danach, errötete und richtete sich wieder auf. Hinter ihr war es still geworden. Sie wusste, dass alle drei Männer zu ihr herübersahen, während sie langsam auf das Chefbüro zuging.

Wolff sah aus wie immer. Nichts wies darauf hin, dass er gerade eben eine Auseinandersetzung gehabt, sich geärgert hatte. Er hielt ihr die Tür auf und wies auf den Sessel vor seinem Schreibtisch. »Kaffee?«

Marisa zögerte, dann nickte sie. Sie sah ihm zu, wie er zwei Tassen aus dem Schrank nahm, Untertassen, Löffel und ein Zuckerschälchen auf einem ovalen Tablett arrangierte und zwei Servietten dazulegte. Eine Arbeit, die sonst Frau Niedeck ... *Warum sagt er nichts?* Was wollte er von ihr? Und warum um Himmels willen ...

»Sie trinken ihn schwarz?« Er lächelte.

»Ja.« Erst jetzt fiel ihr auf, dass sie ganz vorne auf der Sesselkante saß. Sie rutschte nach hinten, legte die Unterarme auf die Lehnen, drückte die Schultern zurück und hob das Kinn. Das Mahlwerk surrte, Kaffeeduft stieg ihr in die Nase. Sie schwitzte. Der Himmel vor dem Fenster war strahlend blau. Wolff wechselte die Tassen, das Mahlgeräusch setzte erneut ein, ihre Nasenflügel weiteten sich. Warum schwieg er? Warum der Kaffee? Und was ...

Er jonglierte das Tablett zum Tisch und stellte es ab. »Bitte!«

Beide griffen sie nach ihren Tassen. Sie roch sein Parfum, registrierte die perfekte Maniküre und bemühte sich, ihre Anspannung zu verbergen.

Wolff beugte sich vor. »Sie haben Fragen. Schießen Sie los!«

»Äh ... bitte?« Sie stellte ihre Tasse ab. Das Porzellan klirrte. »Ich – nein.«

Er sah sie über den Tassenrand an. »Wie geht es Ihnen bei uns, Frau Faber?«

»Gut«, sagte sie. »Ich muss mich natürlich noch –«

»Sie sehen viel, Sie begreifen schnell«, unterbrach er sie. »Aber Sie sind verunsichert. Sie können die Dinge nicht einordnen.« Er lehnte sich zurück und musterte sie.

Wieder wurde ihr heiß.

»Sie haben unser Innenstadtbüro gesehen. Sie wissen, wir sind breit aufgestellt. Fragen sich, was das hier soll. Die WOGE.« Er wartete ihre Antwort nicht ab. »Hier habe ich angefangen, Frau Faber. Mit einer Handvoll Leuten. Vor mehr als zwanzig Jahren. Ich war jünger als Sie.« Er drehte seinen Ehering. »Abbrucharbeiten. Sanierungen bei Privaten, nichts Großes. Nach drei Jahren schrieben wir schwarze Zahlen. Ich habe einen Würstelstand gekauft, einen zweiten, ein paar Jahre später beide mit Gewinn verkauft, geheiratet, und wir haben das erste Lokal eröffnet.«

»Herr Hecker und Frau Niedeck …« Ihre Stimme kiekste. Sie räusperte sich.

»… waren damals schon dabei, ja.« Sie konnte sein Lächeln nicht deuten. Wieder beugte er sich vor. »Sie halten mich für sentimental, Frau Faber. Meine Frau hält mich für einen Romantiker. Beides stimmt nicht.«

Sie wurde unruhig. Warum erzählte er ihr das alles? Es war ihr unangenehm, als würde er sich vor ihr entkleiden.

»Warum ich hier weitermache? Die Bude nicht schließe, sondern neue Leute, Sie, Frau Faber, einstelle?« Er lachte, lehnte sich zurück und verschränkte die Arme hinter dem Kopf.

Sie nickte. Ihr Mund war trocken.

»Sehen Sie, ich bin den ganzen Tag unter Geldleuten. Unternehmern. Prominenten. Meine Frau«, nicht schon wieder, dachte Marisa, »meine Frau kommt aus anderen Kreisen. Hin und wieder habe ich einfach das Bedürfnis nach …« Er überlegte und begann neu: »Das hier, Frau Faber, ist mein Rückzugsort, mein Refugium. Ich komme hierher, es ist wie früher, ich rieche Zement und ehrliche Arbeit und Schweiß. Die Leute reden, wie ihnen der Schnabel gewachsen ist, Hecker zum Beispiel …«

»Die Firmen, die hier und Ihre anderen Unternehmen«,

sie dachte an ihr Gespräch mit Erol in der Küche, »warum führen Sie die getrennt? Ich meine …«

Er sah sie überrascht an und setzte sich aufrecht hin.

»Wozu ist das gut?«

Sein Mund wurde schmal. »Eine Imagesache«, sagte er knapp. »Und ich kann hier in Ruhe das eine oder andere Projekt vorbereiten.«

»Wie den Hofgarten und das neue –«

»Genau.« Er kniff die Augen zusammen. »Die Firmen, vor allem die beiden Restaurants, laufen, wir expandieren, aber irgendwie … Ich habe Lust auf was Neues, und hier kann ich entspannt die Voraussetzungen dafür schaffen. Wenn es nicht klappt, war es eben nichts. Keiner weiß davon. Kein Scheitern, keine schlechte Presse.« Er rieb sich das Kinn. »Aber es wird nicht scheitern. Es wird ein Erfolg werden, wie das Vorgängerprojekt.«

Es war seltsam. Da saß er, der große Wolff, mit seiner jüngsten Angestellten in einer Bruchbude von Firma, servierte Kaffee und kehrte sein Innerstes nach außen. Mit Vorbehalt, klar, dachte Marisa. Aber – warum? Sie nickte. »Der Hofgarten«, sagte sie, »war ein toller Erfolg.« Sie wurde mutiger. »Das Projekt hat nichts mit der WOGE zu tun?«

»Nein. Wir, also die Firma hier, kaufen Grundstücke auf, die eventuell infrage kommen könnten. Der Hofgarten ist ein Projekt unseres Immobiliendienstleisters.«

»Und das aktuelle –«

»Wir werden sehen.« Er erhob sich. Es schien, als habe er plötzlich jegliche Lust verloren, mit ihr zu reden. Wo war das gekippt? War sie zu forsch gewesen? Was hatte sie falsch gemacht?

Er sah sie an, sie stand auf.

»Ich brauche hier loyale Mitarbeiter«, sagte er. »Und Mitarbeiterinnen. Leute, die sich gut ins Team einfügen. Die sich engagieren, sich entwickeln wollen, sich was sagen lassen.«

Das war es, dachte sie. Er wird meinen Vertrag nicht verlängern! Sie fühlte Ärger aufsteigen. Aber wozu dann das ganze Theater? Warum nicht gleich klipp und klar: Frau Faber, tut mir leid, Sie passen nicht zu uns? Wir werden Ihren Vertrag nicht verlängern. Dann verstand sie: *Und ich dumme Kuh habe mich geschmeichelt gefühlt und gedacht …* Sie hatte den Test nicht bestanden. Ihre Wangen brannten.

Unvermittelt legte er ihr seine Hand auf die Schulter. Sie spürte seine Körperwärme und schluckte. Er stand viel zu nahe. »Sie hätten das Zeug dazu, in ein paar Jahren den Laden hier zu schupfen, alles zu koordinieren. Wenn Frau Niedeck in Pension geht.«

»Bitte?«

»Aber Sie müssen sich von ihr was sagen lassen. Und deutlich an Standfestigkeit gewinnen.«

»Sie meinen«, sie räusperte sich, »Sie meinen –«

»Schauen Sie, Frau Faber, Sie halten sich an den Schwächsten hier. Sie ducken sich vor Hecker. Das geht nicht. Sie müssen sich einarbeiten, vor allem in die Buchhaltung, und Ihren Mann, äh, Ihre Frau stehen. Was Frau Niedeck seinerzeit mit einem Büropraxiskurs hingekriegt hat – und mit Diplomatie –, das schaffen Sie auch, wenn Sie nur wollen. Wir müssen modernisieren, die Verwaltung umstellen. Machen Sie sich diesbezüglich fit.«

Sie hörte ihm zu, ohne zu begreifen.

»Verstehen Sie mich nicht falsch.« Endlich zog er seine Hand zurück. »Natürlich braucht alles seine Zeit. Sie sind noch sehr jung. Sie trauen sich wenig zu. Aber ich sehe Ihr Potenzial.« Er strich sich übers Kinn. »Frau Faber?«

»Ja?« In ihren Ohren dröhnte es.

»Ich weiß, ich habe Sie ins kalte Wasser geworfen. Aber ich glaube, ich täusche mich nicht.«

»Das mit Herrn Kralik, die Unterschrift, das habe ich vergeigt.« Sie biss sich auf die Lippen.

Er ging gar nicht darauf ein. »Können Sie sich das vorstellen? Schlafen Sie eine Nacht drüber. Und geben Sie mir dann Bescheid.«

Er streckte ihr die Hand hin. Sie war entlassen.

¤ ¤ ¤ ¤

Ela verließ das Spital zwei Tage später. Sie hatten ihr die Entlassungspapiere in die Hand gedrückt, ein Rezept ausgestellt und die Adresse einer Betreuungseinrichtung mitgegeben.

Melden Sie sich dort. Die werden sich um Sie kümmern.

Als sie ins Taxi gestiegen war, hatte es zu regnen begonnen, und mittlerweile schüttete es dermaßen, dass sie nur im Schritttempo vorankamen.

Die Tabletten waren gut, sie würden ihr helfen einzuschlafen. Aber mit jemandem reden, einer Psychologin – sicher nicht! Sie würde das Mädchen aus dem Spital wiedersehen und den Nachbarn bitten, ein Auge auf die Umgebung zu haben. Vielleicht gab er ihr seine Nummer: für den Notfall. Sie musste Vorsorge treffen. Erschrocken merkte sie, dass ihre Hand ganz leicht zitterte. Die Nerven? Die Medikamente? Oder bildete sie sich das nur ein? Sie hob sie erneut. Kein Zittern diesmal, alles ganz normal!

Vor einer Apotheke bat sie den Fahrer zu warten. Er musterte sie von oben bis unten, reichte ihr einen roten Schirm mit Werbeaufdruck, sie rannte los. Das Kleid klebte an ihren Schenkeln, als sie zurückkam. Im Wageninneren war es dunstig. Es roch nach Schweiß. Sie fuhren los. Es donnerte, Blitze zackten über den Himmel. Die Scheibenwischer hatten zu tun. Verstohlen kramte sie in ihrer Brieftasche. Das Geld sollte reichen.

»Hier rechts?«

Sie schreckte auf und nickte.

Der Wagen glitt die schmale Straße entlang, der Fahrer öffnete das Seitenfenster einen kleinen Spalt, und Ela sog die schwere, erdige Luft ein. Ihr schien, als wären Monate seit dem Begräbnis vergangen. *Verwelkte Rosen, Lilien, und Wasser sickert in die Erde …* Sie hielt sich die Hand vor den Mund. Der Regen hatte nachgelassen, aber der Wind war immer noch da. Die Bäume, die Sträucher schüttelten sich wie nasse Hunde, in Schwaden stürzte das Wasser herab. Am Straßenrand lagen Papierfetzen und ein zerschlissener Schirm.

Trostlos, dachte sie, ist ein Ort, wenn keiner mehr da ist. Die Leere war zum Greifen. Wie in seiner Wohnung, die Tage danach. Überall Gespenster.

»Wir sind hier.« Das Taxi hielt an, der Fahrer wandte sich um. »Die Adresse stimmt doch?«

Sie nickte und reichte ihm einen zerknitterten Geldschein nach vorne. Mit einem Stöhnen hob er den Hintern, zog sein Portemonnaie hervor und begann umständlich nach Kleingeld zu kramen.

»Danke.« Sie winkte ab und öffnete den Wagenschlag. Der Regen war in ein feines Nieseln übergegangen.

Das Gartentor schleifte am Boden. Der Plattenweg war glatt. Sie zögerte mit dem Schlüssel in der Hand, schaute auf das Gerümpel im Nachbargarten und auf die verdorrten Stauden in dem dahinter. Überall Verfall.

Im Haus roch es nach ihm. Ihre Hände krallten sich um den Riemen ihrer Tasche. Sie machte Licht. Langsam setzte sie einen Fuß vor den anderen. An den Garderobenhaken hingen seine Jacken. Die Schuhe standen geputzt in Reih und Glied. Im nächsten Moment konnte er um die Ecke kommen. Sie fröstelte. *Wie er dagelegen ist. Auf den Fliesen.* Sie schluckte. Aber das war in der Wohnung, nicht hier! Die Tabletten werden helfen, dachte sie. Bestimmt. Und wenn erst die Sonne … *Ich werde das ganze Zeug wegwerfen, ausmalen und* … Arbeit half immer! Langsam streifte sie die Schuhe ab. Ging in die Küche und riss das Fenster auf. Der Regen sprühte ihr ins Gesicht. Und irgendwo hinter den triefenden Büschen keckerte ein Vogel.

¤ ¤ ¤ ¤

Rita stand vor dem Kleiderkasten, das ungemachte Bett hinter sich, die Zahnbürste im Mund. Endlich wieder zu Hause! Die Wohnung hatte nur 35 Quadratmeter, wirkte aber deutlich größer. Sagten alle. Vom Vorraum aus betrat man ein kleines Bad und ein WC. Hinter dem Wohnschlafraum lag die winzige helle Küche mit einem doppelt breiten Fensterbrett. Hier drängten sich ihre Orchideen. Sie hatte die vertrockneten Blätter, Triebe und Pseudobulben abgeschnitten. Mit etwas Glück würden sie sich erholen.

»Willst du nicht endlich aussortieren, anstatt ständig weitere Klamotten in den Kleiderkasten zu quetschen?«, hatte Frau Freese genörgelt. Aber das kam nicht infrage. Vielleicht ein zweiter Schrank? Sie ging ins Bad, spuckte die Zahnpasta aus und spülte sich den Mund. Für eine schmale Kommode war noch Platz, wenn man das Schlafsofa ein Stück näher zur Wand rückte und den kleinen Tisch ein Stück nach vorne.

Seltsam, dachte sie, dass Frau Freese nicht geschimpft hat. Und nicht weiter nachgefragt. Das kam sicher noch. Spätestens, wenn der Brief von der Polizei einlangte. Oder der vom Gericht. Sie ging zurück ins Wohnschlafzimmer, zupfte drei T-Shirts aus dem untersten Regal und hielt sie sich an. Das orangefarbene! Die beiden anderen flogen aufs Schlafsofa, wo bereits drei Hosen und zwei bunte kurze Röcke übereinanderlagen. Die Haare waren fast trocken und kräuselten sich. Sie hielt den Kopf unter den Wasserhahn, griff nach dem Haargel und fixierte die Strähnen mit einer Reihe verschiedenfarbiger Klipse. Sneakers, Tasche, ein Schluck Tee – fertig. Schon rannte sie die Treppe hinunter.

Um diese Zeit war es noch ruhig im Haus. Tagsüber tobten hier Kinder herum, man hörte Teller klappern und Paare streiten. Die Leute auf Ritas Stiege, ältere Leute und junge Familien mit kleinen Kindern, grüßten und blieben stehen, die Einkaufstaschen neben sich auf dem Boden, während ihr Nachwuchs sich auf eine der Schaukeln stürzte oder ungeachtet der zahlreichen Verbotsschilder in der Anlage mit dem Tretroller herumkurvte oder einem Ball nachrannte. Viele von ihnen kannte sie aus dem Supermarkt.

Nach dem Regen war die Luft frisch und sauber. Rita querte den weiten Innenhof mit schönen alten Bäumen, einen zweiten, und trat durch einen großen Rundbogen hinaus auf die Straße. Hier pulste der Verkehr, Fußgänger hasteten an ihr vorüber. In der Straßenbahn saßen und standen die Leute dicht gedrängt. Parfumgestank mischte sich mit dem Geruch von Minze, Duschgel, Rauch und altem Schweiß. Jemand hinter ihr roch wie Frau Freese. Sie drehte sich um. Die alte, gebeugte Frau mit knotigen Händen, die sich an einer Haltestange festklammerte, keifte sofort los. Rita stand auf und bot ihr ihren Platz an.

Es war nicht weit bis zu ihrer Arbeitsstelle. Sie läutete an, schlüpfte durch den Seiteneingang und eilte in den Personalraum. Ihre Chefin war bereits umgezogen.

»Alles wieder okay, geht es dir gut?« Frau Savić legte ihr den Arm um die Schulter. »Du musst aufpassen, Mädchen. Da draußen laufen so viele Verrückte herum.« Rita wollte etwas sagen, aber sie winkte ab. »Deine Betreuerin hat mir erzählt, was passiert ist«, sagte sie.

Devi stürmte herein und zerrte sich noch im Laufen die Jacke von den Schultern. Momo, eigentlich Mohammed, und Pero folgten ihr auf dem Fuß. Sie drängten sich um sie. »Da bist du ja wieder. Was war los?«

»Ein Unfall. Alles gut«, sagte Rita.

»Dein Freund hat sich auch schon länger nicht blicken lassen.« Pero zwinkerte.

»Er ist nicht mein Freund!«

Alle grinsten. Frau Savić schaute auf die Uhr. »Gut, fangen wir an. Herr Kaya, Sie kümmern sich bitte um die Milchlieferung. Herr Meier kommt heute später.« Sie wandte sich um. »Rita, du fängst hinten bei den Süßigkeiten mit dem Nachschlichten an.« Kurz darauf war ihr kehliges Lachen aus dem Eingangsbereich zu hören, wo sie mit den Männern zwei vollgepackte Transportwagen aus dem Lastenlift zerrte. Die Gitter schepperten.

Wir sind ein gutes Team, dachte Rita. Sie war nicht so schnell wie die anderen, aber das lag daran, dass sie genau war. Die anderen füllten die Regale einfach auf, wenn sie es eilig hatten. Man musste aber alles ausräumen, saubermachen, abgelaufene Produkte aussortieren und dann neu einschlichten. Vorne die mit dem frühesten Ablaufdatum, die mit dem spätesten kamen nach hinten. Immer wieder fand man angebrochene Packungen.

»Das geht so nicht«, hatte ihre Chefin gesagt. »Ihr müsst die Augen offen halten.«

»Vielleicht hat der ja Hunger gehabt. Viele Menschen sind arm …«

»Unsere Rita!«

»Das ist aber kein Grund zu klauen!« Devi kannte keinen Pardon. »Wo kämen wir da hin! Nimmst du dir einfach, worauf du Lust hast?«

»Nein! Was denkst du?« Sie hatte empört den Kopf geschüttelt. »Ich zahle meine Einkäufe. Wenn ich Hunger hätte, würde ich fragen! Aber es ist nicht einfach zuzugeben, dass man arm ist. Vielleicht schämt der sich ja.«

»Die haben Lust auf Chips oder Schoki, Rita. Und keine Lust zu zahlen. Fressen einfach die Packung leer und stopfen sie zurück ins Regal. So schaut's aus! Ich muss auch hart arbeiten ... Nichts ist umsonst.«

Rita kletterte auf die Leiter. Sie hatte Leute in den Containern hinten im Hof wühlen sehen. Ein Mädchen, nicht älter als sie selber, hatte Brot, Nudeln und braungesprenkelte Bananen herausgefischt und in ihrem Rucksack verstaut. Früher, hatte Herr Meier erzählt, hatten sie Waschpulver in die Tonnen gekippt, um Leute davon abzuhalten. Später hatte man Gitter angebracht. Eine Gemeinheit ist das, dachte Rita. Sie griff nach einem Aufsteller mit Kekspackungen und kontrollierte das Ablaufdatum. Die alte Frau auf dem Markt, die sich in der Dämmerung verschämt nach einem angefaulten Apfel, Kartoffeln, einem Stück Porree gebückt hatte. Sie hatte an ihre Oma gedacht und geschluckt. War weitergegangen, schnell, mit abgewandtem Blick, um die Frau nicht in Verlegenheit zu bringen. Sie legte zwei Packungen zur Seite und füllte den Karton auf. Viele der Marktleute ließen inzwischen am Abend, wenn sie ihre Stände zusperrten, Obst und Gemüse, das noch gut war, zur freien Entnahme dort liegen. Und wir kippen Berge von Lebensmitteln weg, original verpackt! Man durfte nichts davon mitnehmen. Das war Diebstahl. Und weitergeben durfte man auch nichts.

»Entschuldigung.« Eine blasse Frau mit dünnem, zerrupftem Haar schaute zu ihr herauf. »Können Sie mir sagen, wo ich die günstige Marmelade finde?«

Rita kletterte von der Leiter. »Folgen Sie mir«, sagte sie freundlich. Viele Leute kamen nur her, um mit jemandem zu reden. Sie standen ratlos, fast schüchtern vor einem Regal, und wenn Rita sie ansprach, fragte, ob sie helfen könne, leuchteten ihre Gesichter auf. Es waren ältere Leute, meistens Frauen, die dann regelmäßig im Geschäft standen, nach ihr Ausschau hielten, ein paar Worte mit ihr wechselten und später, als sie längst Stammkunden geworden waren, an der Kassa das freundliche, hilfsbereite Mädchen lobten, das die Regale einschlichtete. So hatte sie auch Tom kennengelernt.

¤ ¤ ¤ ¤

Marisa hatte Mühe, sich zu konzentrieren. Das Gespräch mit Wolff hatte sie aufgewühlt. Sie nahm einen Schluck Wasser und schraubte die Flasche wieder zu. Es war unglaublich! Der Chef traute ihr zu, irgendwann den Job von Frau Niedeck zu übernehmen. Das klang zu gut, um wahr zu sein. Wieder kamen ihr Zweifel. Nur den Job?

Er hat dir viel Privates erzählt. Und ältere Männer … Aber das kennst du ja, Marisa! Obwohl sie sich jedes Mal ärgerte, wenn Laura davon anfing, versuchte sie es noch einmal. Es läutete. Die Freundin ging nicht ans Telefon. Vielleicht war es besser so. Ich brauche jemanden, dachte Marisa, der mich bestärkt, keine, die meine Zweifel auch noch schürt. Ihre Mutter fiel aus. Blieb nur er. Gut, sie hatten eine klare Abmachung, aber sei's drum. Sie überlegte eine ganze Weile, dann tippte sie »Bitte um RR. MF« und drückte auf Senden.

Ein Fehler! Bestimmt war er jetzt sauer. Ruf mich nicht an, hatte er gesagt. Ich melde mich bei dir. Sie hatte sich immer daran gehalten.

Sie starrte auf das Display, schob das Smartphone zur Seite, tippte einen Kostenvoranschlag, einen zweiten, legte beide Frau Niedeck zur Unterschrift vor und setzte sich wieder an ihren Schreibtisch. Keine Reaktion! Sie stand auf und ging zum Fenster. Im Anlieferungshof standen zwei LKWs, flitzte ein Stapler hin und her. Sollte sie ihn anrufen? Vielleicht …

Es klopfte. Erol steckte den Kopf zur Tür herein. Er sah müde aus. »Hast du kurz Zeit?«

»Jaa«, sagte sie gedehnt.

»Dauert nicht lange.« Er lehnte sich an den niedrigen Aktenschrank. »Was wollte er von dir?«

»Wolff?« Sie zuckte die Schultern. »Reden? Er hat mir erzählt, wie er sich hinaufgearbeitet hat. Und irgendwie, wie soll ich sagen, viel Persönliches.« Sie fühlte Hitze aufsteigen. »Er … er will, dass ich irgendwann, später, wenn Frau Niedeck –«

»Wenn Frau Niedeck was?« Er stieß sich vom Schrank ab und kam zu ihr herüber. »Unterschreib bloß nichts! Egal was er sagt.«

Sie war verwirrt. »Was soll ich denn unterschreiben?«

»Du kommst in Teufels Küche, Marisa!«

Langsam wurde sie ungeduldig. »Worum geht's? Wovon redest du?« Sie ging zum Schreibtisch und ließ sich nieder. Er folgte ihr. Neuer Haarschnitt, dachte sie. Frisch rasiert, fassonierte Brauen. Der musste in der Früh stundenlang vor dem Spiegel stehen.

»Wolff steht irgendwie unter Druck.« Er legte den Zeigefinger auf die Nase, verharrte eine Weile. Dann kniff er die Augen zusammen. »Keine Ahnung. Ich kapiere nicht, was da läuft. Neben den üblichen Machenschaften.«

»Machenschaften?« Sie tippte auf ihr Handy. Noch immer keine Antwort.

»Jedenfalls ist das, was man sieht, nur ein kleiner Teil des Ganzen. – Marisa?«

Sie nickte und setzte ein interessiertes Gesicht auf.

»Hier werken die Männer fürs Grobe, die ausgeschickt werden, um die Voraussetzungen für seine Projekte zu schaffen«, fuhr er fort. »Der Räumtrupp. Frau Niedeck ist dem Chef ergeben, und er –«

»Dem Chef ergeben?«

»Die macht, was er will, ja. Hält das Ganze hier am Laufen.«

»Warum erzählst du mir das?«

»Marisa, hör zu: Da ist was faul.« Er beugte sich vor und senkte die Stimme. »Vielleicht hat er sich finanziell übernommen. Mit dem Hofgarten möglicherweise. Viel Prestige, wenig Kohle. Keine Ahnung … Er versucht seit Jahren, seinem Schwiegervater zu beweisen, dass er …«

»… es draufhat?«

»Ja.« Er nickte. »Dürfte schiefgegangen sein. Da geht dann die, tja, wie soll ich sagen, die kreative Buchhaltung schnell in dolose Handlungen über.«

Sie runzelte die Stirn. »Was meinst du?«

»Kann ich offen reden? Er wollte mich – äh, einbinden. Ein, zwei Unterschriften von mir. Reine Formsache, hat er gesagt. Er hat es geschickt eingefädelt, mich gelobt, von meinem Vater gesprochen, von früher. Hat mich um Rat gefragt bezüglich einiger Planungsdetails, mir dann ein paar Geschäftsunterlagen gezeigt … Marisa, die Sache stinkt zum Himmel. Das Geflecht von Firmen, die irgendwie zu Wolff gehören, ist, das war mir auf den ersten Blick klar, viel größer, als ich gedacht hab. Die beiden Restaurants, die er mit seiner Frau betreibt, die Aushängeschilder, scheinen sauber zu sein, aber sonst …«

Sie tippte ihr Handy an, das Display leuchtete auf. Noch immer nichts! »Es ist also wie bei einem Eisberg«, murmelte sie, um irgendwas zu sagen. Sofort kam sie sich blöd vor.

Er stutzte, lächelte, nickte. »So in etwa, ja.«

»Du meinst, er besticht Leute, damit er an die notwendigen Infos kommt?«

»Nein, ich nehme an, da werden Gelder verschoben, gewaschen, was weiß ich. Warum ist die Buchhaltung so ein Geheimnis? Ich kapiere im Übrigen nicht, warum er mich da jetzt plötzlich reinschauen lässt. Wahrscheinlich hat er geglaubt, ich kann keine Zahlen lesen.« Er kratzte sich an der Nase. »Die WOGE selber ist ein, nun ja, recht überschaubares Unternehmen. Die versuchen –«

»Wie funktioniert so was?«
»Betrug? Geldwäsche?«
Sie nickte.
»Also, die Baubranche hat, wie soll ich sagen, nicht den besten Ruf. Gilt als anfällig für illegale Aktivitäten: Schwarzarbeit, Bestechung. Vor allem zwischen kleinen und mittleren Firmen herrscht ja ein enormer Konkurrenzdruck. Es gibt viele schwarze Schafe, teilweise mafiöse Strukturen.«
»Mafia? Echt jetzt?« Sie lachte auf. Der nahm sie auf die Schaufel! »Das ist nicht dein Ernst!«
»Mafiöse Strukturen«, wiederholte er ernst. »Da werden zum Beispiel über Scheinfirmen Arbeiter rekrutiert und bei der Krankenkasse und der Bauarbeiterurlaubskasse angemeldet, die gesetzlichen Lohnabgaben, Sozialversicherungsbeiträge werden aber nicht bezahlt. Die Inhaber wechseln. Dann geht die Firma in Konkurs oder wird stillgelegt. Ein anderer übernimmt. Gearbeitet wird dezentral.«
»Also Versicherungsbetrug?«
»Genau. Die Leute, oft genug der Sprache nicht mächtig, werden ausgebeutet, kriegen kein Geld oder nur einen Teil ihres Lohns. Man kann auf diese Art viel Geld verdienen.«
»Und das macht Wolff?«
Er zuckte die Achseln. »Früher wahrscheinlich. Ob er jetzt noch mit Subfirmen so was abzieht – keine Ahnung. Heute geht es, nehme ich an, vor allem um sogenannte ›Back-to-back-Geschäfte‹. Also Geldwäsche. Der Gesetzgeber hat inzwischen einige Lücken geschlossen. Früher wurde unter anderem viel über Kunstkäufe gewaschen, das war einfach, indem man beispielsweise Bilder von geringem Wert zu stark überhöhten Preisen gekauft oder verkauft hat, teilweise über Sitzgesellschaften im Ausland, die nur dazu dienten, zu verschleiern, wer hinter dem Kauf, dem Verkauf steckt.«
»Und jetzt?« Sie hörte nur mit halbem Ohr zu. Warum,

verdammt, rief er nicht an? Was hast du erwartet?, würde Laura fragen. Von einem, der nach der Arbeit oder nachts um halb eins anruft und kurz darauf vor deiner Tür steht. Der nach einer Stunde wieder geht – zurück ins traute Heim? Der will das Prickeln, den Reiz des Verbotenen, keinen Stress. Marisa schluckte.

Erol stupste sie an. »Bist du noch da? Interessiert dich nicht sonderlich, oder?«

»Doch«, widersprach sie, »klar!«

»Okay«, fuhr er fort. »Das ist im Grunde ganz einfach: Ein wohlhabender Unternehmer zahlt Geld aus illegaler Quelle auf ein Bankkonto ein –«

»Kann er das einfach so? Die Bank überprüft doch, wenn du größere Summen einzahlst oder abhebst, woher das Geld kommt beziehungsweise was du damit machst. Als ich mein Auto gekauft habe –«

»Stimmt«, sagte er. »Da gibt es klare Vorgaben. Größere Einzahlungen und Abhebungen müssen aufgrund einer EU-Richtlinie automatisch dem Finanzministerium gemeldet werden. Um genau das zu verhindern. Aber wenn Wolff einen größeren Betrag einzahlt, sind es eben Einnahmen aus einem seiner Betriebe, den Restaurants, aus einem Sanierungsprojekt, was weiß ich.«

»Und dann?« Sie wischte über das Display. Noch immer nichts!

»Vergibt die Bank mit diesem Geld als Sicherheit einen Kredit an eine seiner Offshore-Firmen. Hörst du mir zu?«

»Offshore –«

»Eine Briefkastenfirma«, sagte er. »Die kauft dann zum Beispiel eine Immobilie und verkauft die weiter. Aus dem Ertrag wird der Kredit getilgt. Das Geld auf dem Konto ist damit –«

»Gewaschen.«

Er nickte. »Genau.«

»Und du meinst …«

»Dass du dich hier ordentlich in die Scheiße reitest, wenn du irgendwas unterschreibst, nur weil er dir schmeichelt und dir alles Mögliche verspricht. Es ist alles irgendwie schräg. Ich meine, denk nach – er stellt dich als Sekretärin ein und schickt dich dann zwecks Vertragserrichtung zu einem Hausbesitzer. Ohne Schulung, ohne Vorkenntnisse, einfach so.« Er rieb sich die Stirn. »Was genau machst du hier eigentlich? Von allem ein bisschen, oder?«

Sie ging nicht darauf ein. »Und du denkst, alle hier, Frau Niedeck –«

»Die spielt eine Hauptrolle, klar. Was die anderen betrifft …« Er zuckte die Achseln.

»Und jetzt?« Er kann gut erklären, dachte sie. Das Ganze klang einerseits logisch, aber auch irgendwie völlig abwegig. Wieso sollte einer wie Wolff mit solchen Aktionen seine Existenz, seinen Ruf, seine Ehe riskieren? Wir sind oldschool, hatte er beim Einstellungsgespräch gesagt. Persönlicher Kontakt. Handschlagqualität. Das gibt es heute nicht mehr oft. Das ist unser Erfolg.

Er wird mich fördern, dachte sie.

Sie wollen doch nicht hier im Büro versauern, Frau Faber?

Erol verzog den Mund. »Du glaubst mir nicht.« Er klang enttäuscht.

Ihr Handy läutete. »Ja?«, meldete sie sich atemlos.

»Tja, dann …« Erol erhob sich und stellte den Freischwinger, auf dem er gesessen war, an seinen Platz zurück. Leise zog er die Tür hinter sich zu.

¤ ¤ ¤ ¤

Eine Krise, hatte Ela irgendwo gelesen, wirkt wie eine Lupe. Sie zeigt dir alles mit übergroßer Deutlichkeit. Das Gute wie das Schlechte.

Aber eben nicht gleich, dachte sie. Nichts hatte darauf hingedeutet, dass es laufen würde wie immer. Wie gehabt. Dass alles, was ihr zunächst wie eine glückliche Fügung erschienen war – jemand, der ihr eine Chance bot, die Aussicht auf ein Zuhause –, sich als das genaue Gegenteil erweisen würde. Sie hatte sich noch nie dermaßen gehetzt gefühlt. Beim kleinsten Geräusch fuhr sie auf, beschleunigte ihr Puls, spannten sich die Muskeln an, flog ihr Atem. Sie versuchte sich zu beruhigen: Das kennst du doch, das geht vorbei!

Die Kaffeemaschine blubberte, mit einem lauten »Klack« sprang ein Stück Weißbrot aus dem Toaster. Sie öffnete die Kühlschranktür. Die Butter war steinhart. Sie begnügte sich mit einem Klecks Marmelade und trug den Teller zum Tisch.

Selbst schuld, dachte sie. Ich bin ein Stadtkind, immer gewesen. Ich hätte daran denken müssen. Es war zu spät! Jetzt hockte sie, eine knappe Stunde vom Zentrum entfernt, in einem Haus am Stadtrand, in dem ihre Ängste – um eine weitere Facette reicher – erneut keimten, wuchsen, wucherten wie Unkraut und alles vergifteten. Mit einem eigenartigen Typen als Nachbarn auf der einen, einem leeren Haus mit riesigem Garten auf der anderen Seite und einer Zeile gesichtsloser kleiner Wohnkartons gegenüber, deren Bewohner, wie es aussah, nur zum Schlafen nach Hause kamen.

Wenn dich hier jemand stellt, hilft dir keiner!

Sie gab drei Stück Zucker in den Kaffee und rührte um. Ihre Finger krampften sich um die Schale. Vor dem Fenster zerrte eine Amsel Würmer aus dem Boden, zwischen den Zweigen der Birke flimmerte das Licht. Sie blickte auf ihre nackten Füße auf dem grauweißen Fliesenboden, der dem in der Stadtwohnung zum Verwechseln ähnlich war, und schluckte. Die Kleiderkästen im Vorraum, im Schlafzimmer waren vollgestopft mit seinen Sachen. Denen der Familie. Alles atmete Vergangenheit. Alles erinnerte an ihn.

Wahrscheinlich, dachte sie, bin ich eine, die so etwas anzieht. Eine, die viel zu spät kapiert, dass sie sich selber die Schlinge um den Hals legt. Wann hatte das angefangen? Und warum? Was hatten andere, das ihr fehlte? Was beschützte die davor, sich immer wieder eine blutige Nase zu holen, ließ sie sicher und unbeschadet durchs Leben gehen, während sie, Ela, von einer Falle in die nächste stolperte?

Sie rieb sich die Augen. Im Hinterkopf pochte hartnäckig ein dumpfer Schmerz. Trotz der Medikamente hatte sie sich unruhig von einer Seite auf die andere gewälzt, war mehrmals aufgeschreckt, einmal von ihrem eigenen Schrei erwacht und schließlich auf das Sofa im Wohnzimmer übersiedelt, wo sie gegen Morgen endlich erschöpft eingeschlafen war.

Die knarrenden Dielen!

Das ist ein altes Haus …

Aber die Schritte! Das Atmen!

Wenn die Angst sie anfiel, redete sie mit sich selber. Das konnte man keinem erzählen.

Eine Schnapsidee war das mit dem Haus! Sie nahm einen Schluck Kaffee und starrte vor sich hin. Und dann redest du dir alles schön! Wie oft hatte sie das schon gehört? Sich selber gesagt: Du lügst dir etwas vor, Ela. Aber – was war das für ein Leben, ohne Aussicht auf Verbesserung, ohne Hoffnung?

Wieder sah sie sein Gesicht vor sich. Im Park. In der Wohnung später. Und dann: die blauen Lippen, die Hand … Sie sprang auf. Die Schale kippte, Kaffee schwappte über. Ein hellbrauner Fleck zerfloss auf ihrem Nachthemd. Sie fluchte und schenkte sich nach. Zucker rieselte in die Tasse, der Löffel klingelte ans Porzellan.

Er wird mich schon nicht umbringen! Und dann, zuletzt … Sie schlug die Hände vors Gesicht.

Nichts wird wieder, wenn man sich nicht selber darum kümmert, hatte er gesagt. Nichts wird wieder … Sie stand auf, warf den angebissenen Toast in den Mülleimer und schüttete den Kaffee in den Ausguss.

Sich selber kümmern … Sie hob die Schultern. Sie wünschte, sie wäre noch einmal dort.

⌘ ⌘ ⌘ ⌘

Marisa schleppte sich durch die Tage. Das Einzige, das wirklich half, eine Weile wenigstens, war das Laufen. Man konnte schlecht mit dunkler Sonnenbrille auf der Nase im Studio auftauchen, und in der Wohnung pendelte sie in regelmäßigen Abständen zwischen Kühlschrank und Klo. Also in die Laufschuhe schlüpfen und lostraben! Wenn sie sich danach erschöpft die durchgeschwitzten Sportsachen vom Leib zerrte, unter die heiße Dusche ging und gleich darauf ins Bett, gelang es ihr zumindest, drei, vier Stunden einigermaßen zu schlafen.

Er hatte Schluss gemacht. Am Telefon. Kurz angebunden, verletzend kühl. Kein Treffen mehr und kein Gespräch: Es ist vorbei. So geht das nicht. Du bist zu kompliziert. Lösch meine Nummer. Ruf mich nicht mehr an.

Ihre Muskeln brannten, das Laufshirt klebte ihr am Körper. Das hab ich, dachte sie, das hab ich nicht verdient. Ein Läufer überholte sie. Sie fiel zurück und rang nach Luft. Laura hatte recht behalten: Was hast du erwartet?

Der Weg stieg langsam an, ging schließlich steil bergauf. Zwischen kleinen alten Häusern hatten sich Neubauten breitgemacht, die mit höchster Wohnqualität an einer der begehrtesten und exklusivsten Adressen und einem atemberaubenden Blick über die Stadt warben. Am Ende der

Straße lag linkerhand eine hübsche burgartige Villa mit verspielten Türmchen und Zinnen. Sie keuchte und wischte sich mit dem Unterarm den Schweiß von der Stirn. Jetzt ging es ein Stück flach dahin, Autos fuhren vorbei. Sie blieb stehen, trabte auf der Stelle, querte dann die Straße – und war mit einem Mal im Wald. Der Boden unter ihren Füßen war weich, sie pflügte durch Rinde, Blätter, saftiges Grün. Die Abendsonne schimmerte durch die Zweige.

Ein altes Paar. Noch immer Hand in Hand. Sie schniefte. *Die schmale Frau, die weint, am Grab.* Er, wie er sie umarmt. Und wie er wieder geht. Und: Du weißt doch, Liebes … bald … Sie wurde langsamer und blieb stehen. Ihre Schultern zuckten.

Hinter dem Zaun grasten Rehe. Es roch nach Frühling. Eine Elster schrie.

¤ ¤ ¤ ¤

Ela stand im Vorzimmer und raffte Sommerjacken von den Bügeln. Der Boden war kühl, sie fröstelte. Es war längst dunkel geworden. Das trübe Licht der einzigen Lampe im Flur – sparsam ist er gewesen, dachte sie – reichte nicht aus. Schatten hockten in den Ecken und bereiteten ihr Unbehagen. An der Wand standen mehrere dickbäuchige Müllsäcke nebeneinander und starrten sie an.

Man kann alles brauchen, hatte er immer gesagt. Das hier war *teuer*, das andere *noch gut*, einiges hatte er *überaus günstig* erstanden, *eine Okkasion*. Andenken waren darunter, kleine Sammlungen, die er irgendwann begonnen und wieder hatte sein lassen, vieles, das er vergessen und erneut erworben hatte, Kleidungsstücke, seit Jahren nicht mehr getragen.

Hast du denn nichts, gar nichts? Keine Erinnerungsstücke?, hatte er sie gefragt, fassungslos, wie eine so leben konnte. Sie hatte den Kopf geschüttelt: Nein. Nichts, an das zu erinnern sich lohnt. Außerdem – wo soll ich denn hin damit?

Und wenn du ein Haus hättest, Ela?

Sie hatte es für einen Scherz gehalten. Ein Haus!

Sie öffnete den Vorzimmerschrank. Winterjacken. Der Geruch nach Schweiß und Talg am Kragen, innen, im Futter ... Sie hielt die Luft an und stopfte alles in den Müllsack. Sie brauchte einen Kaffee! Vielleicht war es besser, wenn sie morgen weitermachte. Entschlossen knotete sie den Sack zu und lehnte ihn an die Wand.

Sie zuckte zusammen, als draußen etwas umfiel. Da war jemand! Ihre Hand tastete nach dem Schalter, das Licht erlosch. Auf Zehenspitzen schlich sie in die Küche. Aus den Augenwinkeln meinte sie eine Gestalt zu erkennen. Sträucher bewegten sich, Zweige knackten. Jemand atmete keuchend aus. Dann war es wieder still.

Sie tastete nach ihrem Handy. Ohne das Fenster aus den Augen zu lassen, bewegte sie sich Schritt für Schritt langsam wieder zurück. Sie streckte ihre Hand aus. Die Küchenlade ruckte, Besteck schepperte. Erschrocken hielt sie inne. Hatte er sie gehört? Stand er draußen, unbewegt wie sie, und lauschte? Ein leichter Wind bewegte die Zweige der Birke. Kein Schatten, kein Geräusch. Alles war wie immer. Aber was, wenn er ums Haus ... Wenn er von der anderen Seite ... Die Eingangstüre! Sie hatte doch abgesperrt? Ihre Finger tasteten nach einem Messer. Panik schnürte ihr die Luft ab. Sie umklammerte den Schaft und schob sich barfuß seitwärts Stück für Stück den Flur entlang, auf das Schlimmste gefasst. Die Zungenspitze im Mundwinkel, atemlos, wechselte sie das Messer in die rechte Hand, machte eine halbe Drehung und verharrte breitbeinig, keine Armlänge von der Eingangstüre entfernt, alle Sinne geschärft.

Jetzt! Sie holte Luft, drückte die Türschnalle nach unten – einmal, zweimal. Ihre Hand sank herab, das Messer fiel auf den Boden. Verwirrt blickte sie sich um, ihr Herz hämmerte. Keuchend atmete sie aus. Das Zittern begann in den Knien und kroch ihr bis in die Fingerspitzen. Sie lehnte sich an die Wand, ihre Zähne schlugen aufeinander. In ihren Ohren sirrte ein hoher Ton.

¤ ¤ ¤ ¤

Ela meldete sich nicht. Sie war bestimmt schon zu Hause. Seit Tagen dachte Rita an nichts anderes. Sie war fast panisch gewesen. Hatte auch sie gewarnt: Wenn du hinfährst, pass auf! Und jetzt, allein im Haus … Sie versuchte sich zu beruhigen: Manche Leute sind so. Sie klammern sich an dich, wenn sie am Ertrinken sind. Versprechen dir alles, und sobald sie festen Boden unter den Füßen haben … Sie schüttelte den Kopf. Hier war was faul. Sie war sich sicher.

»Tom, hast du sie gesehen? Ist sie schon da? Ist irgendwer –?«

»Beruhige dich. Ich schaue nach.«

Er hatte es ihr versprochen.

¤ ¤ ¤ ¤

Ela löschte die Nachttischlampe, zog die Decke enger um sich und rollte sich zusammen. Wenn du ein Messer hast, dachte sie, musst du bereit sein, es einzusetzen. Jemanden zu verletzen, im schlimmsten Fall zu töten.

Wusste man, wozu man wirklich fähig war im Fall des Falles? Fetzte man los, panisch, wild entschlossen zu entkommen, zu überleben? Blieb man stehen, eingefroren, im Schock erstarrt, bis einem der andere das Messer aus der Hand schlug oder, schlimmer noch, einen damit attackierte?

Sie nagte an ihrem Daumennagel. Hätte sie zugestochen, wenn die Tür offen und einer vor ihr gestanden wäre?

Und wenn alles nur ein Hirngespinst war und am Ende ein unschuldiger Nachbar zu Boden ging und verblutete?

Was war real? Was bildete sie sich ein? Wurde sie langsam verrückt?

An Schlaf war nicht zu denken. Sie setzte sich auf und zog die Decke bis zum Kinn. Ohne die Tabletten klappte das nicht. Es knackste, knarrte, raschelte vor dem Fenster. Aber sich erneut mit Medikamenten wegschießen, während womöglich …?

Aber warum sollte er mitten in der Nacht …?

Um mir Angst zu machen.

Er ist skrupellos, Ela, hatte der alte Mann gesagt. Der fackelt nicht lange. Glaube mir.

¤ ¤ ¤ ¤

Disziplin, Struktur, dachte Marisa, ist das Einzige, was hilft. Was alles zusammenhält. Jeden Morgen vor der Arbeit zog sie die Laufschuhe an, und am Abend brach sie wieder auf. Sie hatte ihr Training forciert, aber es reichte nicht. Sie schlief schlecht, träumte wirres Zeug. Sie stritt am Telefon mit ihrer Mutter.

Heute früh hatte Frau Niedeck sie beiseitegenommen: »Alles in Ordnung mit Ihnen? Ist Ihnen nicht wohl? Sie sehen krank aus.« Sie hatte den Kopf geschüttelt und ein Lächeln zustande gebracht.

Nichts war in Ordnung. Sie pendelte zwischen Verzweiflung und blankem Hass. Auf ihn und auf sich selber. Rief Laura an und heulte ins Telefon. Wünschte ihm die Pest an den Hals, ein Unglück, dass seine Frau, seine Familie … Erschrocken hielt sie inne. Das ging zu weit!

Sie räumte ihre Süßigkeitenlade leer, alles, auch das Vollmilchzeug, und holte sich nachts am Bahnhof mehr: Schokolade, klebrige Müsliriegel, dunkle Kekse mit einer weißen Füllung, Zitronencreme, ekelhaft. Später lag sie auf den Knien und steckte sich zwei Finger in den Hals.

Und dann wieder hinaus!

Liebes, du weißt doch … Sie rannte schneller.

Du bist nicht besser als deine Mutter …

»Er hat dich ausgenützt!«

»Er hat mich geliebt, Marisa! Und schau, ich habe auch Fehler gemacht …«

»Mama, das ist keine Liebe!« Da war sie zwölf.

»Das verstehst du nicht!«

»Wenn du denkst, du bist nichts wert ohne Kerl …« Sie musste an die Worte der Nachbarin denken: ›Er hat die Leere gefüllt, Marisa. Du wirst sehen, sie bleibt nicht lang allein.‹

Genug! Sie keuchte. Ich bin nicht wie meine Mutter, begehrte sie auf. Ich bin nicht schwach.

¤ ¤ ¤ ¤

Es war noch früh am Morgen. Ela lehnte barfuß in der offenen Tür und rauchte. Sie hatte die Zigaretten, eine ganze Stange, in einer der Schubladen im Vorzimmer gefunden, hastig das Papier aufgerissen, das knisternde Zellophan entfernt und eine aus der weichen Packung gezupft. Der erste Zug hatte auf der Zunge gebrannt, sie aber aufs Angenehmste benebelt. Sie schloss die Augen. Die Sonne legte sich warm auf ihr Gesicht. Einmal süchtig, immer süchtig. Es war Trost und Belohnung, etwas zum Festhalten, das ihre Nervosität dämpfte und ihre Hände ruhig hielt. Sie hustete, wechselte das Standbein und blies den Rauch aus. Das Holz der Türstaffel unter ihrer Sohle war samtig, die Zehen des rechten Fußes wanderten über den rauen Putz der Wand.

Langsam hob sie die Lider. Gegenüber waren die Rasensprenger am Arbeiten. Sie ruckelten und gaben seltsam quietschende Geräusche von sich. Niemand war zu sehen. Sie wandte den Kopf nach rechts. Niemand bis auf ihn. Halb verborgen hinter den Büschen kratzte er mit dem Rechen im Gras herum und schob unbeholfen ein paar dürre Zweige zusammen. Herr Gottlieb hatte etwas von einem Mädchen erwähnt, von einem Skandal, und dass er im Gefängnis gewesen war. Als sie das Haus besichtigt hatten, war er dagestanden wie festgeschraubt und hatte ihnen nachgesehen. Ihr, als sie eingezogen war, sofort seine Hilfe angeboten. Sie hatte ihn abgewimmelt. Der Typ war strange. Einer, der sich hinter Büschen herumdrückt, nachts in fremde Fenster späht, anderen die Wäsche von der Leine klaut und sich daheim daran … Mit einem Mal war sie sich sicher: Der war es! Sie dämpfte ihre Zigarette aus. Mit wenigen Schritten war sie am Zaun.

»Hallo!«, rief sie laut. Das Kratzen verstummte. Sie ging ein kleines Stück am Maschendraht entlang. »Hallo?« Jetzt hatte sie freie Sicht. Er klammerte sich an seinen Rechen, geduckt, die linke Schulter hochgezogen, mit ausgefahrenem Ellbogen. Weißes Hemd, dunkle Hose. Er hatte sich für die Gartenarbeit schick gemacht. Sie verzog den Mund.

»Ah, guten Morgen!« Ohne den Rechen loszulassen, kam er auf sie zu. »Es gibt immer was zu tun«, sagte er mit einem verkrampften Lächeln und wies hinter sich.

Sie trat einen Schritt zurück. »Waren Sie gestern Abend auch hier draußen?«

»Nein. Wieso?« Seine Lider flatterten.

»Sie waren nicht zufällig in meinem Garten? Ich meine, in der Nacht.«

»In Ihrem Garten? Was soll ich da? – Ich … ich war im Haus. Ich habe gelesen.«

»Herr –«

»Kralik, Tom Kralik.« Er streckte ihr seine Hand hin. Sie reagierte nicht. Eine leichte Röte stieg ihm ins Gesicht. Er zog die Hand zurück und räusperte sich nervös. »Es ist normalerweise ziemlich ruhig hier. Ich kann mir vorstellen, dass man sich … also wenn man das nicht gewöhnt ist, die Natur, erschreckt man, wenn es irgendwo knackst«, sagte er mit belegter Stimme. »Aber –«

Das war der Gipfel! »Es hat nicht irgendwo geknackst«, fuhr sie ihn an. »Da ist jemand ums Haus geschlichen, und ich denke –«

Er sah sie erschrocken an. »Tut mir leid, ich wollte Sie nicht … Ich dachte nur …« Sein Nacken wurde starr. »Vielleicht, ich meine, in den letzten Tagen ist da jemand herumgegeistert. Im Haus da neben Ihrem.«

»Herumgegeistert?«

»Ich habe einen Lichtschein gesehen«, sagte er eifrig. »Taschenlampe wahrscheinlich. Aber da wohnt ja schon seit längerer Zeit niemand mehr. Ich habe also die Polizei gerufen.«

»Ja – und?« Gerede, dachte sie. Warum zum Teufel war der so nervös?

»Bis die hier sind, das dauert seine Zeit. Als der Streifenwagen endlich vorbeigefahren ist, die sind nicht einmal ausgestiegen, war sicher eine halbe Stunde vergangen. Da war längst alles wieder dunkel. Im Notfall …« Er zuckte resigniert die Schultern.

»Und die Leute gegenüber?«

»Die gehen zeitig schlafen. Aber …«, zum ersten Mal sah er ihr in die Augen, wenn auch nur kurz, »so Sie Hilfe brauchen … Ich bin kein Held, aber … warten Sie, ich gebe Ihnen meine Nummer.« Er griff in seine Hosentasche. »Ich schicke sie Ihnen. Sie können mich jederzeit anrufen, wenn Sie etwas Ungewöhnliches wahrnehmen. Wenn Sie sich bedroht fühlen sollten.«

Ja, klar! Und dann kommst du nachts in mein Haus, um mich zu beschützen. Sie verschränkte die Arme vor der Brust. Sicher nicht! »Danke«, sagte sie kühl. »Das wird nicht nötig sein.«

»Aber …«

Sie drückte die Schultern nach hinten. »Ich habe eine Waffe«, sagte sie ruhig. »Wenn jemand sich meinem Haus nähert, schieße ich.«

¤ ¤ ¤ ¤

Zu Mittag war der Ansturm vorbei. Kein Vergleich zu damals, dachte Rita. Sie saß allein im Pausenraum und aß ihr Thunfischsandwich. Devi rauchte im Hof, die anderen waren schon wieder bei der Arbeit. Es war noch nicht lange her, da hatten die Leute die Ware aus den Regalen gerissen und sich um Klopapier geprügelt. *Aber wir haben alles gut hingekriegt. Es hat uns zusammengeschweißt.* Sie klappte das Sandwich auf, zupfte ein Rucolablatt heraus und kaute daran herum. Kaum war sie einen Moment allein, dachte sie an Ela. Und an den Mann, der seinen Vater hatte sterben lassen. Aus reiner Habgier. Sie hatte Tom gefragt. Und die Kolleginnen, die Kollegen, was sie tun würden, wenn … Alle würden die Rettung rufen oder die Polizei, sogar Momo, der mit der Polizei echt nichts am Hut hatte: Kannst du nicht machen, einfach gehen! Der Sohn von dem alten Mann hatte aber genau das getan. Sie stopfte sich den letzten Bissen in den Mund und kaute. Und wenn er sich jetzt Ela vornahm? Hoffentlich war sie noch im Krankenhaus. In Sicherheit. Man hatte sie abgewimmelt: Datenschutz. Und Tom ging nicht ans Telefon. Also hinfahren? Wenn sie da war, Fenster, Türe offen – gut. Wenn nicht … *Dann fahre ich ins Spital.*

Sie knüllte die Verpackung ihres Sandwichs zusammen

und sprang auf. Der Treteimer klackte und schluckte das Papier. Sie wusch sich die Hände, rupfte zwei Einweghandtücher aus dem Spender und sah erneut auf ihr Handy: nichts! Keine Nachricht von Tom, kein Lebenzeichen von ihr.

Ihre Chefin steckte den Kopf zur Tür herein. »Rita?«

»Ich komme schon.« Sie ließ das Telefon in die Hosentasche gleiten.

Frau Stanić winkte ab. »Passt schon. Es ist ziemlich ruhig heute.« Sie trat näher und sah sie besorgt an. »Sag, ist alles in Ordnung? Mach dir keine Sorgen. Da kommt nichts raus, glaub mir. Du hast alles richtig gemacht. Wenn jemand in Not ist, muss man helfen. Auch einem Tier.« Sie zögerte. »Und – klar muss man nach einem Unfall Hilfe holen. Warum fragst du so was? Verstehe ich nicht.«

»Wer –?«

»Na ja, Herr Kaya und Frau Kumar haben erzählt, dass du ...« Sie legte ihr die Hand auf den Oberarm.

Rita zuckte zusammen und sog die Luft ein.

»Entschuldige.« Ihre Chefin fuhr zurück, als hätte sie sich verbrannt. »Ich hab nicht dran gedacht. Tut es noch sehr weh? – Das muss ein Verrückter gewesen sein. So was macht doch kein normaler Mensch!« Sie stemmte die Hände ins Kreuz, verzog das Gesicht und streckte sich durch.

»Ihr Rücken wieder?«

»Hm.« Sie nickte. »Immer das Gleiche. – Rita, deine Betreuerin sagt, die haben den gehen lassen.«

»Ja.«

»Und du musst wahrscheinlich noch einmal zur Polizei?«

Rita zuckte die Achseln. »Kann sein.«

»Wenn du Unterstützung brauchst – du solltest nach alledem nicht allein ...«

»Frau Freese kommt mit.« Sie verdrehte die Augen.

»Weißt du schon wann?«

»Ich kriege einen Brief.« Sie trat von einem Bein aufs andere. »Frau Stanić, kann ich heute ausnahmsweise ein bisschen früher …«

Ihre Chefin nickte. »Ja, klar. War alles ein bisschen viel, hm?« Sie hob den Arm und ließ ihn wieder sinken. »Ist gut. Mach Schluss für heute.«

Der Bus war pünktlich. Rita setzte sich in eine der hinteren Reihen, nahm einen Schluck Wasser und verstaute die Flasche in ihrem Rucksack. Der Bus fuhr an, zuckelte im Schritttempo dahin, blieb stehen, fuhr wieder los. Niemanden, hatte Ela gesagt, ich habe niemanden. Keiner, der sie in den Arm nimmt, dachte Rita, ihr Mut macht und ihr zur Seite steht.

Sie wusste nur zu gut, wie das war. Zwei Sommer, zwei Jahre schon ohne meine Oma, dachte sie. Und das dritte bricht gerade an. Als die alte Frau plötzlich aufgehört hatte zu atmen, einfach so, war sie lange in der Dunkelheit gesessen, ohne zu begreifen. Hatte ihre Hand gestreichelt, sich schließlich neben sie aufs Bett gelegt und sich verzweifelt an ihren weichen, fülligen Leib gedrückt, der zunehmend fremd wurde, starr und kalt und abweisend. So hatte sie nach Stunden – es ging schon auf Mittag zu, durch das offene Fenster war Tellerklappern zu hören gewesen, es hatte nach Essen gerochen – eine Nachbarin entdeckt. Menschen hatten sich in die Wohnung gedrängt. Man hatte sie aus dem Bett gehoben, an die Hand genommen und weggebracht. Eine lange Reihe von Gesichtern war an ihr vorübergezogen. Sie hatten routiniert alles Notwendige in die Wege geleitet. Sich zu ihr heruntergebeugt mit einer Art Anteilnahme, die, das hatte sie gespürt, nicht vom Herzen kam, sondern Routine war, hatten ihr das eine oder andere nahegelegt, schließlich organisiert, dass sie irgendwo unterkam, zu essen hatte und nicht verloren ging. Was man zum Leben brauchte, war da gewesen. Aber sie hatte den Boden verloren. Jeglichen Halt. War herumgetappt, ohne zu sehen, betäubt von einem Schmerz, der ihr Blei in die Knochen gegossen und ihr die Luft genommen hatte.

Ela hatte Ähnliches erlebt. Was, wenn man dazu noch in Gefahr war – und niemand da, der einem half?

Sie dachte an die erste Zeit im Heim. An Lilija. Blass, mager. Große Augen, spitzes Kinn. Helles, widerspenstiges Haar. Sie saßen nebeneinander auf dem staubigen Boden im Tischtennisraum, ganz nah, die Beine angezogen, die Unterarme auf den Knien. Während die anderen im Hellen um die beiden Tische herumsprangen, die Schläger wippten, Bälle klackten und Worte durcheinanderflogen, spürte sie Lilijas Atem, die Wärme ihrer Haut, und sagte irgendwann den ersten Satz. Dann einen zweiten. Begann zu erzählen. Von früher. Vom Kindsein. Von der Oma. Wie sie gelacht hatte und geredet hatte, Dinge getan, Alltägliches, in der ihr eigenen gründlichen Art. Beschrieb Gesten und Gerüche, die für immer mit ihr verbunden waren, die sie vermisste, suchte, suchte – und nicht mehr fand. Sie lachte und weinte. Lilijas Hand lag auf ihrer und sie atmete wieder frei.

Am nächsten Tag war Lilja nicht mehr da. Einfach verschwunden. *Abgeschoben* sagten die einen, *abgehauen* die anderen. Aber Rita hatte jeden Abend mit ihr geredet, ihr alles erzählt, was sie bewegte und ihr den Tag über widerfahren war. Hatte den Druck ihrer warmen kleinen Hand gespürt. Und zum ersten Mal wieder geträumt.

Der Bus beschleunigte. Die Häuser wurden niedriger. Sie sah Vögel aufsteigen. Wollige weiße Wölkchen standen in sattem Blau. Man muss einander helfen, dachte sie. Immer.

Als sie ausstieg, lächelte sie.

¤ ¤ ¤ ¤

Man sollte nicht lauschen, und Marisa hatte es nicht mit Absicht getan, aber das machte die Sache nicht besser. Sie war länger im Büro geblieben, weil sie die Abende zu Hause zunehmend schlechter ertrug. Was war das für ein Leben: nach der Arbeit rennen, bis man seine Beine nicht mehr spürte, sich mit Schokolade und Keksen vollstopfen, über der Kloschüssel hängen, sich die Zähne putzen und wieder laufen bis zur Erschöpfung. Da konnte sie genauso gut die Ablage machen. Sie heftete ein paar Belege zusammen, lochte sie und verteilte sie auf die einzelnen Stapel. Steinzeit, dachte sie. Aber bitte, wenn sie meint! Sie hob den Kopf. Das Gittertor quietschte, sie hörte ein Auto in den Hof fahren, den Aufzug rattern. Rasche Schritte näherten sich.

»Ah, du bist noch da?«, rief Wolff, und Frau Niedeck sagte etwas und lachte. Seine Schritte entfernten sich und kamen wieder zurück. »Bleibst du noch lange? Es ist so schön draußen.« Die Wände waren dünn. »Wenn du …« Sesselbeine ruckten über den Boden. Gemurmel, ein Lachen. Sie klangen sehr vertraut. Ob sie tatsächlich etwas miteinander hatten?

›Sie hat großen Einfluss auf ihn. Du schadest dir, wenn du …‹

»Rado, du musst dir was überlegen«, hörte sie die Niedeck sagen. »Das wird dir irgendwann das Genick brechen.«

Marisa schlüpfte aus den Schuhen und schlich auf Zehenspitzen zur Wand.

Sein Lachen klang bemüht. »Es geht nicht anders. Die verdammte Krise, ich kann das Geld jetzt nicht aus dem …«

Marisa hielt den Atem an. Die Firma war also in Schwierigkeiten? *Jetzt nicht auch noch arbeitslos werden! Bitte nicht!*

»Luisa, im Herbst, spätestens im Frühjahr, sind wir über den Berg, dann kann ich das Neubauprojekt … Weißt du, ich bin es leid, dass –«

»Marianne?«

»Nicht meine Frau, nein. Der Schwiegervater.«

»Du musst ihm doch nichts beweisen, Rado!« Frau Niedeck schien näher zu kommen. Marisa wich zurück.

»Ich weiß.« Er klang resigniert. Dann war es still.

Sie schlich zurück an ihren Schreibtisch. Wie peinlich, wenn man sie hier erwischte, mit dem Ohr an der Wand! Sie hatten keine Ahnung, dass sie noch im Haus war.

»Und du denkst …?«

»Mein Gott!«

»Sie gefällt dir?«

Wolff lachte. »Luisa, sie ist noch ein Kind. Du weißt doch, ich mag …«

»Nicht«, wehrte die Sekretärin ab. Dann war es eine ganze Weile ruhig.

Etwas raschelte, wieder schleiften Sesselbeine über den Boden. Ein Murmeln war zu vernehmen, ein leises zärtliches Lachen. »Ach, Luisa …«

Ein Fenster schlug zu, und sie hörte Frau Niedeck laut und mit veränderter Stimme sagen: »Das wird nichts, Rado, die ist ehrgeizig, aber schwach. Und …«

»Unter deinen Fittichen!«, schmeichelte er.

»Nein«, sagte sie ernst. »Mit der wird das nichts, Rado. Vergiss es.«

¤ ¤ ¤ ¤

Rita sah zum Haus hinüber. Unter der Birke stand ein gelb-orange gestreifter Liegestuhl, ein Rechen lehnte an der Hauswand, aber Ela war nirgends zu sehen. Gegenüber stolperte ein kleines Kind quer über den Rasen. Die stämmige Frau, die sich letztens mit Tom unterhalten hatte, lugte von der winzigen Terrasse neugierig zu ihr herüber. Nur ein kleines Stück weiter vorne … Sie schauderte. Zum Glück war es hell, waren da Menschen. Und die Straße frei und unverparkt. Sie kamen wohl nur am Wochenende hierher. Zum Spazierengehen. Tom hatte sich öfter darüber beklagt. Ich habe, dachte sie, einfach Pech gehabt. Sie umrundete die Stelle, an der der Hund – und bald darauf auch sie – gelegen war, und näherte sich dem Zaun. Das Gartentor schleifte am Boden, die Klinke war rau vom Rost. Sie rieb ihre Hände aneinander. Zwischen den Waschbetonplatten, die zum Haus führten, wuchsen Gänseblümchen, wucherte das Gras. Sie klopfte, wartete, umrundete schließlich das Haus – immer unter dem Blick der Frau, die jetzt das sich sträubende Kind auf dem Arm hatte – und versuchte ins Innere zu spähen, aber die Vorhänge waren zugezogen, und auch auf ein weiteres Klopfen hin blieb alles still.

Ein Auto rollte die Straße entlang, das Kind auf dem Arm der Frau quietschte und begann zu hüpfen. Der Wagen blinkte, reversierte und fuhr rückwärts in den Carport. Rita zog ihr Handy aus der Tasche: halb sechs. Sie machte kehrt. Mit einem Ruck zog sie das Gartentor hinter sich zu.

Tom trug ein weißes, frisch gebügeltes Hemd, obwohl er sie nicht erwartet hatte. Er war sichtlich überrascht. »Rita! – Ja, sie ist wieder da. Ist wahrscheinlich einkaufen gegangen. Das kann nicht lange dauern. Aber komm weiter. Magst du ein Eis?« Bereits im Flur roch es nach Bügelwäsche, und tatsächlich waren im Wohnzimmer alle Sessel mit sauberer, kastenfertiger Wäsche belegt. Er drehte sich zu ihr um.

»Ein Stück die Hauptstraße hinunter hat ein neuer kleiner Supermarkt eröffnet.« Mit ein paar Handgriffen schaffte er Platz, nahm die Decke vom Tisch und zog den Stecker des Bügeleisens.

Rita setzte sich hin. Sie runzelte die Stirn. »Du hast kein Bügelbrett?«

»Der Tisch reicht mir.«

»Ist aber praktischer. Wir haben welche im Sonderangebot.«

Er lachte. »Dann schlage ich vielleicht zu.«

Statt einer Torte gab es Kekse. Tom trank Kaffee, und Rita löffelte ihr Vanilleeis mit heißen Himbeeren.

»Ich habe nachgedacht«, sagte Tom nach einer Weile. »Ich glaube, du machst einen Fehler.«

»Einen Fehler?« Weil sie sich um Ela sorgte?

»Du hast den Polizisten nicht absichtlich getreten.«

»Hab ich aber!« Sie stocherte in ihrem Eis herum. »Ich war richtig sauer, weißt du. Der hat mir Angst gemacht. Absichtlich. Das hat ihm gefallen.«

»Ja, okay. Verstehe ich, aber trotzdem, Rita, das kannst du nicht sagen!«

»Aber es war so!«, beharrte sie.

Er beugte sich vor. »Rita, wenn du sagst, du hast den Polizisten absichtlich getreten, bist du dran.«

Sie runzelte die Stirn. »Ich soll lügen?«

»Hör zu: Wenn du einen Polizisten schlägst oder trittst, zählt das doppelt schwer. Polizisten werden vom Gesetzgeber besonders geschützt. Das heißt, du wirst härter bestraft. Aus einer leichten Körperverletzung wird dann eine schwere.«

»Aber, Tom, er hat mich zuerst –« Zwei Jahre, hatte er gesagt. Sie wurde unruhig. Verschränkte die Arme und lehnte sich zurück. »Ich geh da nicht mehr hin!«

»Rita, hör mir zu …«

»Und die Freese meint, ich soll die Wahrheit sagen. Das sei am besten. Im Zweifelsfall, sagt sie, glaubt das Gericht sowieso der Polizei.«

Tom atmete aus. »Als Beschuldigte darfst du …« Er brach ab und schien zu überlegen. »Schau, du warst aufgeregt. Nach diesem Überfall auf dich, nach den vielen Fragen. Du hattest Schmerzen. Du hattest Angst.« Er sah sie eindringlich an.

Rita zögerte, nickte. »Ich musste aufs Klo. Dringend.«

»Du warst kopflos, panisch. Bist ausgerutscht beim Aufstehen. Deine Schuhe, die glatten Sohlen. Das war fatal.«

»Fatal?«

»Verhängnisvoll.« Jetzt lächelte er. »Es tut dir wahnsinnig leid. Du willst dich entschuldigen.«

Sie überlegte. »Also lügen? Meine Oma hat gesagt: Wo kämen wir da hin, wenn man niemandem mehr trauen kann? In so einer Welt möchte ich nicht leben.«

Tom nickte. »Deine Oma hat recht. Aber – eine Notlüge, Rita, wenn du niemandem damit wehtust, keinem schadest, das ist erlaubt.«

Sie war sich nicht sicher, ob dem so war, aber sie hatte ja noch Zeit. Wenn freilich Frau Freese mitkam, würde es schwierig werden. Vielleicht sollte sie ihre Chefin fragen? Oder …

»Tom, kannst du nicht mitkommen?«

Er winkte ab. »Besser nicht. Wenn die in den Computer schauen …« Er stand auf und holte sich noch eine Tasse Kaffee. Ihr Eis war geschmolzen. Sie trank den Rest aus.

»Tom«, sie zögerte, »darf ich dich etwas fragen?«

»Klar.« Er lächelte.

»Warum bist du allein? Warum hast du keine Frau?«

Er zuckte die Schultern. »Es hat sich nicht ergeben.«

»Weil du im Gefängnis warst?«

»Ich weiß nicht«, sagte er nachdenklich. »Vielleicht kann ich das einfach nicht: mit jemandem zusammenleben. Tagaus, tagein.«

»Und damals mit dem Mädchen?«

Sein Gesicht verschloss sich. »Das war etwas anderes«, sagte er. »Sie hat, sie wollte … sie konnte nirgends hin.« Er fuhr sich mit der Hand über den Mund. »Sie hat mich gebeten, ob sie ein paar Tage hierbleiben kann.«

»Du hast ihr geholfen?«

Seine Schultern sanken nach vorne. Langsam hob er den Kopf. »Es war ein Fehler, Rita«, sagte er. »Ich mochte sie. Ich hätte nicht gedacht ...« Er räusperte sich, schien noch etwas sagen zu wollen. Dann schüttelte er den Kopf. »Weißt du, Rita, man kann in niemanden hineinschauen. Und bisweilen betrügt man sich auch selber, redet sich etwas ein. Wenn ich damals gewusst hätte, was ich heute weiß – ich hätte mir viel erspart.«

»Bist du nicht manchmal einsam?«

»Gelegentlich.« Er nickte. »Aber man gewöhnt sich daran.«

¤ ¤ ¤ ¤

Rita zog die Gartentüre hinter sich zu und winkte. Tom hob den Arm. Er hatte nicht mitkommen wollen.

»Ich habe noch zu tun.«

Das Warten hatte sich gelohnt. Die Eingangstüre stand sperrangelweit offen. Ein ramponierter Kleintransporter war quer über den Gehsteig geparkt und zwei drahtige Männer in Latzhosen eilten mit Kartons und prall gefüllten Müllsäcken zwischen Haus und Auto hin und her. Rita zwängte sich an ihnen vorbei, grüßte und ging auf das Haus zu.

»Ela? Ich bin's, Rita.« Hinter ihr läutete ein Handy. Sie hörte ein Feuerzeug klicken, die Männer lachen.

»Ela?« Vorsichtig streckte sie den Kopf durch die Tür. Sie klopfte laut und trat ein. Es roch nach Staub und alten Möbeln. Der Vorraum war bis auf die fix montierte Garderobe völlig leer. Die ganze rechte Wand entlang mussten Bilder gehangen haben. Die akkurat in einer Linie ausgerichteten hellen Flächen hoben sich deutlich von der nachgedunkelten Wand ab. An einem Kabel schaukelte eine nackte Glühbirne. Der Raum schien zu schwanken. »Ela?«

Und da war sie, in einem Fähnchen von geblümtem Kleid,

eine Zigarette in der Hand und noch dünner, als Rita sie in Erinnerung hatte.

Sie kniff die Augen zusammen. Dann lachte sie. »Rina! So eine Überraschung.«

»Rita.«

»Klar, entschuldige!« Sie streckte den Arm mit der qualmenden Zigarette weg, beugte sich vor und deutete eine Umarmung an. »Komm weiter. Magst du was trinken? Entschuldige, hier ist grade Chaos.«

»Du entrümpelst?«

Einer der beiden Männer erschien in der offenen Türe, der andere folgte. Ela kramte in einer Lade.

»Setz dich. Ich bin gleich wieder da.«

Die Küche war hübsch, neuer als die von Tom, aber wahrscheinlich älter als Ela. Die hat eine Frau eingerichtet, dachte sie. Eine, die weiß, was praktisch ist, und die ein Gespür für Farben hat. Einzelne Fliesen wiesen Sprünge auf, aber das störte nicht. Vor dem Fenster stand ein Baum mit heller Rinde, Jasminduft wehte herein. Schön hat sie es hier, dachte sie. Sie hörte Wagentüren zuschlagen, Männerstimmen lachen, einen Motor hustend anspringen. Elas Schritte hallten durch den Vorraum. Rita drehte sich zu ihr um.

»Ja, also –«

»Ich habe mir gedacht … entschuldige.«

Beide lachten.

Sie sieht müde aus, dachte Rita. Blass. Die zarte Haut unter den Augen schimmerte bläulich. Die schweren dunklen Haare waren zu einem Zopf gedreht und hochgesteckt.

»Seit wann bist du wieder zu Hause?«

»Hm, zu Hause.« Ela seufzte. »Ich bin seit ein paar Tagen hier. Ich … ich wollte wirklich anrufen, aber dann …« Sie wies hinter sich in den leeren Flur und gähnte hinter vorgehaltener Hand. »Ich schlafe total schlecht«, sagte sie. »Saft?«

Rita nickte.

»Weißt du, Rina –«

»Rita.«

»Ja, klar. Rita. Entschuldige. Weißt du, ich hab richtige Albträume.« Ihre Hände wischten durch die Luft. Dann zuckte sie die Schultern und ging zum Kühlschrank. Kam zurück zum Tisch und stellte ein Glas vor sie hin. »Was hab ich dir erzählt? Ich erinnere mich nicht. Die Medikamente, weißt du. Ich war ja total hinüber.«

»Wie du ihn gefunden hast. Tot. Dass er –«

Sie setzte sich. »Es war ja in der Wohnung in der Stadt, weißt du? Nicht hier. Aber«, sie zögerte, »in den ersten Tagen hatte ich ständig das Gefühl, dass er da ist. Verrückt, oder? Dann habe ich mir gesagt … Das bist du nicht gewöhnt: die fremde Umgebung, die Geräusche.«

»Hm.«

»Und es ist auch so abgelegen. Rundherum Gebüsch. Sträucher. Und der Nachbar …«

»Welcher Nachbar?« Auf der gegenüberliegenden Straßenseite standen fünf Häuser. Rita runzelte die Stirn. Vielleicht war der Mann, der sie niedergeschlagen hatte, ja von dort gekommen? Also keiner, der zufällig … Sie hatte immer wieder versucht sich zu erinnern, wohin er verschwunden war, nachdem die Polizisten ihn hatten gehen lassen. Sie wusste es nicht.

»… letztens im Garten und mich beobachtet. Der ist irgendwie schräg. Steht da und linst durch die Hecke.«

Rita wies zum Fenster. »Aber das Haus ist doch nicht bewohnt?« Sie erinnerte sich an das Gerümpel im Garten und Toms Klage, dass die Leute nachts hierherkamen, um ihr altes Zeug loszuwerden.

»Ich meine den rechts von mir.«

»Tom?«

»Du kennst den?« Ela sah sie verwirrt an. »Schon älter. Groß, dünn, irgendwie –«

»Klar. Das ist Tom. Ich komme grade von ihm.«

Ela machte große Augen. »Ihr seid – befreundet?«

Sie zuckte die Achseln. »Wir verstehen uns gut. Er lernt mit mir.«

»Lernt?«

»Ja. Ich war nicht so gut in der Schule. Hatte Probleme, mir Sachen zu merken. Tom sagt, es ist aber wichtig, dass man viel weiß. Sich gut ausdrücken kann. Das vor allem. Sonst, sagt er, machen die Leute mit dir, was sie wollen. Die schauen nur auf Äußerlichkeiten. Die Welt, sagt er, ist leider brutal. Die Leute spüren schnell, wenn man schwach ist. Wenn man sich nicht wehren kann. Und das nützen sie dann aus.«

Ela stand auf, ging zur Küchenzeile, wo ihre Zigaretten lagen, und zündete sich eine an. »Da hat er recht«, sagte sie. Sie blies den Rauch aus und schien zu überlegen. »Rita?«

»Ja?«

»Lebt der allein?«

Sie nickte.

»Und du gehst da hin und findest es nicht irgendwie … Also, wenn einem hier jemand …«

»Was antut?« Rita lachte. »Tom doch nicht! Der ist auch nicht seltsam.« Sie überlegte. »Ein bisschen eigen, das schon. Das kommt daher, dass er immer allein ist.«

»Und wo hast du ihn kennengelernt?« Ela setzte sich wieder hin. Sie wies auf ihre Zigarette. »Stört dich hoffentlich nicht. Ich habe wieder angefangen. Es beruhigt mich.«

»Bei uns im Supermarkt. In der Stadt. Ich arbeite im Verkauf.«

Ela nickte.

»Er ist auch bei seiner Oma aufgewachsen«, sagte Rita. Sie griff nach ihrem Glas und trank. Der Saft war klebrig-süß und schmeckte seltsam. Tapfer trank sie das halbe Glas leer. Es war ein Gebot der Höflichkeit, sich nichts anmerken zu lassen.

»Und er lebt schon lange hier?«

»Schon immer. Er kannte auch deinen Herrn Gottlieb und die Kinder.«

»Den Sohn!«

»Und die Tochter.«

Ela pickte sich ein Tabakbrösel von den Lippen. »Schon immer«, sagte sie leise, wie zu sich selbst.

¤ ¤ ¤ ¤

Erol hatte sich freigenommen, zwei, drei Tage, hatte die Niedeck gesagt, und Marisa bedauerte zum ersten Mal, dass er nicht hier war. Er war der Einzige, vom Chef abgesehen, der sie, so wenigstens schien es ihr, nicht wie ein kleines Mädchen behandelte.

»Was willst du eigentlich von mir? Warum erzählst du mir das alles?«, hatte sie ihn gefragt.

Er hatte gegrinst. »Man muss zusammenhalten gegen die Schlechtigkeit der Welt!«

Obwohl sie seine Scherze meist erst verstand, wenn Weber und Hecker bereits wieherten, zwinkerte er ihr zu, als wären sie Komplizen.

Sie streckte sich und seufzte. Noch drei Stunden! Die Zeit zog sich wie ein Kaugummi. Im Büro wie daheim. Sie war dünner geworden, was ihr gefiel, die Fressanfälle, das Kotzen seltener. Ihr Herz schlug, sie aß, sie trank, sie lag im Bett. Sie lief ihre Runden, ging ins Studio und ins Büro. Sonst war da nichts. Wolff war selten im Haus. Er hatte sie nicht mehr angesprochen, und Frau Niedeck verhielt sich wie immer.

Mit der wird das nichts, Rado. Glaub mir. Seltsamerweise war das Gefühl, das geblieben war, nicht Wut, sondern tiefe Scham.

Die Küche lag verlassen da. Im Abwaschbecken stapelte sich schmutziges Geschirr. Sie beugte sich aus dem Fenster.

Ich könnte genauso gut hinunterspringen, dachte sie. Da kommt nichts mehr. Mit einer Tasse Kaffee trat sie wieder auf den Gang.

Der Lift ratterte, Schritte näherten sich, die Türglocke schrillte. Sie runzelte die Stirn. Hierher kam nur selten jemand. Hin und wieder verirrte sich ein Vertreter, ein Paketzusteller. Freitags kamen vereinzelt Arbeiter, bevor sie zu ihren Familien nach Hause fuhren. Frau Niedeck kümmerte sich um sie.

Sie drückte die Türschnalle nieder. »Ja, bitte?«

Der Mann knipste ein Lächeln an. Er glich einem dieser Typen, die in Filmen morgens in luftigen Lofts oder versifften Kellerwohnungen verstrubbelt und zerknittert von einer langen Nacht und zu viel Alkohol aus dem Bett krochen und dennoch gut aussahen. »Lukas Kornmesser.« Er streckte ihr die Hand entgegen, schaute auf die Kaffeetasse, nickte, zog sie zurück und grinste erneut. »Ist der Chef da?«

»Tut mir leid.« Sie versuchte, sich ihre Überraschung nicht anmerken zu lassen. Sie hatte sich einen älteren Mann vorgestellt. Der hier war höchstens Ende dreißig. »Aber vielleicht kann Ihnen Herr Weber –«

Und da kam Weber auch schon über den Gang auf sie zu, sie stellte sie einander vor, und Weber, sichtlich überrumpelt, aber schnell wieder gefasst, bestimmte: »Marisa, wir gehen in dein Büro!«

Sie runzelte die Stirn. Marisa? Du?

Mit einer kleinen Verbeugung wandte er sich an den Besucher. »Bitte! Ich darf vorausgehen.«

Marisa zögerte, dann schloss sie sich ihnen an.

Rainer Weber verlor keine Zeit. Er wies auf einen der beiden Freischwinger vor ihrem Schreibtisch und ließ sich in den anderen fallen. Kornmesser hatte kaum Platz genommen, da zerstörte er mit wenigen Sätzen die Gewissheit des

Mannes, nach dem Ableben seines Vaters Hausbesitzer zu sein.

Kornmessers Nacken verspannte sich. Er fuhr sich durch die Haare und lachte nervös. »Das kann nicht sein.«

Sie beugte sich tiefer über die Tastatur.

»Frau Faber, geben Sie mir bitte –«

Frau Faber! Man sah es ihm nicht an, aber auch er war nervös. Sie nickte und reichte ihm den Grundbuchauszug.

Kornmesser beugte sich über den Ausdruck. Jetzt sah sie ihn im Profil. Er war blass geworden. Die Sehnen an seinem Hals spannten sich. »Das muss ein Irrtum sein. Das gibt's doch nicht.«

Weber zuckte die Achseln. »Sie sehen, leider … Daran gibt es nichts zu deuten.« Er stand auf. »Tut mir leid, Herr Kornmesser. Wenn wir sonst etwas für Sie tun können …« Mit ausgestreckter Hand wies er zur Tür. »Ich darf Sie hinausbegleiten.«

Kornmesser blieb sitzen und starrte auf das Blatt. »Das kann er doch nicht … ich meine, das ist ja verrückt. Warum sollte er das Haus verschenken! An eine Fremde! Da muss man doch was machen können!«

Marisa räusperte sich. »Man kann vielleicht …«, sie zögerte. »Ich meine, Ihr Vater war schon alt. Wenn sein Arzt bestätigt, dass er –«

Der Mann fuhr herum. »Dement war? Nicht mehr geschäftsfähig?« fragte er aufgeregt.

Marisa nickte. Bei einem Bekannten ihrer Mutter war das der Fall gewesen. Sie hob den Kopf und verstummte unter Webers Blick.

»Frau Faber!«

»Kann ich den Auszug –« Er sah sie erwartungsvoll an.

»Tut mir leid.«

Weber verschränkte die Arme vor der Brust. »Ich bringe Sie hinaus, Herr Kornmesser.« An der Tür drehte sich der

Mann noch einmal um. Marisa sah betreten zu Boden. Sie hörte einen kurzen Wortwechsel auf dem Gang, dann fiel die Eingangstür ins Schloss. Weber stürmte in ihr Büro.

»Geht's noch«, schnauzte er sie an. Er schwitzte. »Wir verhandeln mit *ihr*, hat der Chef gesagt. Wenn der jetzt vor Gericht geht, anfängt zu prozessieren … Sind Sie noch bei Trost?«

Sie senkte betreten den Blick. »Ich habe nicht dran gedacht. Ich wollte nur –«

»Ich wollte nur, ich wollte nur!« Er drosch sich mit der flachen Hand gegen die Stirn. »Denken, sollst du, Mädchen, denken!« Sie starrten einander an.

Weber schnaubte. »Wenn sein Arzt bestätigt, dass er dement ist! So eine … Was rede ich! Da ist Hopfen und Malz verloren!« Wieder packte ihn die Wut. Sein Schädel färbte sich tiefrot. »Wer hat Ihnen gesagt, dass Sie sich einmischen sollen? Wer, hä? Habe ich was dergleichen gesagt? Habe ich Sie darum gebeten? Was?« Er schnaubte. »Und ich kann die Scheiße dann wieder ausbügeln. Nur, dass klar ist: Das nächste Mal halten Sie verdammt noch einmal das Maul!«

¤ ¤ ¤ ¤

Ela schwitzte in ihren gelben Gummihandschuhen. Die Haut war aufgequollen und fühlte sich an wie roher Teig. Der Schlafzimmerschrank stand offen. Sie versenkte einen Stapel Herrennachthemden in einem Sack. Sie stanken nach Lavendel. Überall in seinen Sachen fand sie die winzigen Kissen – geblümtes Leinen, gefüllt mit diesem Zeug, das inzwischen schal geworden war, sich bei Berührung aber wiederbelebte.

Der Flur, das Wohnzimmer, die Kommoden im Schlafzimmer waren bereits geräumt. Es war besser geworden, aber immer noch, immer wieder stieß sie auf einzelne

Stücke, die … Nicht daran denken! Sie schluckte und ging auf die Knie. Damennachthemden? Unterhosen? Sie runzelte die Stirn. Flanellpyjamas? Von seiner Frau? Und was war das? Ihre Finger tasteten über den Stoff. Etwas Orangefarbenes leuchtete auf. Sie fasste nach. Ein Kuvert knisterte in ihren Händen. Schmuck, Geld? Sie schoss in die Höhe. Mit dem Daumen riss sie den Falz auf. Das Kuvert klaffte, sie zog ein Bündel Geldscheine heraus. Tatsächlich! Sie schnappte nach Luft. Der Packen wurde von einem Gummiband gehalten und war gute zwei Zentimeter dick. Geld, von dem niemand etwas wusste. Es musste viel sein, genug, um … Sie stockte. *Hundert Schilling! Fünfzig … Was zum Teufel – Schilling!* Sie drehte das Kuvert um. Weitere Geldbündel fielen heraus – Hunderter, Zwanzig-Schilling-Noten. Sie sank aufs Bett. Das war Spielgeld! Nichts mehr wert. Ihr war zum Heulen. Einen Wimpernschlag lang war sie reich gewesen. So ist das bei mir, dachte sie resigniert. So war es schon immer: Irgendwo tat sich ein Fenster auf, es wurde hell – und im nächsten Moment erlosch alles wie im Märchen, wurde aus der Kutsche wieder ein Kürbis. Eben noch Prinzessin, schlüpfte man in das graue Kleid und duckte sich neben den Herd in die Asche. Und stand da mit leeren Händen, während die anderen weitertanzten … Mit einem Mal packte sie die Wut. Sie sprang auf.

Wie konnte man so blöd sein, Geld in eine Lade zu legen und zu vergessen? Sie stutzte. Das sah ihm gar nicht ähnlich! Moment – sie schob das Kuvert beiseite – da war noch etwas. Eine schmale Goldkette, fein gearbeitet. Ein alter grüner Reisepass. Sie schlug ihn auf. Emilia Kornmesser, las sie. Ein Foto: ein schmales Gesicht mit blassem Mund, die Augen wie tot.

Wie lange lag das schon da? Seit wann gab es den Euro? 2001, 2002? 2002!

Sie griff nach ihrem Handy. Wider alle Vernunft schöpfte

sie erneut Hoffnung. Sie beugte sich über das Display, vergrößerte die Schrift. Ihre Lippen bewegten sich lautlos. »Die Banknoten der letzten Schilling-Serie, die zum Zeitpunkt der Euro-Einführung die aktuellen gesetzlichen Zahlungsmittel in Österreich waren, können ohne zeitliches Limit bei der Österreichischen Nationalbank gegen Euro umgetauscht werden. Der Umtausch erfolgt gebührenfrei zum Nominalwert und zum unwiderruflich festgesetzten Kurs von ...«

Können ohne zeitliches Limit umgetauscht werden. Ihr war flau. Sie tastete nach dem Geld und legte die einzelnen Bündel nebeneinander, begann zu zählen.

Achtundneunzigtausend Schilling. Wie viel war das in Euro? Genug, um über die nächsten Monate zu kommen! Sie zählte ein weiteres Mal. Lachend ließ sie sich aufs Bett fallen, fächerte einen Packen Hunderterscheine auf und warf sie in die Luft. Geld regnete auf sie herab. Sie hätte schreien mögen vor Freude.

Eine ganze Weile blieb sie so liegen, die Arme ausgestreckt. Es war unglaublich. Man konnte den Umtausch im Postweg erledigen. Per Wertbrief. Das Geld kam direkt aufs Konto. Es war wie Weihnachten. Sie setzte sich auf und schob es zusammen, sortierte es neu und packte es wieder in den Umschlag. Noch einmal schlug sie den Pass auf. »Danke«, flüsterte sie der Frau auf dem Foto zu. Die hatte es sicher nicht leicht gehabt mit ihm. Hatte sie abhauen wollen, ihn verlassen? Oder gespart für die Zukunft, die Ausbildung der beiden Kinder? Sie zuckte die Achseln, klappte den Pass zu und schob ihn ins Kuvert. Langsam stand sie auf. Als sie die Bettdecke zurechtzog, rutschte die Kette auf den Boden. Sie bückte sich danach, ging zum Spiegel und legte sie an.

Ihre Augen strahlten.

¤ ¤ ¤ ¤

Vorabendserien waren das Beste, um nach einem Arbeitstag abzuschalten. Rita hatte eingekauft und kurz mit Devi, die an der Kasse saß, geplaudert, aber dann war wieder ein Schwung Kunden eingefallen, Rufe nach einer zweiten Kasse waren laut geworden, und sie war gegangen. Jetzt saß sie vor einem Teller Nudeln mit Paradeissoße, der Fernseher lief. Die Dramen, die sich hier abspielten, spiegelten nur scheinbar die Wirklichkeit wider, und sie hatten, das war das Wichtigste, garantiert nichts mit dem zu tun, was ihr Leben ausmachte. Gerade jetzt war das genau richtig. Trotzdem schweiften ihre Gedanken immer wieder ab.

Er hat ihn sterben lassen, hatte Ela wieder gesagt. Seelenruhig seine Tasse, den Teller, Löffel und Gabel abgewaschen und in den Schrank gestellt. Die Torte in die Serviette gewickelt und in den Abfalleimer gekippt. Die Tür zugezogen.

Sie verstand nur zu gut, dass sie Angst hatte. So einer, dachte sie, ist zu allem fähig.

Aber warum weigerte sie sich dann …

Sie verzog den Mund. Irgendwie schmeckte das Ganze fad. Sie holte Salz und Pfeffer und würzte nach.

Weil die Polizei einem nicht glaubt? Sie hatte darüber nachgedacht. Wer sollte sie beschützen, wenn der da draußen auftauchte? Wenn die Polizei Bescheid wusste …

Sie hörte auf zu kauen und starrte auf den Bildschirm, wo ein stattlicher Mann sich über etwas furchtbar aufregte, das niemanden außer ihm zu stören schien. Durch die offenen Fenster wehte der betörende Duft der Linden herein. Der Juni war überhaupt der schönste Monat. Sie hatte Geburtstag, es war wieder warm, alles blühte und duftete. Man konnte abends draußen sitzen oder im offenen Fenster. Brauchte wenig Schlaf. Manchmal ging sie nachts hinunter in den dunklen Hof, bis die Lichter hinter den Fenstern nach und nach erloschen und die Geräusche verwehten. Da und dort glühte im Dunkeln eine Zigarette auf, blinkte ein Stern durch die Blätter, kickte draußen auf der Straße jemand eine Bierdose vor sich her, lachten und redeten fröhliche Stimmen laut durcheinander. Sie hatte sich immer sicher gefühlt, aber seit dem Überfall achtete sie darauf, noch vor Einbruch der Dunkelheit zu Hause zu sein. Sie pickte die letzten Hörnchen auf, kaute, schluckte und legte die Gabel auf den Teller. Aus dem Fernseher dröhnten Werbejingles, während sie das Geschirr abspülte. Sie hörte die Türklingel erst, als jemand zugleich heftig klopfte und rief.

Frau Freese roch anders. Irgendwie nach Zitronen. Sie nahm auf dem Sofa Platz, sah sich um und bat um ein Glas Wasser.

»Wir müssen reden. Wer ist Tom? Und was ist mit dieser Frau?«

»Sie haben abgenommen«, sagte Rita. »Steht Ihnen gut.«

»Lenk nicht ab. Also?« Diesmal trug sie ein Kleid ohne dieses Schal-Gewurstel um den Hals. Und die Haare waren auch irgendwie anders.

»Und das Kleid –«

Frau Freese schaute sie an und schwieg.

»Die Frau aus dem Spital?«, sagte Rita gedehnt. Sie schwang ihre Beine aufs Sofa und umfasste sie mit den Armen. »Sie heißt Ela. Sie hat mich gebeten, ihren Garten zu gießen.«

»Und was daran ist gefährlich? Warum musst du aufpassen?« Frau Freese legte ihre Stirn in Falten. »Rita, wo liegt dieser Garten?«

Sie nannte die Straße.

»Das ist doch dort, wo dieser – Vorfall war?«

»Ja. Wo der Kerl auf mich losgegangen ist.« Sie nagte an ihrer Unterlippe. Notlügen waren erlaubt. »Ela hat sich vielleicht Sorgen gemacht, dass er wieder –«

»Sicher?« Die Freese beugte sich vor und sah sie prüfend an.

Rita zögerte. Dann nickte sie.

»Was hattest du überhaupt in der Gegend zu tun?«
»Tom wohnt da.«
»Tom. Aha. Dein Freund?« Die Betreuerin stöhnte. »Rita, bitte, lass dir nicht alles aus der Nase ziehen. Wenn ich dich zur Polizei begleiten soll, muss ich Bescheid wissen. – Hast du schon eine Ladung bekommen?«
»Nein.«
»Also dieser Tom. Deine Chefin sagt, sie kennt ihn.« Frau Freese hob ihr Glas zum Mund und trank.
»Was hat sie noch gesagt?«
»Nichts.« Sie hustete.
»Er ist Kunde bei uns. Von daher kenne ich ihn.«
»Du hast nie von ihm erzählt.«
Rita zuckte die Schultern.
»Und versteht ihr euch gut?« Da war er wieder, dieser einfühlsam-neugierige Tonfall! Jetzt ging sie sicher gleich zum Verhör über. Und tatsächlich: »Was macht er? Wie alt ist er?«
»Frau Freese, Tom ist nicht mein Freund. Ein Bekannter. Ich wollte ihn besuchen, und dann habe ich den Hund gesehen und wollte ihm helfen, und dann …«
»Hast du gesehen, woher der Mann, der dich geschlagen hat, gekommen ist?«
»Nein. Die ganze Straßenseite war ja zugeparkt. Man hat auch den Hund nur gesehen, wenn man auf dem Gehsteig stand. Nicht von der Straße aus. Ich weiß also nicht …« Sie stellte die Beine auf den Boden und beugte sich vor. »Frau Freese, der war plötzlich da. Hat geschrien und mich geschlagen, mich umgestoßen. Der hat gar nicht mehr aufgehört … Wenn die Polizisten nicht gewesen wären … Ich lag auf dem Boden, und da war der Hund, direkt vor mir. Er war tot, und der Typ hat auf mich eingetreten und gebrüllt wie verrückt.«
Die Freese nickte. »Weißt du, wer die Polizei gerufen hat?«

»Keine Ahnung. – Frau Freese, ich hab den ganzen Tag gearbeitet. Ich bin echt müde. Können wir das nicht ein andermal besprechen?«

Die Betreuerin zögerte. »Gibt es sonst noch was Wichtiges? Nicht? Okay. Du meldest dich aber sofort, wenn du ein Schreiben der Polizei oder vom Gericht kriegst.«

»Vom Gericht?«

Frau Freese stand auf. »Ich habe ein paarmal angerufen, aber den zuständigen Polizeibeamten noch nicht erreicht. Vielleicht haben sie die Unterlagen ja schon weitergeleitet.«

»Ich habe nichts unterschrieben.«

»Gut. Ich versuch's weiter.« Plötzlich hatte sie es eilig.

Rita musterte sie. »Haben Sie einen Freund?«

»Was? Wieso?«

»Ja, oder?«

»Rita, also wirklich … das werde ich jetzt nicht mit dir …« Sie bückte sich und schlüpfte in ihre Schuhe. Als sie sich wieder aufrichtete, lächelte sie. »Rita, ich frage dich das alles nicht aus Neugier«, sagte sie. »Es ist wichtig für unser Miteinander. Wenn du mir nicht –«

»Ihr wollt immer alles wissen. Und selber … Wie soll man da jemandem vertrauen?«

Das war ein bisschen unfair, aber die Freese hatte es verdient.

¤ ¤ ¤ ¤

So früh am Morgen war der Friedhof am schönsten. Ein heller Schimmer lag über den Gräbern, Lerchen stiegen auf. Unvermittelt erschien ein Reh zwischen den Grabsteinen. Zwei Fasane stolzierten vorbei. Ein Turmfalke stürzte sich vom grünen Kupferdach der wuchtigen Kirche, während draußen vor der roten Ziegelmauer, die das Gelände umschloss, die Straßenbahnschienen quietschten und Tauben gurrten. Unter einem Baum stand ein Arbeiter, auf eine Schaufel gestützt, und rauchte. Tom Kralik querte mehrere Seitenwege, bog schließlich nach links ab und blieb vor einem schlichten Grab mit einem Holzkreuz stehen. Es gab keine Umrandung, keine Grabplatte. Wiesenblumen schaukelten im leichten Wind. Adele Kralik. Ein Kreuz für eine Frau, die sich geweigert hatte, ihn zur Firmung zu begleiten, und die ihr Leben lang die Kommunisten gewählt hatte. Das Grab hätte ihr gefallen. »Du hattest immer schon einen ganz eigenen Humor«, sagte er leise.

Er bückte sich, räumte Wachsreste weg und stellte eine kleine Schale mit Stiefmütterchen ins hohe Gras. Als sie ihn gebraucht hätte, die Omsch, war er nicht da gewesen. Niemand saß an ihrem Bett, hielt ihre Hand und wachte die letzten Nächte bei ihr. Als sie starb, war sie ganz allein. Und als man ihm schließlich … ein junger Sozialarbeiter, der ihn mitfühlend ansieht und ihm sagt, dass es für eine Ausführung zu spät sei: erst heute davon erfahren – ein Sozialbegräbnis – Zentralfriedhof – mein Beileid, Herr Kralik.

Er legte die Hände übereinander wie zum Gebet und dachte an die zähe kleine Frau mit dem scharfen Mundwerk, die ihn aufgezogen hatte, *nach bestem Wissen und Gewissen,* freilich mit einer gewissen Ungeduld, die ihr nun einmal eigen gewesen war, nur um zuletzt festzustellen: Ich habe alles falsch gemacht.

Nein, Omsch, dachte er, nein. Es war ganz allein meine Schuld. Aber, das musst du mir glauben, ich habe ihr nichts getan. Sie hat mich getäuscht, genarrt. Und zuletzt – sie wollte einfach ihren Kopf retten.

Das hatte ihn den Job gekostet, ihm acht Monate Untersuchungshaft eingebracht, und als sie ihn schließlich hatten gehen lassen, weil sie sich doch noch entschlossen hatte, weil ihre ehemalige Betreuerin … »Sie haben Glück gehabt!« Noch immer hatte er die Worte seines Anwalts im Ohr. Er schüttelte den Kopf. *Gott soll einen hüten vor allem, was noch ein Glück ist.* Er glaubte an keinen Gott, nicht daran, dass der Mensch in irgendeiner Form weiterlebte, aber es tat ihm wohl, einmal die Woche hierherzukommen, zu seiner Omsch, und mit ihr zu reden.

Und dass ich dir nichts davon erzählt hab, dass sie bei mir im Haus war … Ich wollte nicht, dass du dich sorgst. Du hättest es nicht verstanden.

Du hast doch alles, Tommi!

Er schluckte.

Und jetzt, Omsch, weißt du, ist da diese junge Frau … Sie ist nebenan eingezogen. Nein, du musst dir keine Sorgen machen. Ich habe meine Lektion gelernt.

Er fuhr am liebsten mit der Straßenbahn, auch wenn er dadurch länger unterwegs war. Er hatte Zeit. Statt sich ins Gewühl der unterirdischen Stationen zu stürzen, mit der Menge zu den Bahnsteigen zu hasten und dann in der U-Bahn, den Rucksack als Abstandhalter vor der Brust, von fremden Leibern und ihren Ausdünstungen bedrängt zu werden, stand er, wie jetzt, unter freiem Himmel oder in einem hellen Wartehäuschen in wohltuender Distanz zu den anderen, spürte die Sonne auf seinem Gesicht, den Wind, und registrierte erneut, wie sehr sich die Gerüche der Stadt mit den Jahreszeiten – und mit der Gegend – veränderten. Je nachdem, in welchem Bezirk er sich befand, wurde er vom verführerischen Duft frischer Waffeln und gerösteter Schokolade, dem herben Dunst von uringetränktem Stroh und Pferdemist, von einer Wolke warmer Maische oder dem schweren Parfum aus lange nicht gelüfteten Kleidern begrüßt. Da und dort, auch mitten in der Stadt, roch es unvermittelt nach frisch gemähtem Gras und Wasser. Rosen, Linden und Akazien dufteten süß. Er dachte an die alten Tramways mit dem dunklen Holzboden im zweiten

Wagen, zwischen dessen zerfurchten, öligen Latten jede hinuntergefallene Münze, jeder Ohrring unwiederbringlich verloren war. Das Gemisch aus Altöl und Petroleum machte, dass man beim Einsteigen, vor allem im Winter, kurz nach Luft schnappte und den Atem anhielt, bis man sich – auf dem kalten Sitz unter dem dämmrigen Licht der kleinen bläulich-weiß schimmernden Lampen bibbernd zusammengekrümmt – nach und nach daran gewöhnte. Die neuen Garnituren waren schnell und umweltfreundlich, aber sie wirkten steril und rochen sommers wie winters nach Plastik.

Auch die Märkte, nicht nur der bei Touristen bekannte zentrumsnahe auf dem eingewölbten Wienfluss, wo immer schon Waren aus aller Welt feilgeboten worden waren, hatten im Laufe der letzten Jahre ihr Bouquet nachhaltig verändert. Für seine Nase fremde, ja exotische Odeurs hatten sich auch in den Außenbezirken allmählich unter die lange vertrauten gemischt, und hin und wieder blieb er stehen, sog einen für ihn neuen Duft ein und wartete auf das Echo, das er in ihm auslösen würde. Viele Male hatte man ihm Früchte und Obst angeboten, das erstaunlich aussah, ihm freundlich lächelnd Kostproben über die kunstvoll geschlichtete Ware herübergereicht. Er war erschrocken. Heute schämte er sich für das Zögern, sein Zaudern, die abwehrenden Gesten und blieb, wenn er – meist zu einer Tageszeit, zu der wenig los war – über einen Markt flanierte, immer wieder stehen und schob sich unter dem erwartungsvollen Blick eines Verkäufers einen Bissen in den Mund, kaute, schmeckte, lächelte – und nickte. Hin und wieder, wenn er anderswo etwas hatte einsparen können, ließ er sich ein kleines Stück abschneiden, kaufte zehn oder fünfzehn Deka, griff nach einer Frucht, die sein Gegenüber befühlt, an die Nase gehalten und überschwänglich gelobt hatte, und ließ sich erklären, wie man sie aß. Es fiel ihm zunehmend leichter nachzufragen. Das hat wohl damit zu tun, dachte er, dass die Verkäufer wie ich in gewisser Weise hier fremd sind, keine Wurzeln haben, wenngleich ihm bewusst war, dass jene um jede Selbstverständlichkeit kämpfen mussten, während ihm, selbst jetzt noch in seiner deutlich verschlechterten Situation, die Dinge unverdient zufielen. Ein Gutteil der Menschen, die hier von früh morgens bis am Abend in der Hitze, in der Kälte standen, durfte weder den Gemeinderat noch ihre Bezirksvertretung wählen, nicht mitbestimmen, welche Parteien die Geschicke der Stadt in den nächsten fünf Jahren lenken sollten. Das betraf fast ein Drittel der Bewohner im Wahlalter. Es war zum Schämen.

Ein Geräusch riss ihn aus seinen Gedanken – zu spät: Die Straßenbahn, eine der nagelneuen Garnituren, fuhr gerade ab. Er zuckte die Schultern, nahm seinen Rucksack und entschloss sich dazu, ein Stück zu Fuß zu gehen. Er schritt zügig aus, ließ den Friedhof hinter sich, das Schlösschen rechterhand, die Steinmetzbetriebe, die Gärtnereien. Autos hupten und schossen vorüber. Er näherte sich dem belebteren Bereich der langen Hauptstraße. Beim Einkaufszentrum roch es nach altem Frittierfett, nach Kebab ein Stück weiter. Leute kamen ihm entgegen, bepackt mit allem Möglichen: großen karierten Taschen mit Zwiebeln, Paradeisern, Grünzeug und Fladenbrot, mit Haushaltsleitern, Wäscheständern und von einem Klebeband zusammengehaltenen Abflussrohren. Junge Muskelmänner und solche mit akkuratem Haarschnitt und schön geschwungenen Brauen, die Beine in hautengen Hosen, maßen einander. Alte Frauen, energisch wie seine Omsch, bahnten sich mit Einkaufstrolleys zielstrebig ihren Weg.

Er betrachtete die Werbeanzeigen mit ihren Glücksversprechen und den glatten, strahlenden Gesichtern und sah sich die Leute an, die ihm entgegenkamen. Mädchen mit Entenmündern, mit nach oben gedrückten Brüsten und zu viel Schminke wie die Starlets – sagte man so? –, die man in Reality-Shows und jetzt auch auf den hinteren Seiten der Tageszeitungen fand, waren absorbiert von ihren Smartphones und lächelten starr. Er fragte sich, wovon sie wohl träumten. Ob sie bereits wussten, dass der Bezirk, die Gegend, in der man aufwuchs, der Name, die Schule, ein Sich-treiben-Lassen danach, weil niemand *dahinter war, einen in den Hintern trat,* wie die Omsch gesagt hätte, in den meisten Fällen bestimmte, wie es mit einem weiterging.

Junge Mütter mit müden Gesichtern, ein Kleinkind an der Hand und ein weiteres im Buggy oder noch im Bauch, hasteten rauchend oder mit dem Handy am Ohr vorüber. Männer in Arbeitskleidung sprangen aus Kleintransportern oder lehnten vor einem Lokal an einem der Stehtischchen, eine Dose Bier in der Hand. Ein breitschultriger Glatzkopf schleppte eine Schweinshälfte über die Straße zu seinem Auto. Vor einem Café standen alte Männer in Gruppen beieinander und rauchten. Er trat zur Seite, um eine Postzustellerin vorbeizulassen. Sie mühte sich mit einem überdimensionalen Wagen ab, aus dem die Briefe hervorquollen. Sichtlich erschöpft schob sie ihn in die Haltestelle. Eine Niederflurstraßenbahn fuhr ein, er ließ der Postlerin den Vortritt und ging ganz nach hinten durch. Dort nahm er den Rucksack ab und setzte sich auf einen Einzelplatz am Fenster. Bereits an der nächsten Station zerrte sie ihr Gefährt wieder auf die Straße. Sie war ein bisschen pummelig und schwitzte zum Erbarmen. Immerhin hat sie Arbeit, dachte er, ein geregeltes Einkommen. Sofort schämte er sich. Du hast ein Haus, du hast deine Bücher, du hast genug zu essen. Kein Grund, dich zu beklagen. Es geht dir gut.

¤ ¤ ¤ ¤

Als Marisa das Haus verließ, lehnte Kornmesser auf der gegenüberliegenden Straßenseite an seinem Auto und winkte.

Lass das, verdammt! Hektisch blickte sie über die Schulter. Niemand am Fenster. Gut. Sie überquerte den Parkplatz und beschloss, ihn zu ignorieren. Einfach weitergehen, in den Bus steigen …

Mit wenigen Schritten war er bei ihr. »Ich muss mit Ihnen reden.«

Sie hob die Hand. »Tut mir leid.« Das fehlte noch, dass Weber sie mit dem Typen hier stehen sah! Sie hätte sich ohrfeigen mögen für ihre Blödheit.

Er ließ nicht locker. »Dauert nicht lang. Ich möchte nur wissen …« Unbeirrt schritt er neben ihr her.

Sie ging schneller. Ihre Absätze klackten auf dem Asphalt.

»Frau –?«

»Faber.«

»Frau Faber, es ist sehr wichtig für mich.« Er hob die Arme und ließ sie wieder sinken. »Ich will Sie nicht nerven. Ich will nicht, dass Sie Probleme kriegen. Mit Ihrem Arbeitgeber, meine ich. Aber ich bitte Sie …«

Marisa blieb stehen.

»Da vorne gibt es ein Café«, sagte er. »Bitte. Es dauert nicht lang.«

Diese Augen! Am besten, sie fuhr nach Hause! Aber dort wartete nichts als eine blitzblanke Wohnung, die Laufschuhe und ein nahezu leerer Kühlschrank. Sie zögerte. »Gut. Zehn Minuten. Nein«, wehrte sie ab, »ich gehe zu Fuß.«

»Danke! Ich danke Ihnen!« Er rannte über die Straße, zwischen den fahrenden Autos durch, die wie wild hupten, winkte noch einmal und startete den Wagen. *Leute gibt's!*

»Hey, sind Sie blind?« Eine Frau mit Kinderwagen verriss ihr Gefährt und funkelte sie wütend an.

»Tut mir leid.« Sofort ärgerte sie sich: Kaum wird einer laut, knicke ich ein. Das muss sich ändern.

Das Café war klein, vier, fünf Tische, nur einer davon besetzt. Der blasse Kellner sah von seinem Handy auf, der einzige Gast, ein älterer Mann mit reichlich Pomade im schütteren Haar, leerte sein Bier in einem Zug. Er wedelte mit der Hand. »Ich zahle dann!«

Kornmesser ging voraus. In einer Nische ganz hinten am Fenster, das auf eine ruhige Nebengasse hinausging, nahmen sie Platz. »Was trinken Sie? Kaffee?«

»Ich bleibe nicht lang.« Sie zuckte die Achseln. »Eine Melange.«

»Zweimal!«

Der Kellner nickte. »Zwei Melange, die Herrschaften. Sehr gern.« Tassen klirrten, das Mahlwerk lärmte, dann setzte das Brummen der Kaffeemaschine ein. Kornmesser neigte sich vor. Grüne, leicht schräg stehende Augen blickten sie an. »Ich muss mit jemandem reden.«

Sie räusperte sich. »Haben Sie keine Freunde?« Das war unpassend schroff. Sie errötete, hüstelte und wühlte in ihrer Tasche. Der Kellner trat mit dem Bestellten an ihren Tisch und erlöste sie.

»Danke.« Kornmesser nickte und wandte sich wieder ihr zu. »Ich brauche jemanden, der … unbefangen ist. Sie haben mir Ihre Hilfe angeboten. Und da schlage ich zu.«

Sie schwieg.

»Sorry«, sagte er und rührte in seinem Kaffee, »ich bin ziemlich durcheinander. Eigentlich ist mir gar nicht nach Scherzen zumute. Und irgendwie«, er spielte mit dem Löffel, »ist mir das jetzt auch ziemlich peinlich. Ich weiß nicht, was ich mir erwartet habe. Es hat mir einfach gutgetan, dass jemand«, er schaute auf, »dass Sie mir beigesprungen sind.«

Der weiß um seine Wirkung, dachte sie. Trotzdem fühlte sie sich geschmeichelt.

»Ich mach's kurz: Vor zwei Wochen ist mein Vater gestorben. Ein Unfall. Wir, meine Schwester und ich, sind die einzigen Erben. Es gibt ein Testament, und der Notar sagt –«

»Mein Beileid!«

»Wir hatten kein gutes Verhältnis.« Er ließ Zucker in seinen Kaffee rieseln und rührte wieder um. Marisa hörte seine Armbanduhr ticken. Komm zum Punkt, dachte sie. Ihre Finger trommelten auf die Tischplatte. Sie griff nach ihrer Tasse und stellte sie wieder ab.

»Er war«, fuhr Kornmesser endlich fort, »entschuldigen Sie, ein Arschloch. Eine meiner ersten Erinnerungen: Ich renne einem Ball nach, stolpere, schlage der Länge nach hin. Schürfe mir die Hände auf. Meine Knie bluten. Ich bin drei oder vier. Er steht da und lacht. Er lacht!«

Marisa lehnte sich zurück. Was soll das? Ich bin nicht deine Therapeutin!, dachte sie. Aber – jetzt aufstehen und weggehen?

»Mama starb, da war ich elf. Meine Schwester vierzehn. Er hat sie kaputtgemacht. Zerstört. Mit achtzehn ist sie weg. Ich blieb, ich musste.« Er presste die Lippen zusammen. »Nein, unsere Kindheit war nicht schön.« Gedankenverloren betrachtete er seine Tasse. »Wir hatten kaum Kontakt. Einmal habe ich ihn um Hilfe ersucht. Nichts! Ihr müsst schon warten, bis ich tot bin!« Er lachte auf. »Und dann, auf einmal, rief er an: Er will uns sehen. Er hat uns was zu sagen. Wahrscheinlich, hab ich mir gedacht, geht es ihm schlecht. Wir sollen helfen. Ich rufe Jutta an. Sie will nicht, sagt: Ich fahre da nicht hin, Lukas! Sicher nicht! Der sieht mich nie mehr wieder!«

»Jutta?« Sie nahm einen Schluck Kaffee und verbrannte sich die Zunge.

»Meine Schwester.« Sein Blick wurde sanft.

»Und?«

»Kurz vor unserem Termin dann eine Nachricht per SMS: Komm nicht. Es hat sich erledigt.« Er hob den Kopf und starrte auf einen Punkt hinter ihr. »So war er: Spring. Sitz. Lauf. Platz. Er hat mich schlechter behandelt als einen Hund.«

»Sind Sie hingefahren?«

Seine Brauen zogen sich zusammen. »Nein. Wozu? Um vor der geschlossenen Wohnungstür zu stehen?« Er schüttelte den Kopf. »Nein, ich habe ihn nicht mehr gesehen. Dann rief die Polizei an. Verstorben. Ein Unfall. Und beim Begräbnis war *sie* dann da.«

»Sie?«

»Diese Manuela –«

»Kiliç.«

Er nickte. »Ganz in Schwarz wie eine Witwe. Tränenüberströmt. Ich habe mir noch gedacht … was ist mit der?« Er lachte auf. »Und ihr hat er das Haus geschenkt.«

»Sieht so aus.«

»Seit wann wissen Sie davon? Warum hat Ihr Chef mir nichts davon gesagt?«

»Wolff? Sie kennen ihn?«

»Jap.« Sie wartete, aber da kam nichts mehr.

»Vor ein paar Tagen«, sagte sie schließlich. Ihre Zunge brannte noch immer. Sie nahm einen Schluck Wasser. Es schmeckte nach Schwimmbad. »Ich habe einen zweiten Grundbuchauszug eingeholt, und da war die Besitzstandsänderung dann eingetragen.«

»Verstehen Sie mich bitte nicht falsch, Frau – Faber?«

Sie nickte.

Er beugte sich vor. »Ich bin nicht gierig. Ich will dieses Haus nicht …«

Ihr wurde warm. »Sie müssen mir nichts erklären.« Sie griff nach ihrer Tasche. »Ich muss dann auch … Herr Ober?«

»Lassen Sie, das geht auf mich«, wehrte er ab. »Eines noch: Was haben Sie damit gemeint, man kann vielleicht –« Er griff nach ihrer Hand, sie entzog sie ihm mit einem Ruck.

Er sprang auf. »Frau Faber, ich …« Eine leichte Röte flog über sein Gesicht.

Sie sahen einander an. Sie fuhr sich in die Haare. Er dehnte die Brust. Die Türe ging auf, Verkehrslärm schwoll an und wieder ab, die Kaffeemaschine zischte. Ein aufdringliches Männerparfum mischte sich mit dem mild-kräftigen Aroma des Kaffees und verwehte, Gummisohlen quietschten auf den Fliesen, Sessel wurden gerückt, dann klirrte Porzellan. Auf dem Kopfsteinpflaster ratterte ein Fahrrad vorbei, ein Handy klingelte und klingelte. Sie standen da und sahen einander an. Der Ober wandte sich um und lächelte.

¤ ¤ ¤ ¤

Ela war früh aufgestanden. Schon gegen halb neun war sie, diesmal mit dem Taxi, wieder zurückgekommen. Der Fahrer hatte ihr geholfen, das Zeug, das sie im Baumarkt besorgt hatte, zur Haustüre zu schleppen, und war nach einem kurzen Wortwechsel schimpfend abgezogen. Schon während der Fahrt hatte sie sich unwohl gefühlt, und je näher sie ihrem Ziel gekommen waren, desto öfter hatte er in den Rückspiegel geschaut, sie angegrinst und mehrmals erwähnt, dass er nach dieser Fuhre eine längere Pause habe. Er müsse erst in einer Stunde wieder zurück in die Stadt. Es war zum Kotzen.

Sie richtete sich auf, legte das Kreppband auf einen der Farbeimer und zündete sich eine Zigarette an. Mit Typen wie dem war sie früher mitgegangen und nicht selten eine halbe Stunde später wieder draußen in der Kälte, im Regen gestanden. Wenn er gehabt hatte, was er wollte. Bei dem einen oder anderen war sie geblieben, bis sich so etwas wie eine Beziehung ergab. Wenn man mehr oder weniger auf der Straße lebte, das Geld selbst an guten Tagen kaum für die Übernachtung in einem billigen Hotel reichte, durfte man nicht wählerisch sein. Sie hatte nie Tabletten genommen. Hin und wieder was geraucht, das schon. Eine Zeit lang getrunken, mitgetrunken, weil sie es nicht ertragen hatte, wenn der Mann neben ihr im Bett nach Bier oder Schnaps stank, aber das hatte alles nur noch schwieriger gemacht, und so hatte sie es wieder sein lassen. Der Mensch, dachte sie, erträgt viel.

Anfang letzten Jahres, als über Nacht alles anders geworden war und sie mit ihm in dieser Wohnung hockte, tagein, tagaus, nur unterbrochen von kurzen Ausgängen, um Essen heranzuschaffen, hatte sie erneut gedacht: Das überstehe ich nicht. Aber auch das war vorübergegangen.

Und jetzt? Jetzt schob sie am Abend eine Kommode vor die Eingangstür und blockierte die Türschnalle im Schlafzimmer mit einem Sessel. Schluckte Tabletten und schreckte trotzdem immer wieder aus dem Schlaf.

Eine Haarsträhne löste sich. Sie strich sie hinters Ohr zurück und nahm einen letzten tiefen Zug. Hustete, zog den Unterteller, der ihr als Aschenbecher diente, zu sich und drückte den Glimmstängel aus. Die Medikamente bannten die Bilder. Aber sie machen mich, dachte sie, zugleich zu einer leichten Beute.

Ja, sie hatte gelogen! Sie besaß keine Waffe. Sie konnte niemanden erschießen, sich bestenfalls mit einem Messer wehren, sollte sein Sohn, der Typ von nebenan oder jemand sonst – der Taxler hatte gesehen, dass sie allein lebte – nächtens hier auftauchen. Mittlerweile traute sie jedem alles zu.

Aber zustechen? Ihm mit einem Prügel eins über den Kopf ziehen! Notfalls hinterrücks. Wenn man in Gefahr geriet, war Fairness keine Option.

Sie klopfte eine weitere Zigarette aus der Packung. Tagsüber war alles gut. Vor allem jetzt, wo sie etwas zu tun hatte. *Solange* sie etwas zu tun hatte. Den ganzen Vormittag über war sie auf dem Boden herumgekrochen und hatte die Abdeckfolie festgeklebt, Fensterbänke und Türrahmen abgedeckt und die Nägel der Bildergalerie im Vorraum entfernt. Die Löcher verspachtelt. Sie musste nur noch die Steckdosen abmontieren und mit Malerkrepp überkleben, dann konnte es losgehen. Schlafzimmer und Vorraum, hatte sie beschlossen, kamen als Erstes dran. Die Raufasertapeten waren ordentlich geklebt und nahezu unversehrt. Die Farbe würde halten. Langsam ging sie durch die Räume. Ihr Husten hallte im leeren Flur, die Abdeckfolie raschelte unter ihren Füßen. In der Küche öffnete sie das Fenster, Vogelgezwitscher füllte den Raum. Die abgeschlagenen Fliesen, die Risse in der Wand … auch hier war noch viel zu tun. Unter fließendem Wasser spülte sie eine Tasse aus. Sie goss sich Kaffee ein, versenkte vier Würfel Zucker, leckte den Löffel ab und setzte sich auf die Fensterbank.

Wenn erst alles neu war, würde es leichter werden.

Vielleicht, dachte sie, fürchte ich mich ja umsonst. Sollte er Druck machen, sie bedrohen … Sie hatte mit dem Arzt gesprochen. Er würde sich erinnern. Und Rita …

Ein Klingeln zerriss die Stille. Sie zuckte zusammen.

¤ ¤ ¤ ¤

Als Marisa gegen halb neun erwachte, waren die Jalousien hochgezogen. Sonne flutete den Raum, Sonnenstäubchen flimmerten, ein leichter Wind strich über ihre nackten Beine. Durch das offene Schlafzimmerfenster klangen die Glocken der nahegelegenen Kirche. In der Küche klapperte Geschirr, die Kaffeemaschine brummte. Sie dehnte sich wohlig, streckte den Arm aus und vergrub ihr Gesicht in den Kissen. Lukas. Mit geschlossenen Augen sog sie seinen Geruch ein. Mit einem Mal war alles ganz einfach. Wie im Film. Man sah einander an, Musik setzte ein, Hände fanden sich, Lippen – und die Welt versank. Man lehnte sich an eine Schulter, lief miteinander über das Kopfsteinpflaster durch die Nacht, die stille Stadt. Sterne lagen auf dem Wasser, eine leichte Brise trieb die Wellen ans Ufer. Aus den Lokalen auf dem anderen Ufer wehte Musik herüber, Lichter blinkten.

Sie lacht viel, träumt viel, telefoniert viel, hat Herzklopfen und trifft ihn wieder. Ein ums andere Mal. Alles fühlt sich richtig an: Er muss nirgendwohin mitten in der Nacht. Er legt den Arm um sie und bleibt.

Als sie zehn Minuten später aus der Dusche stieg, duftete die ganze Wohnung nach Kaffee und frischen Semmeln. Er stand in der Tür und sah sie unverwandt an.

»Gut geschlafen?«

»Hm.«

Er griff nach dem Badetuch. »Komm her.«

Langsam ging sie auf ihn zu.

Er beugte sich vor. »Wie schön du bist.« Sie schüttelte den Kopf, Tropfen sprühten. Er frottierte ihren Rücken ab, den Po und ging langsam vor ihr auf die Knie. »Dreh dich um.« Er umfing sie von hinten und trocknete sorgfältig ihre Vorderseite, wickelte das Tuch um sie, wirbelte sie herum, küsste sie auf den Mund und verkündete: »Frühstück ist fertig.«

Er hatte Eier und Speck gebraten, im Korb lagen Semmeln und noch warmes Brot.

»Ich war beim Bäcker. Du hast nichts Richtiges im Kühlschrank.«

»Wie bitte?«

»Joghurt, Gemüse, Cottagecheese.« Er lachte und schenkte ihr Kaffee ein. »Magermilch!«, rief er mit Verzweiflung in der Stimme und stellte die Pfanne mit dem Speck vor ihr ab. Jetzt erst merkte sie, wie hungrig sie war.

Zwei Stunden später saßen sie immer noch beim Frühstück. Sie hielten Händchen, Lukas spielte mit ihren Fingern.

»Und dann?«

»Dann habe ich als Croupier gearbeitet.«

»Im Casino?«

»In einem privaten, ja.« Er grinste und ließ ihre Hand los. »Mein Vater war freilich nicht begeistert. Klar. Das Studium hat gelitten.«

»Hast du –?«

»Nein, ich hab nicht abgeschlossen. Aber ich wollte sowieso nie Lehrer werden. Ich habe ein bisschen spekuliert, es lief richtig gut, dann die Firma, IT, aber nach ein paar Jahren bin ich ausgestiegen. Ich war eine Zeit lang in Deutschland.«

»Und Wolff kennst du …«

»Aus dem Casino. Der war damals fast jeden Abend dort. Mit Freunden. Eine ziemlich gemischte Gruppe, kleine Unternehmer, Gewerbetreibende, Taxifahrer, auch ein paar eher zwielichtige Typen, die immer irgendwas am Laufen hatten. Sein bester Freund, ich glaube, ein Türke oder Iraner, hatte bereits Familie und ist regelmäßig früher abgehauen.« Er lachte. »Ich denke, der hat ihn letztendlich auch davor bewahrt, auf die schiefe Bahn zu geraten.«

Marisa runzelte die Stirn. »Spielsucht?«

»Nein. Er hat ganz gern gespielt. Aber nie übertrieben viel gesetzt. Ist immer rechtzeitig gegangen. Nein, der wollte schon Geld machen, aber über die Typen, die sich auf ihr Glück verlassen, hat er immer gelacht.« Er nahm sich eine Scheibe Speck. Seine Lippen schlossen sich um die Gabel. Noch nie hatte sie jemanden mit derartiger Hingabe essen sehen.

»Also ein Faible fürs Milieu?« Sie stellte sich ihren Chef vor – jünger, durchtrainiert, lässig gekleidet –, wie er mit Typen aus dem Rotlicht herumhing, mit Halbweltlern,

Leuten, die sich einen Dreck um Gesetze scherten. Sie hatte keine Ahnung, wie so was lief, wie man mit solchen Typen Geschäfte machte und wie man aus dem Ganzen wieder heil herauskam. Immerhin hatte Wolff es irgendwie geschafft. In Filmen ging das meistens schief.

Lukas kaute. Er ließ sich Zeit. »Ein Faible fürs Milieu? Nein, so würde ich das nicht sagen. Er wollte nach oben und war bereit, etwas zu riskieren. Im Nachtgeschäft triffst du ja die unterschiedlichsten Leute …«

Sie zögerte. »Und du?«

Er nahm einen Schluck Kaffee. »Was willst du wissen?«

»Na ja, ich … mochtest du das? Ich meine, das Arbeiten am Abend, in der Nacht. Die Leute dort. Da gab es sicher auch immer wieder … Schwierigkeiten?«

»War eine coole Zeit.« Seine Augen leuchteten auf. »Du siehst viel, erlebst viel, lernst die Leute kennen. Siehst, wo sie angreifbar, verletzbar sind. Kennst ihren Preis. Ihre Träume. Du lernst eine Menge über dich selber. Schöne Frauen flirten dich an …«

»Nur flirten?« Sie biss sich auf die Zunge und wurde rot.

Er schien es nicht zu bemerken. »Nicht nur. Klar war da auch mehr. Ist ja alles wahnsinnig aufregend, wenn man jung ist.« Er wurde ernst. »Zumal, wenn man so streng gehalten wurde wie ich. Da hat man einiges nachzuholen.« Wieder nahm er ihre Hand. »Ist lange vorbei. Ich bin nicht mehr der wilde Hund«, sagte er. »Und vielleicht ist das ja auch nur in der Erinnerung so bunt.«

Marisa nickte. »Ich hätte dich gerne gekannt, damals. Und als Kind.«

»Das willst du nicht, glaub mir. Und als Kind, mein Gott – ich war ein kleiner Trottel, ein verschüchtertes, verschrecktes Wesen. Ich hab mir geschworen: Wenn ich erst groß bin … Im Sommer, in den Ferien, waren wir immer im Haus. Da war es am ärgsten. Da kamen wir ihm nicht aus. Meine Schwester …« Sein Gesicht wurde starr. »Die Polizei hat sie zweimal zurückgebracht. Er hat sie zerstört.« Er atmete aus. Es klang wie ein Stöhnen. »Die Nachbarin dort, die alte Frau Kralik, vor der hat er Spundus gehabt. Ich hab ihren Enkel beneidet.«

»Thomas Kralik?«

»Thomas Kralik?« Er hob die Brauen. »Tommi, ja. Du kennst ihn?«

»Ich war einmal bei ihm im Haus. Seltsamer Typ. Du denkst, da wohnt eine Oma: Deckchen, Puppenküche, Bücherstapel überall.«

Lukas lachte. »Na ja, der Tommi. Bisschen verschroben. Und dann noch die Haft …«

»Der war im Gefängnis?« Erschrocken sah sie ihn an. »Weißt du, warum?«

»Ein Banküberfall, glaube ich. Und irgendwas mit einem Mädchen. Ich hab's nur gelesen. Die Zeitungen waren voll davon.«

Marisa sprang auf. »Und ich war eine Stunde mit dem allein!«

»Meine Heldin«, sagte er leise und zog sie in seine Arme.

¤ ¤ ¤ ¤

»Frau Kiliç? Manuela Kiliç?« Dem Klingeln folgte lautes Klopfen. Ela schlich durch den Vorraum und linste durch den Türspion. Der Mann, bullig, Schädel wie ein Stierkalb, war bereits auf dem Weg zurück. Ein aufgemotzter weißer Mittelklassewagen parkte auf der Straße. Hatte er ihr einen Schläger geschickt? Zuzutrauen, dachte sie, wäre es ihm. Im Garten gegenüber stützte eine Frau die Hände in die Hüften und sah zu ihnen herüber.

Ela riss die Tür auf. »Hallo! Was wollen Sie?«, rief sie mit lauter Stimme.

Er stoppte, machte kehrt und kam mit ausgestreckten Armen auf sie zu.

Die Frau gegenüber rief nach dem Kind und nahm es auf den Arm. Bleib stehen, dachte Ela, bitte, bleib stehen!

»Weber. Rainer Weber.«

Vertretertyp. Genau die Sorte, dachte sie, die alles verspricht und grob wird, wenn man später drauf besteht.

»Ich komme von der WOGE.« Er lächelte und deutete eine kleine Verbeugung an. »Ich bin sehr froh, Frau Kiliç, dass ich Sie antreffe. Ich war schon ein paarmal hier.« Er zückte eine Visitenkarte und hielt sie ihr hin.

»Ich kaufe nichts. Sie haben den Weg umsonst gemacht.« Sie stutzte. »Woher wissen Sie meinen Namen?«

»Entschuldigen Sie.« Wieder lächelte er. »Ich würde gern in Ruhe mit Ihnen reden. Können wir vielleicht …« Er deutete auf die Tür.

»Können wir nicht!«

»Natürlich. Verstehe.« Er nickte. »Frau Kiliç, ich will Ihnen nichts verkaufen. Im Gegenteil. Wir sind auf der Suche nach Grundstücken. Wir waren bereits mit dem Vorbesitzer diesbezüglich in Kontakt … Bei der Gelegenheit,« er legte die Hand aufs Herz und sah sie mitfühlend an, »darf ich Ihnen mein Beileid aussprechen. Wir möchten jetzt natürlich auch Ihnen ein entsprechendes Offert …«

»Herr Kornmesser hat nie –«

Er riss die Augen auf. »Er hat Ihnen nichts davon gesagt?«

Der Typ log. Wieso sollte er ihr das Haus überschreiben, wenn er mit dem Kerl in Verhandlungen stand? WOGE sagte ihr gar nichts. Sie betrachtete die Karte. Billigdruck, nichts Besonderes. *Wahrscheinlich ein Trick. Der spioniert mich aus.* Sie linste über seine Schulter zur Straße hin. Gut. Sehr gut. Die Frau war noch da.

»Vergessen Sie's. Ich verkaufe nicht.« Sie verschränkte die Arme vor der Brust.

»Frau Kiliç«, er wechselte das Standbein und lächelte nachsichtig, »Sie wohnen noch nicht lange hier. Ohne Auto«, er wies auf die gegenüberliegenden Häuser, von denen jedes einen Carport hatte, »sind Sie hier ziemlich aufgeschmissen. Die ersten«, er deutete auf das Nachbargrundstück, »haben bereits aufgegeben. Wenn man alt ist und immobil wie der alte Herr Kornmesser – oder jung und hübsch wie Sie, Frau Kiliç«, schleimte er, »und noch etwas vom Leben will, ist das hier nicht der richtige Platz.« Seine Miene drückte Bedauern, ja Besorgnis aus.

»Ich habe es gern ruhig.«

»Ruhe?« Weber lachte auf. »Damit, Frau Kiliç, wird hier bald Schluss sein. Schauen Sie, gegenüber wohnen lauter Jungfamilien. In ein, zwei Jahren geht es hier rund. Dann ist Schluss mit der Ruhe. Plärrende Kinder im Garten, jeden Abend, jedes Wochenende ein Wirbel, Grillabende, Kindergeburtstage, Planschbecken, keifende Mütter und …«

Sie hob die Brauen.

Er reagierte sofort. »Sie wissen schon, was ich meine. Manchmal können einem die lieben Kleinen, ich habe selber zwei«, er lachte wieder, »schon den letzten Nerv rauben.«

»Nett, dass Sie sich um mich sorgen.« Es war höchste Zeit, das Ganze zu beenden. »Ich muss weitermachen.«

Er nickte. »Ich komme ungelegen«, stellte er fest. »Aber darf ich Ihnen ein paar Unterlagen hierlassen. Wir haben auch tolle Wohnungen an der Hand, Topausstattung, Grünruhelage, trotzdem zentral.«

»Nein danke.«

»Frau Kiliç, ich bin jederzeit für Sie erreichbar. Und«, er zögerte, »ich darf mich noch einmal bei Ihnen melden?«

Sie schwieg und musterte ihn.

Er schien unbeeindruckt. »Wissen Sie«, sagte er und wedelte mit seinen Unterlagen, »diese Häuser sind im

Grunde nichts mehr wert. Bessere Schrebergartenhäuschen, dafür kriegen Sie nicht viel, saniert oder nicht. Die Bausubstanz ist schlecht. Sie werden noch viel investieren müssen. Das zeigt sich meistens erst im Laufe der Zeit. Spätestens im Winter werden Sie –«

»Und warum interessiert sich die«, sie schaute erneut auf seine Karte, »WOGE dafür? Was wollen Sie denn damit? Trotz schlechter Lage und Bausubstanz?«

»Wir suchen einen Lagerplatz.« Er blinzelte und kratzte sich am Hals.

»Das Haus nebenan …«

Er nickte. »Der Besitzer hat verkauft. Wir haben ihm ein großzügiges Angebot gemacht. Er hat sofort zugegriffen. Das sollten Sie auch tun. Das ist eine tote Gegend, Frau Kiliç. Die da drüben werden das auch noch merken.«

»Ich fühle mich hier sehr wohl«, beharrte sie und wandte sich zum Gehen.

Das Kind gegenüber schrie zornig auf und brüllte jetzt wie am Spieß. Weber schaute hinüber, drehte sich zu ihr um und lächelte.

¤ ¤ ¤ ¤

Es läutete, schrill und durchdringend. Marisa runzelte die Stirn. Lukas löste sich von der Sofalehne und sah sie fragend an.

»Erwartest du Besuch?« Sie hatten miteinander geschlafen und gekocht. Jetzt lief der Geschirrspüler und sie lagen eng nebeneinander, futterten Schokokekse und sahen sich einen Horrorfilm an. Er mochte so was.

»Nein.« Sie kuschelte sich wieder an ihn, er legte den Arm um sie und lächelte. Die Musik wurde zunehmend dramatischer und schwoll an, ein Schatten huschte über den Bildschirm, ein wehender Vorhang kündete Unheil an.

Wieder schrillte es. Und noch einmal. Lukas griff nach der Fernbedienung, der Film fror ein. Die Lampe hinter dem Sofa tauchte den Raum in sanftes Licht. Marisa seufzte und erhob sich.

»Wahrscheinlich ein Nachbar. Ich schaue nach.«

»Soll ich –?« Er sprang auf, aber sie schüttelte den Kopf.

»Bin gleich wieder da.« Mittlerweile läutete es Sturm. Da musste was passiert sein: Feuer! Ein Unfall! Barfuß rannte sie zur Tür und riss sie auf.

»Nein! Das glaube ich nicht.« Einen Augenblick lang starrten sie einander an.

Er grinste unsicher. »Liebes, ich hatte Sehnsucht«, nuschelte er. »Es war ein Fehler. Es tut mir leid. Vielleicht …«

»Was willst du?«

»Liebes –«

Sie verzog das Gesicht. »Du hast getrunken.«

»Ich will mit dir reden. Liebes, ich –« Er legte den Kopf schief und machte schmale Augen. Es sah lächerlich aus.

«Geh jetzt bitte.« Wie konnte ich nur?, dachte sie. Es war erbärmlich. Unser ganzes Miteinander war erbärmlich. »Ich will, dass du gehst!«

Sie versuchte die Tür zuzudrücken, aber da war er schon im Vorraum und drängte sie zur Seite, sie schrie, hörte Schritte hinter sich, Türen aufgehen und jemanden von unten »Ruhe!« brüllen, sah sein Gesicht, das sich veränderte, jetzt nicht mehr lächelte, sondern blass geworden war und seltsam flach.

»So eine bist du also!«, zischte er. »Kaum bin ich weg, geht schon der Nächste hier ein und aus!«

Und dann war Lukas da und schob sich vor sie und schrie ihn an und stieß ihn zurück, dass er gegen die Wand taumelte.

»Ruhe!«, klang es von unten. »Oder ich rufe die Polizei!«

»Sie gehen jetzt besser«, sagte Lukas. Er drängte ihn aus

der Wohnung und zog die Tür zu. »Komm.« Er legte seinen Arm um sie.

Sie stand da mit hochgezogenen Schultern und hielt den Atem an. *Warum …? Warum jetzt? Er war nie betrunken. Die Nachbarn! Was wird Lukas sich denken …* Sie wagte ihn nicht anzusehen. Ein Schlag gegen die Tür ließ sie beide zusammenfahren. Sie wartete auf einen weiteren, aber alles blieb still.

»Komm. Der beruhigt sich schon wieder.«

Sie glitt neben ihm aufs Sofa und zog sich die Decke bis zum Kinn. Erst jetzt merkte sie, dass sie zitterte.

»Alles okay. Entspann dich. Der taucht nicht mehr auf, du wirst sehen.« Er nahm ihre Hand. »Soll ich bleiben?«

»Ja«, flüsterte sie. Sie schämte sich so. Der Film rauschte an ihr vorbei. Sie gingen bald ins Bett. Sie schlief schlecht und schreckte mehrmals auf. War da jemand? Ein Geräusch? Atemlos lauschte sie in die Stille. Lukas lag neben ihr auf dem Rücken. Er atmete tief und regelmäßig. Sie legte ihren Kopf auf seine Schulter. Nach und nach begannen die Vögel zu lärmen. Als es hell wurde, erhob sie sich und schloss das Fenster. Sie deckte den Frühstückstisch und legte sich wieder neben ihn.

Er zog sie an sich und schlief sofort wieder ein.

Marisa spürte seinen warmen Atem im Nacken. Seine Hand lag auf ihrem Bauch. Was, wenn er gestern nicht hier gewesen wäre? Er hätte sie in die Wohnung gedrängt. Und dann … Sie dachte an ihr letztes Mal und biss die Zähne zusammen. Liebes … Er hatte ihr gar nicht zugehört. Man konnte sich alles schönreden. Im Grunde … Laura hatte recht gehabt: Warum, Marisa? Das hast du doch nicht nötig. Sie war um nichts besser als ihre Mutter.

Beim Frühstück schwiegen sie lange. Er umsorgte sie, als wäre sie von einer langen Krankheit genesen. So kam es ihr wenigstens vor. Zu Hause war das nie so gewesen. Gesund oder krank – sie hatte in der eiskalten Küche Tee gekocht, sich ein Brot geschmiert. Hatte die Türe leise, um die Mutter nicht zu wecken, hinter sich zugezogen oder war mit dem Fieberthermometer im Mund zurück ins Bett getappt.

»Noch Kaffee?«

»Nein danke.«

Er kaute. »Der Mann gestern …«

»Ja?« Sie wischte mit einem Stück Brot ihren Teller sauber.

»Dein Ex?«

»War nichts Ernstes«, sagte sie schnell.

»Also verheiratet.«

Sie nickte. »Er war sonst nicht so.«

»Tja, ein Nein verkraftet nicht jeder. Vergiss ihn. Wenn du willst, hole ich meine Sachen und bleibe ein paar Tage bei dir, für den Fall …«

Sie biss sich auf die Lippen. »Nur wenn du willst«, sagte sie leise.

Es war schön mit ihm. Er sieht mich, dachte sie, er sorgt sich, er macht alles richtig. Sie würde dick werden neben ihm, wenn er sie weiter so bekochte. Entspannt und glücklich.

»Ja«, sagte sie mit einem Lächeln und nickte. »Ich will.«

Sie sahen einander an, dann prusteten sie los.

Die Nachbarn standen bei den Postkästen. Ein Paar, Mitte fünfzig, er drahtig, mit schmalen Schultern. Die üppige Blonde neben ihm schürzte die Lippen. Sie trug ein tief dekolletiertes Sommerkleid und betrachtete Lukas interessiert.

»Haben Sie gestern den Lärm gehört?«, fragte der Mann und rückte näher.

»Welchen Lärm?« Lukas runzelte die Stirn. Dann lächelte er die Frau an. Sie reagierte sofort, knickte in der Hüfte ein, schob ein Bein vor und streckte den Busen heraus. »Tut mir leid.« Lukas schickte ein Lächeln nach.

»Heute Nacht. So gegen halb zwölf, da hat einer herumgetobt.« Der Mann stutzte. Er warf seiner Frau einen gereizten Blick zu. »Hat an Türen gehämmert und geschrien. Ich war nahe dran, die Polizei zu rufen.« Er sah Marisa an. »Das war doch nicht zu überhören«, sagte er vorwurfsvoll.

»Leider.« Sie schmiegte sich an Lukas und wartete darauf, dass er seinen Arm um sie legen und sie zu sich ziehen würde, aber er rührte sich nicht.

Der Mann grinste. »Verstehe. Na, dann wollen wir das junge Glück nicht stören. Beate!«

Seine Begleiterin reagierte nicht. Ihre Lippen kräuselten sich belustigt. Sie sah Lukas an, als wäre sie mit ihm allein, und schenkte ihm ein strahlendes Lächeln. Dann wandte sie sich um und rauschte davon. Der Mann, überrumpelt von ihrem plötzlichen Aufbruch, hastete ihr nach.

»Also –«

»Interessante Frau.«

»Interessant?«

»Sie hat Ausstrahlung«, sagte er.

»Bitte, die ist doch mindestens –«

Er legte den Kopf schief und musterte sie. »Hey, du bist ja eifersüchtig!«

»Bin ich nicht!«, sagte sie mit Nachdruck. »Die war einfach peinlich.«

Er lachte und zog sie in seine Arme.

Es war immer noch ungewohnt, die ganze Zeit jemanden neben sich zu haben. Aber schön, dachte sie. Gemeinsam einzuschlafen, gemeinsam aufzuwachen, einander beim Frühstück gegenüberzusitzen und nach und nach zu entdecken, was dem anderen wichtig war, was er mochte. Die Sonntage zusammen zu verbringen, anstatt tagelang auf einen Anruf zu warten und nach ein paar hastigen Umarmungen mitten in der Nacht allein im zerwühlten Bett zu liegen. Alles hatte sich gewendet.

Sie stand in der offenen Tür, den Schlüsselbund schon in der Hand. »Kommst du?« Sie wollten hinaus ins Grüne. Spazieren gehen, irgendwo draußen sitzen, unter Kastanien, oder in einem Lokal am Wasser Fisch essen und Urlaubspläne schmieden. Er hatte sie tatsächlich gefragt: Was machen wir im Sommer? Bist du lieber in den Bergen oder am Meer?

Am Meer, hatte sie gesagt. Und er: Ich auch.

Du bist ein bisschen jung, hatte er gesagt. Also, für meine Verhältnisse.

Wie waren die denn?

Die Verhältnisse? Er hatte gegrinst. Na ja, in meinem Alter.

Wir lachen viel, dachte sie. Das ist schon einmal gut.

⌑ ⌑ ⌑ ⌑

Da war es wieder! Ela saß aufrecht im Bett, jeder Muskel angespannt. Angestrengt horchte sie ins Dunkel. Sie meinte ein Kratzen zu hören, ein Stöhnen, dann war es still. Vor dem Fenster zitterten die Blätter der Birke, eine dünne Mondsichel hing in den Zweigen. Sie schluckte. Hatte sie die Fenster geschlossen? Alle? Sie war sich nicht sicher. Mit klammen Fingern tastete sie im Dunkeln den Kopfteil der Matratze ab. Ihre Hand wurde fündig und krampfte sich um die Eisenstange. Sie war vielleicht einen Meter lang und rundherum gerillt. Sie hatte sie – wie den Draht – im Keller gefunden, neben sich auf den Nachttisch gelegt und war zum ersten Mal einigermaßen beruhigt eingeschlafen. Der Draht! Ihre Züge entspannten sich ein wenig. In der Abenddämmerung war sie noch einmal im Garten gewesen und hatte ihn quer über den Weg gezogen. Von Zaun zu

Zaun. Wer immer da draußen herumschlich, würde direkt darüber stolpern und sich ziemlich sicher sehr wehtun. Sie lauschte. Alles war ruhig. Nach kurzem Zögern schwang sie sich aus dem Bett. Sie packte die Stange, verharrte, lauschte. Langsam näherte sie sich der Eingangstüre. Ein Knacksen ließ sie zusammenfahren. Nur mit Mühe unterdrückte sie einen Schrei. Schwer atmend stand sie da und wartete, bis ihr Atem wieder ruhiger ging. Vorsichtig linste sie durch den Spion. Der Garten lag ruhig da, im Haus gegenüber schimmerte Licht im Badezimmerfenster. Eine Autotür fiel zu, sie hörte einen Motor aufheulen. Ein Wagen preschte davon.

Sie war nicht verrückt. Sie hatte sich das Ganze nicht eingebildet. Jemand schlich hier nachts herum, und das schon zum zweiten Mal. Sie ging in die Küche, immer noch atemlos, knipste das helle Licht über der Arbeitsplatte an. Stöhnend fasste sie sich in den Nacken. Er war völlig verhärtet, Kopfschmerzen kündigten sich an. Sie legte die Stange auf den Tisch und betrachtete ihre Hände. Die Kerbung des Rundeisens hatte sich deutlich eingeprägt. Ich sollte mir einen Baseballschläger kaufen, dachte sie. Oder eine Alarmanlage installieren. Eine Kamera? Sie griff nach ihren Zigaretten. Ihre Hand zitterte, als sie das Streichholz anriss. Wer immer es war – der junge Kornmesser? Jemand, der die Gegend ausspionierte? Der Nachbar hatte davon gesprochen … obwohl, sie nagte an ihrer Unterlippe, der konnte es genauso gut selber gewesen sein. Seit sie ihn darauf angesprochen hatte, schien er den Garten zu meiden. Wenigstens hatte sie ihn nicht mehr gesehen. Wer immer es war, dachte sie und schnippte ein Tabakbrösel weg, hat sich hoffentlich richtig wehgetan.

Der Boden war kalt, ihr fröstelte. Der Mond war jetzt nicht mehr zu sehen. Nur der Stamm der Birke schimmerte zart in der Dunkelheit. Sie löschte das Licht und dämpfte die Zigarette aus. Es ist wichtig, dass jemand davon weiß, dachte sie. Ich werde das Mädchen anrufen, mit den Nachbarn reden. Wenn alle die Augen offen halten … Sie machte kehrt und holte die Stange. Sie wog schwer in ihrer Hand. Auch wenn er für heute genug haben mochte – sicher war sicher.

¤ ¤ ¤ ¤

Marisa hörte den Schlüssel im Schloss und sprang auf. Lukas stand im dämmrigen Vorraum, ganz nahe am Spiegel, und tastete sein Gesicht ab. »Was ist los, warum machst du kein Licht?« Sie tippte auf den Schalter und erstarrte. »Um Himmels willen, Lukas! Was ist passiert? Hattest du einen Unfall?« Sie stürzte auf ihn zu. »Hat er dich –?«

»Nicht!« Er stöhnte.

Sie ließ den Arm sinken. »Soll ich einen Arzt rufen?«

Er schüttelte den Kopf und verzog das Gesicht.

Sie schluckte. »Hast du dich geprügelt?«, fragte sie heiser.

»Gefallen«, sagte er knapp. »Und nein, kein Arzt.« Die Oberlippe war aufgeplatzt und blutverschmiert, die Nase angeschwollen. Über die Stirn zog sich eine tiefe Schramme. »Ich wasch mir das Gesicht«, sagte er mit schiefem Mund. »Hast du Schmerztabletten? Ich lege mich dann aufs Sofa.«

»Aber du kannst doch –«

»Marisa, meine Nase ist zugeschwollen. Ich werde schnarchen wie ein Bär. Wenn ich neben dir liege, kriegst du kein Auge zu.« Umständlich zog er die Jacke aus. Sie folgte ihm ins Bad. Das Licht flammte auf. Er kniff die Augen zusammen und schälte sich vorsichtig aus dem Hemd. Die Handinnenseiten, der rechte Unterarm waren aufgeschürft und voller Schmutz. So, wie er sich bewegte, mussten auch die Rippen etwas abgekriegt haben.

»Lukas …«

Er beugte sich über das Waschbecken und ließ sich Wasser über das Gesicht laufen.

Ihr Ex! Hatte er ihm aufgelauert? Ihn abgepasst? Hatten sie sich geprügelt?

Endlich richtete er sich auf. Sein Gesicht sah schlimm aus. Er versuchte zu lächeln. Es misslang kläglich. »Hast du irgendwas zum Desinfizieren?« Er griff nach dem Handtuch.

Sie nickte und öffnete den Badezimmerschrank. »Wir sollten ins Spital fahren. Das muss geröntgt werden.«

»Ich bin nicht auf den Kopf gefallen.« Er nahm ihr den Wundspray ab, den Verbandsmull – sie hatte in der Eile nichts Besseres gefunden – und betupfte vorsichtig sein lädiertes Gesicht.

»Und da, am Arm«, sagte sie.

Er nickte.

»Willst du ein Pflaster drauf? Wenigstens auf der Stirn?«

»Ja, gut, aber …« Er zuckte zusammen. »Au, pass doch auf.« Sie murmelte eine Entschuldigung und wandte sich seinem Arm zu. Beide schwiegen.

Nachdem sie ihn verarztet hatte, setzte sie sich zu ihm aufs Sofa. Sie hatte Mühe, ihm nicht die ganze Zeit auf den Mund zu starren. Die Lippen waren grotesk vergrößert wie unmittelbar nach einer Schönheitsoperation. »Wie ist das passiert?«, begann sie von neuem.

Er betastete seinen Kiefer. »Ich hab das Auto stehen lassen und bin eine Weile herumgelaufen. Es war dunkel. Ich habe nicht aufgepasst. Bin gestolpert.«

»Wo warst du?«

Er betrachtete seinen Arm.

»Lukas? Ist irgendwas? Warum rennst du mitten in der Nacht …?«

»Musste nachdenken«, sagte er knapp.

»Hab ich was falsch gemacht? Ist es wegen meines Ex? Lukas …«

Er atmete aus. »Nein. Hat mit meinem Vater zu tun. Mit dem Haus.«

Es war mühsam. »Und überm Nachdenken«, sie zögerte, »bist du gestolpert?«

»Ja, es war dunkel. Und – da war irgendwas.«

»Eine Wurzel, ein Stein? Warst du im Wald?«

Er zuckte die Schultern. »Ich bin der Länge nach hingeknallt. Bevor ich kapiert hab, was los ist, lag ich schon auf dem Boden.«

»Und die Schramme auf der Stirn?«

Er betastete die Stelle und sog die Luft ein. »Da war irgendwas Kantiges, Hartes.«

Marisa beugte sich vor. »Sicher, dass du keinen Arzt –«

»Ja.« Er griff nach der Sofadecke. »Marisa, bitte! Können wir morgen … Mir tut alles weh.«

Sie erhob sich. »Du kannst doch ins Schlafzimmer …«, versuchte sie es noch einmal.

Er seufzte.

»Okay.« Sie biss sich auf die Lippen. »Entschuldige. Ich wollte dich nicht …«

Mit einem Stöhnen drehte er sich zur Seite. Von ihr weg. Sie starrte auf seinen Rücken. Öffnete den Mund und schloss ihn wieder. »Gute Nacht«, flüsterte sie heiser. Er antwortete nicht. Sie wartete eine Weile, dann ging sie und löschte das Licht.

¤ ¤ ¤ ¤

Elas Anruf erreichte Rita in der Pause. Sie verließ den Aufenthaltsraum und stellte sich in den Hof. Momo rief ihr etwas nach. Sie reagierte nicht.

»Du, da war jemand!« Ela klang, als wäre sie gerannt. »Heute Nacht. Rita, da schleicht einer herum.«

»Vielleicht hast du bloß –«

»Mir das eingebildet? Nein, Rita!« Sie schrie fast. »Ich habe ihn gehört. Und da war ein Auto. Der will mir Angst machen.«

»Du hast doch alles schriftlich?«

»Schriftlich?« Rita hörte sie den Rauch ausblasen.

»Es gibt doch einen Vertrag über die Schenkung. Da kann der nicht einfach –«

»Hm.«

»Ela?«

»Ja, ich stehe als Besitzerin im Grundbuch. Aber, Rita«, ihre Stimme schraubte sich in die Höhe, »das ist dem doch egal. Wenn ich das Handtuch werfe … Dem fällt schon etwas ein.«

»Du musst die Polizei –«

»Kannst du herkommen?«

»Ela, ich arbeite. Aber ich könnte am Abend, gleich nach –«

»Und wenn der jetzt auftaucht?« Rita hörte sie atmen. »Wenn mir was passiert, wenn … der Typ ist … Egal.« Ihre Stimme klang gepresst. »Ich will einfach, dass jemand, dass du Bescheid weißt.«

Die hatte richtig Angst! Rita überlegte. »Ela, hör zu. Ich sag dir, wo ich arbeite. Ich geb dir meinen Schlüssel. Du kannst derweil in meine Wohnung gehen. Du kannst bei mir schlafen. Und dann sehen wir weiter.«

»Das ist lieb von dir.« Sie klang nicht, als wollte sie ihr Angebot annehmen.

»Es ist wirklich okay.« Rita sah auf die Uhr. Die Pause war gleich um.

»Aber wenn ich nicht hier bin, wer weiß … Nein, ich bleibe besser –«

»Du könntest zu Tom hinübergehen. Der ist in Ordnung. Wirklich. Und, Ela, der kennt den.«

»Ich weiß nicht …« Sie klang verzagt.

»Er ist sicher daheim. Ich rufe ihn an.« Momo erschien in der Tür und deutete auf sein Handgelenk. Rita nickte. »Da bist du in Sicherheit. Und ich komme, so schnell ich kann, versprochen. – Ela?«

»Ja, gut«, sagte sie. Aber es klang, als wäre sie enttäuscht.

¤ ¤ ¤ ¤

Rita hatte angerufen und angekündigt, dass seine Nachbarin herüberkommen würde. Jemand bedrohe sie, es sei ernst. So viel hatte er in der Eile verstanden.

»Sie will nicht allein sein. Sie hat Angst. Tom, bitte, kümmere dich um sie. Ich muss wieder rein. Ich komme, so schnell ich kann.«

Kümmere dich um sie!

Er nahm seine Wanderung durch das Wohnzimmer wieder auf, ordnete da etwas, verschob dort ein paar Bücher, setzte sich hin und versuchte zu lesen. Klappte das Buch wieder zu. Was tun, wenn sie in der Tür stand? Sie hereinbitten, ja – und dann?

Waren Sie das in der Nacht?

Ich habe eine Waffe.

Sie hielt ihn für einen Perversen! Röte flutete sein Gesicht. Er sprang auf und trank ein Glas Wasser. Setzte sich wieder hin. Trommelte mit den Fingern auf den Tisch, bemerkte es und legte die Hände flach nebeneinander. Nach einer Weile begann er ein Puzzle zu legen, aber er war nicht bei der Sache. Er stand auf, wechselte das Hemd und kämmte sich im Bad die Haare.

Rita, warum war sie im Spital?

Weil sie traurig ist und erschöpft. Und Angst hat.

Er sah sie vor sich. Sie hatte eine ganze Weile überlegt, bevor sie die Zigarette ausgemacht, sich von der Wand gelöst hatte und auf ihn losgegangen war. Mit der flachen

Hand wischte er über die Tischfläche, fischte einzelne Puzzleteilchen heraus und begann sie nach Formen zu sortieren. Dann setzte er zügig, von den Eckteilen ausgehend, den Rand. Von Zeit zu Zeit ging er zum Fenster und schaute hinüber. Einmal sah er sie beim Zaun knien. Nichts an ihr war anders als sonst. Sie erhob sich und ging zurück ins Haus.

Was erwartete sie? Sollte er hinausgehen und sie anreden? Ihr anbieten … Er seufzte und ging zurück zum Tisch. Es fiel ihm schwer, sich zu konzentrieren. Einmal schreckte er auf. Er hatte gemeint, ein Geräusch zu hören, aber er hatte sich wohl getäuscht. Er war aufgewühlt, fast manisch, schaffte es nur mit Mühe, sitzen zu bleiben.

Die Fenster der Küche leuchteten auf, als er den Kopf wieder hob. Die Sonne stand schon tief, der hintere Teil des Gartens lag im Schatten. Plötzlich war er sich sicher: Sie wird nicht mehr kommen. Statt erleichtert zu sein, fühlte er einen ziehenden Schmerz, eine Art Sehnsucht, die ihn erschreckte, den Wunsch, er möge sich irren. Langsam rieb er die Hände aneinander, als wäre ihm kalt. Da schrillte die Klingel. Sein Atem stockte. Mit weichen Knien ging er zur Tür.

Sie hatte sich umgezogen. Ein kurzes Kleid umspielte ihre nackten Beine. Im Gegenlicht war es nahezu transparent. Er räusperte sich. »Guten Tag.« Das Gefühl, neben sich zu stehen, wurde stärker.

Zögernd kam sie näher. Ihre Augen irrten umher. »Sie hat mit Ihnen gesprochen?«

Er nickte.

Im Vorraum blieb sie stehen. »So viele Bücher«, staunte sie, während sie vorsichtig – zärtlich, dachte er und musste schlucken – mit dem Zeigefinger die Buchrücken entlangstrich. Er bat sie weiterzukommen und schloss die Tür. Im Wohnzimmer stand sie vor der Bücherwand. Sie ging die

Regale entlang und schwieg. Sie hatte flache Schuhe an, wie Rita sie manchmal trug, aber die Absätze waren abgetreten und ein wenig schief.

Er wusste nicht wohin mit seinen Händen. »Wollen Sie etwas trinken?«

Sie wandte sich um. »Ich störe Sie.«

Sie war schön. Er schlug sich die Hand vor den Mund. »Nein«, sagte er heiser. »Nein, Sie können gerne hier warten.« Er schob das Puzzle zur Seite und machte ihr Platz, doch sie blieb stehen. Sie nahm ein Buch und beugte den Nacken. Ein Kamm hielt die Haare, Löckchen kringelten sich. Eine zarte Linie feinen Flaums lief die Halswirbel entlang und verschwand im Ausschnitt ihres Kleids.

Sie stellte das Buch zu den anderen und runzelte die Stirn. »Was haben Sie da?«

»Nichts.« Er tastete nach dem Pflaster und versuchte zu lächeln. »Ich habe nicht aufgepasst.« Er wies auf die Kästchen über dem Abwaschbecken und zuckte die Schultern.

»Und wann?« Sie ging ein paar Schritte und schaute zur Tür.

»Es ist wirklich nicht schlimm.« Sie machte sich Sorgen! »Es ist schon so gut wie verheilt.«

»Tut mir leid«, sagte sie und nahm Platz.

»Aber Sie haben …«

»Es war ungerecht. Ich hätte Sie nicht anfahren dürfen.«

Es dauerte eine Weile, bis er verstand. Zu seinem Entsetzen wurde er erneut rot. »Alles gut.« Er räusperte sich und floh in die Küche. Mit zwei Gläsern kam er zurück.

Es war schwierig. Sie sprach nur das Nötigste. Die Zeit kroch dahin.

»Rita kommt sicher gleich.«

Sie blätterte in einem Buch und nickte. »Lesen Sie viel?«

Wieder wanderte sie herum, berührte da eine Vase, nahm dort ein Buch, ein Bild in die Hand, beugte sich darüber und stellte es wieder zurück. Als wäre sie allein. Als wäre sie hier zu Hause. Kein: Darf ich? Stört es Sie, wenn ich … Sie erinnerte ihn an die Katze, die einmal in der Tür gestanden war. Sie hatte die Milch ignoriert, ihn ignoriert, war schnurstracks ins Schlafzimmer marschiert, dann wieder zurück und hatte sich alles genau besehen. Hatte es sich auf dem Sofa bequem gemacht, dann auf seinem Schoß, und war schließlich verschwunden, wie sie gekommen war. Er hatte sie nie mehr gesehen.

Er schrak auf.

»Mein Haus verschwindet fast hinter den Büschen.« Jetzt stand sie am Fenster und neigte sich vor.

»Ja«, bestätigte er. »Der Flieder …«

Der Vorhang schwang zurück. Sie kam zum Tisch. »Sie sehen den Eingang von hier aus gar nicht? Ich dachte …« Unvermittelt setzte sie sich hin. »Sie sehen also nicht, wenn jemand bei mir vor der Tür steht?«

Er nickte. »Sie sollten eine Kamera installieren. Eine Alarm–«

Die Türklingel unterbrach ihn. Rita wirbelte herein, aufgeregt und besorgt, man beschloss sogleich, hinüber in Elas Garten zu gehen, und er musste mitkommen, unbedingt.

Er folgte ihnen und nahm auf der kleinen Veranda Platz. Ela – jetzt war sie in seinen Gedanken bereits Ela und nicht mehr *die Nachbarin*, und sofort begann er zu fürchten, er könnte unvermittelt ins vertrauliche Du fallen – brachte Eistee und Gläser, rückte ein Kissen zurecht, sprang noch einmal auf, weil sie etwas vergessen hatte, und ließ sich endlich nieder. Sie zupfte an ihrem Kleid herum, zog die Beine auf die Sitzfläche und legte die Arme um die Knie. Ihre Augen begegneten sich, er senkte den Kopf. Sie stellte die Beine wieder auf den Boden und setzte sich sehr gerade hin. Sie machte ihn nervös. Erst als sie anhob, die Ereignisse der letzten Nacht zu schildern, entspannte er sich ein wenig.

Sie ignorierte ihn jetzt völlig, und er war sich nicht sicher, ob es das war, was er sich die ganze Zeit gewünscht hatte: dass sie sich nicht weiter um ihn kümmerte und er dasitzen konnte, ganz nahe bei ihr, ohne etwas tun oder sagen zu müssen. Oder ob es ihn störte.

»Hätte ich ablehnen sollen?«, fragte sie, und es klang schroff, beinahe trotzig, als müsse sie sich gegen eine Unterstellung wehren. Er musste etwas überhört haben, denn jetzt kannte er sich nicht mehr aus. Sie sprachen über die Schenkung.

Er räusperte sich. »Warum hat er das gemacht?«

Beide wandten sich ihm zu. Rita beugte sich vor. Sie trug trotz der Hitze eine lange Hose. Das seltsam verdrehte T-Shirt – das gehört so, Tom – hatte sie in den Bund gesteckt, aus dem Ausschnitt blitzte ein hellblauer BH mit weißen Blümchen. »Zum Dank«, sagte sie, als wäre es selbstverständlich.

»Er war froh, dass ich mich um ihn gekümmert habe.« Ela sah auf den Boden, als schäme sie sich plötzlich dafür.

Kornmesser dankbar? Er schüttelte den Kopf. »Und seinen Kindern zufleiß!«

»Zufleiß?«, fragten Ela und Rita wie aus einem Mund.

»Absichtlich. Um sie zu ärgern.« Er kannte den Alten. »Der hat die schon zu Lebzeiten schikaniert und sekkiert, wo es nur ging. Die ganze Familie.« Nur vor der Omsch hatte er jedes Mal klein beigeben müssen.

»Aber warum?« Rita schaute ihn verwirrt an.

»Es gibt Menschen, die sind so«, sagte er. »Die freuen sich darüber, wenn jemand anderer leidet.«

»Ja, Sadisten.« Ela sagte es leise, wie zu sich selbst.

Er warf ihr einen raschen Blick zu. Sie weiß, wovon ich rede, dachte er. Es liefen eine Menge Typen herum, die einen ordentlichen Knacks hatten. Und eine Nase dafür, wer zu schwach war, ihnen etwas entgegenzusetzen. Wenn man sich in so einen verliebt … Vielleicht noch zu ihm zieht … Hatte Rita nicht etwas in der Art erwähnt? Er sah auf seine Hände. »Sie halten sich für klüger und besser als andere Menschen«, sagte er. »Schauen auf sie herab und genießen es, ihnen das auch zu zeigen. Sie wollen kontrollieren, ihren Willen durchsetzen. Freuen sich, wenn der andere leidet.« Was machte er da? »Sie stellen ihr Gegenüber bloß und weiden sich an seiner Scham, an seiner Angst.«

»Aber warum?«, fragte Rita erneut. »Ich meine, das ist doch …«

»Sie werten so ihr eigenes schwaches Selbst auf.« Ich will sie beeindrucken, dachte er. *So viele Bücher!* Er griff nach seinem Glas. Der Tee war viel zu süß.

Jetzt hob sie den Kopf. »Indem sie andere quälen und demütigen?«

Er nickte.

»Aber das ist ja …« Rita suchte nach Worten. »Feig ist das«, rief sie empört.

»Ja.«

Ela war blass geworden. »Wie muss einer gemacht sein, um –?«

»Solche Menschen haben große Minderwertigkeitskomplexe«, unterbrach er sie. »Das ist schwer auszuhalten. Also entwickeln sie, quasi als Gegenmechanismus, ein Idealbild von sich, ein völlig übersteigertes Ego.«

»Aber, Tom, das merkt man doch, wenn der gar nicht so besonders toll ist!«

»Natürlich. Aber mit jemandem, der das durchschaut, mit jemand Starkem, Selbstsicherem konfrontiert er sich ja nicht. So einer sucht …«

»Solche Typen suchen sich Menschen aus, die schwach sind«, sagte Ela tonlos.

Er schluckte. Er wollte ihr etwas Tröstliches sagen, aber da war nur all das über die Jahre angelesene Zeug, das ihm jetzt einfiel. *Ich referiere, als würde ich mich auskennen. Als wüsste ich, wie Menschen ticken. Was sie dazu bringt, anderen das Leben schwer zu machen.* »Eigentlich«, hörte er sich sagen, während er sich die ganze Zeit an seinem Glas festhielt, »haben Männer wie der alte Kornmesser einfach nur höllische Angst davor, im Leben zu versagen, schlechter als andere zu sein. Die wehren, also, wie soll ich sagen, die wehren damit ihre heftige Wut – und ihre Neidgefühle auf andere ab. Versuchen also, sobald ihre Unsicherheit aufflackert, diese sofort mit derartigen Handlungen zu kompensieren.« Wie geschraubt das klang! Zum Schämen. Ohne nachzudenken trank er einen Schluck und verzog den Mund. Er stellte sein Glas ab.

»Kompensieren?«, fragte Rita.

»Auszugleichen. Auszubügeln, wenn du so willst.« Er fühlte sich wie nach einem stundenlangen Verhör. Das Hemd klebte ihm am Rücken. Bestimmt stinke ich, dachte er. Ela saß ganz still da. Ihr Brustkorb hob und senkte sich. Über den schön geschwungenen Schlüsselbeinen … Er schluckte. … *mit Salzfässern‹ über den zarten Schlüsselbeinen, und auch die Brust, unter dem Linnen von Gelächter und Atemnot in unruhig knapper und ringender Bewegung gehalten, schien zart und jung.*

Unvermittelt sah sie ihn an. Ihre Brauen hoben sich. »Sind Sie Psychologe?« Wieder zupfte sie an ihrem Kleid herum.

»Nein.« Er fuhr sich ins Gesicht. Ihm wurde heiß.

Rita lachte. »Tom weiß fast alles. Er liest unheimlich viel.«

»Na ja.« Er lächelte verlegen.

»Sie haben es auch erlebt«, stellte sie fest.

Er schluckte. »Solche Typen findet man überall.« Er versuchte, es leicht klingen zu lassen. »Am besten ist, man lässt sie nicht an sich heran.«

Sie lachte auf.

»Ich weiß«, sagte er, »aber, Ela, Sie …«, erschrocken unterbrach er sich, »Sie sind nicht schuld. Solche Menschen sind geschickt. Es ist ein perfides Spiel.« Er kam Rita zuvor. »Perfide heißt niederträchtig«, sagte er.

Ela nickte. »Sie beschreiben seinen Sohn.«

¤ ¤ ¤ ¤

Es war ein schöner Abend, weich und samtig, als sie schließlich aufbrachen. Schweigend gingen sie nebeneinander her. Tom hatte darauf bestanden, Rita zu begleiten, und nach all dem Reden über Leute, die andere schlecht behandelten oder sogar quälten und das genossen, war sie froh darüber. Sie hatte sich darauf eingestellt, die Nacht über hierzubleiben, aber aus irgendeinem Grund war Ela das nicht mehr wichtig gewesen.

Tom liegt falsch, dachte sie. Diesmal hat er sich geirrt. Wie könnte jemand, der so war, wie er es beschrieben hatte, der sogar seine Kinder mies behandelte, zu jemand anderem, zu Ela total nett sein? Sich um sie sorgen? Ein Mann mit zwei Gesichtern? Sie runzelte die Stirn. Gut, die Kinder hatten ihn enttäuscht. Ihn nie besucht. Im Alter war er einsam geworden, dachte sie und blieb stehen.

»Tom? Du glaubst, der alte Mann hat Ela schlecht behandelt?«

Er zuckte mit den Schultern.

»Ela sagt, er war ein guter Mensch.«

»Wenn sie das sagt, dann wird das wohl so sein.« Seine Stimme hatte einen warmen Klang.

»Kanntest du ihn gut?«

»Den Alten? Wie man Nachbarn halt so kennt. Sie waren nur in den Ferien hier. Und an den Wochenenden. Ich habe …« Er hob den Kopf. »Schau, da kommt schon dein Bus!«

Es klang, als wäre er froh darüber. Das heute, das war ihm zu viel, dachte sie. Das ist er nicht gewohnt.

Als der Bus losfuhr, winkte sie. Er hob die Hand. Sein weißes Hemd leuchtete aus dem Dunkel.

¤ ¤ ¤ ¤

Marisa querte den Vorplatz und kniff die Augen zusammen. Die helle Fassade des Firmengebäudes gleißte in der Sonne. Zu dumm, dass sie die Sonnenbrille zu Hause vergessen hatte! Frisch geduscht war sie noch einmal zu Lukas ins Bett geschlüpft, sie hatten sich geliebt, dann hatte sie ihre Sachen zusammengerafft und war losgerannt. Sie schaute zu den Fenstern hinauf, fasste sich an die Wange und beschleunigte den Schritt. Das Tor zum Lager stand offen, sie sah zwei Stapler hin und her flitzen, ein Arbeiter stand breitbeinig mit dem Rücken zu ihr und rauchte. Es war kurz nach acht. Im Stiegenhaus stand noch die Wärme der letzten Tage. Sie rannte die Treppe hinauf, den Schlüsselbund bereits in der Hand. Die Eingangstüre quietschte und fiel hinter ihr ins Schloss. Die Tür zu Frau Niedecks Büro stand offen.

»Guten Morgen! Ich bin zu spät, ich weiß. Tut mir leid.« Sie deutete auf ihre linke Wange und log: »Ich war beim Zahnarzt. Hat länger gedauert.«

»Nichts Schlimmes, hoffe ich.« Frau Niedeck, in einem schlichten weißen Leinenkleid, das ziemlich teuer aussah, wandte sich wieder ihren Unterlagen zu. Ihre Armreifen klingelten. »Ich habe Ihnen ein paar Unterlagen zur Lohnverrechnung auf Ihren Schreibtisch gelegt. Der Chef möchte, dass Sie sich da einarbeiten.«

»Okay.« Marisa wartete, aber da kam nichts mehr.

Mit der wird das nichts, Rado. Die Entscheidungen, versuchte sie sich zu beruhigen, trifft immer noch er.

Weiter hinten wurde es laut. Weber stand mit vorgerecktem Hals vor Heckers Büro und gestikulierte wild. »Ja, er hat versucht, mich am Telefon abzuwimmeln. Und dann einfach aufgelegt, stell dir vor! – Mit mir sicher nicht! Ich fahre am Nachmittag noch einmal hin. Warum bitte, frage ich dich, will der Kerl die Hütte nicht verkaufen? Hat der Kinder im Keller? Oder Leichen im Garten vergraben? Das gibt's doch nicht!«

Hecker füllte den Türrahmen nahezu aus. Er lachte dröhnend. »Leichen vergraben! Das wäre was!«

Weber lachte nicht. »Die Kiliç ziert sich auch noch, aber die kriege ich schon. – Aber der!«

»Mein Gott, Rainer! Beruhige dich«, dröhnte Hecker. »Es wäre nicht das erste Mal –«

»Beruhigen? Der ist stur wie ein Bock. Der macht mich wahnsinnig!« Weber schnaufte. Jetzt hatte er sie entdeckt. »Ah, das Fräulein Faber. Einen schönen guten Morgen!« Er schaute demonstrativ auf die Uhr.

»Herr Kralik war im Gefängnis!« Sie schlug sich die Hand vor den Mund.

»Im Gefängnis?« Weber riss die Augen auf.

»Was hat er angestellt?«, fragte Hecker.

Sie zuckte die Schultern. »Weiß ich nicht. Angeblich war da was mit einem Mädchen.«

»Jetzt hab ich ihn!«, jubelte Weber. »Sehr gut! Das ist ja einmal ein Argument.«

Hecker klopfte ihm auf die Schulter und lachte. »Na, siehst du!« Sie roch seinen Raucheratem.

»Da wird die Nachbarschaft eine Freude haben.« Weber grinste. »Lauter junge Familien, und da wohnt dann so einer!«

Marisa biss sich auf die Lippen. »Herr Weber –«

»Gut gemacht, Frau Faber. Habe ich Ihnen gar nicht zugetraut!«

Ihr wurde heiß. »Ich bin mir nicht sicher … Ich hab's nur gehört. Vielleicht ist das alles ja …« Warum zum Teufel hatte sie nicht den Mund gehalten! Jetzt war es zu spät. Der Bulldozer rollte los und war nicht mehr zu stoppen.

»Du, das ist kein Problem. Das lässt sich leicht herausfinden. Ich rufe den Redakteur an.«

»Den, der letztens bei euch am Griller gestanden ist? Der Lange mit der Stirnglatze?«, erkundigte sich Hecker.

»Genau der! Er geht ins Archiv. Morgen bin ich im Bilde.« Jetzt redeten sie nur noch miteinander.

»Und dann?«, fragte Hecker.

Marisa blieb unschlüssig stehen, aber sie beachteten sie nicht mehr. Erols Büro war abgeschlossen. In der Küche war niemand.

»Warum duzt du sie?«, hallte Heckers Stimme über den Gang.

»Wen? Ach so, die Faber! Tue ich das? Ist mir gar nicht aufgefallen.«

Beide lachten.

Marisa hätte sich ohrfeigen mögen. Sie hatte keine Sekunde nachgedacht, einfach hinausgeplärrt, was sie von Lukas gehört hatte, vorgedrängt, sich wichtigmachen müssen – und jetzt? Sie hätte viel darum gegeben, es rückgängig machen zu können oder wenigstens abzumildern, aber Weber hatte Blut geleckt. Wo war Erol, wenn sie ihn brauchte?

Der ist nicht da, hatte Hecker gesagt. Nichts weiter. Sie beugte sich wieder über die Unterlagen und stöhnte. Die nächsten Abende waren gelaufen. Sie würde über Lohnsteuertabellen sitzen, sich Zeug notieren, das sie nicht sonderlich interessierte, und versuchen, sich das Ganze so schnell wie möglich einzuprägen. Kein Laufen, kein Training, kein Abschalten. Genervt schob sie den Stapel zur

Seite und fuhr den Rechner hoch. Eine Nachricht nach der anderen ging ein. Frau Niedeck schaufelte sie mit Aufgaben zu. Sie seufzte und machte sich an die Arbeit.

Der Tag war weitergegangen, wie er begonnen hatte. Eine Rüge wegen zweier kleiner Fehler und gleich darauf die Selbstvorwürfe. Vielleicht passte sie einfach nicht hierher. *Mit der wird das nichts, Rado.* Weber zwinkerte ihr jedes Mal zu, wenn sie einander begegneten. Erol war nicht mehr aufgetaucht, und zu allem ploppte, als sie sich auf das Essen mit Lukas zu freuen begann, auch noch eine Nachricht von ihm auf: Sorry. Es wird später werden. Kuss.

So hatte sie sich nach dem Duschen über die Lernunterlagen gebeugt und erst nach mehr als zwei Stunden, als es bereits dämmerte, die Bücher zugeklappt. Ihre Augen brannten, der Rücken tat ihr weh. Sie stand auf und streckte sich. So wird das nichts, dachte sie. Ich muss einen Plan machen. Das Ganze aufteilen, immer ein paar Seiten, Pause, und gleich wieder weiter … Wenn sie jeden Tag in der Früh oder am Abend … im Büro in den Pausen … konsequent … Sie verzog den Mund. Mit den Zehen angelte sie nach ihren Flipflops und schlurfte in die Küche. Er hatte eingekauft, der Kühlschrank war voll. Sie packte Fisch in eine Bratfolie, gab Butter, Kräuter und Zitrone dazu und stellte einen Topf mit Erdäpfeln auf den Herd. Das Wasser blubberte, sie wusch den Salat und zupfte ihn klein. Langsam fiel die Anspannung von ihr ab. Als die Dunkelheit hereinbrach, knipste sie das Licht über der Arbeitsfläche an. Der Fisch brutzelte. Es roch schon vielversprechend. Ein paar Minuten noch … Sie gähnte und begann den Tisch zu decken. Lukas musste jeden Moment kommen. Sie würden essen, sich einen Film ansehen und eng aneinandergekuschelt einschlafen.

Morgen war ein neuer Tag. Es gab keinen Grund, jedes Mal in Panik zu verfallen und sich das Schlimmste auszumalen. Menschen machten Fehler … Wolff mochte sie. Sie würde das hinkriegen. Das Tippen im Zehnfingersystem, die Formvorschriften, die verdammte Buchhaltung. Und was Weber anbelangte … Sie war schließlich nicht verantwortlich für das, was er tat.

Ein Schlüssel drehte sich im Schloss, sie wandte sich um, ihre Züge entspannten sich. Und dann …

Schon an der Art, wie Lukas die Wohnung betrat, merkte sie: Er war geladen! Sie schaltete das Backrohr aus und legte ihre Hände auf die Arbeitsplatte. Besser, sie ließ ihm Zeit anzukommen. Es gibt nichts Schlimmeres, als wenn dich jemand bedrängt, hatte er einmal gesagt. Dich mit Fragen löchert, wenn du einen Scheißtag hattest. Sie hörte ihn im Vorraum herumrumoren, die Schuhe ausziehen, fluchen. Der metallene Kleiderbügel klingelte, als er seine Jacke darüberwarf. Wortlos stapfte er ins Wohnzimmer. Kein: Ich bin da. Kein: Marisa? Sie erwartete, dass der Fernseher anging, aber alles blieb still. Ihr Gesicht hellte sich auf: Klar, er denkt, ich bin laufen! Sie marinierte den Salat, kostete und würzte nach. Dann öffnete sie das Backrohr. Ein Schwall heißer Luft schlug ihr entgegen. Die Küche füllte sich mit Dampf. Der Fisch duftete verführerisch. Jetzt erst merkte sie, wie hungrig sie war. Sie schaute auf die Uhr: Zehn Minuten waren um.

»Lukas?«

Das Sofa knirschte. Dann stand er im Türrahmen. »Ich dachte –«

»Hey.«

Er nickte.

Ihre Arme fielen herab. »Was ist passiert?«

Er schwieg und wandte sich ab.

Sie folgte ihm ins Wohnzimmer. »Hab ich irgendetwas –?«

»Nein!« Er warf sich aufs Sofa. »Nein«, sagte er leiser. »Hat nichts mit dir zu tun, entschuldige. Aber ich bin so was von geladen … Diese Verrückte, die hat behauptet –«

»Verrückte?«

»Die Kiliç! Ich schwöre dir, der drehe ich den Hals um!« Seine Kiefer mahlten.

»Du warst bei ihr? Hast du mit ihr gesprochen?«

»Wieso?«, fragte er scharf.

»Ich dachte nur …«

»Ich war bei unserem Hausarzt. Also dem meines Alten«, sagte er. »Nein, warte … lass mich ausreden. Totaler Reinfall. Der sagt, der war nicht dement. Ich kriege also keine Bestätigung. Und dass diese Kiliç …«

»Vielleicht solltest du … Also ich würde mit ihr –«

»Mit ihr reden? Ha! Was denn reden!« Er sprang auf und begann hin und her zu rennen. »Marisa, was soll ich mit der reden! Die haut mich hochkant raus. Oder ruft die Polizei, zeigt mich an, weil ich sie bedrohe. Die schreit am Ende noch die ganze Gegend zusammen und behauptet, ich hätte sie verprügelt, wenn's drauf ankommt! Ich habe die auf seinem Begräbnis erlebt. Das ist eine Hysterikerin. Eine Verrückte! Wie die sich aufgeführt hat! Die hat geheult und gewimmert. Um ein Haar wäre sie ihm ins Grab nachgesprungen. Als hätte sie die Liebe ihres Lebens verloren. Die Leute haben mich gefragt, ob er mit ihr …« Er lachte auf. »Zuzutrauen wäre es ihm!«

»Davon hast du nichts erzählt.«

»Was soll ich denn erzählen«, fuhr er sie an.

»Lukas!«

»Entschuldige, entschuldige bitte.« Er schloss die Augen und schluckte. Endlich kam er zu ihr herüber. Er nahm ihre Hand und drückte sie an seine Wange. Küsste die Innenseite ihres Handgelenks. »Entschuldige bitte. Das wollte ich nicht. Du kannst ja nichts dafür. Aber weißt du – das war echt starker Tobak. Ich habe so was noch nicht erlebt. Und«, er drückte sie an sich, »Marisa, das ist noch nicht alles!«

¤ ¤ ¤ ¤

Ela sah sie aus den Augenwinkeln kommen. Die Frau schlich sich förmlich an. Es schien, als hätte sie nur darauf gewartet, sie in einer Situation anzutreffen, aus der sie schlecht wegkonnte. Wie jetzt. Hausfrau, gelangweilt, auf der Suche nach jemandem zum Tratschen. Schon gestern, als sie vom Einkaufen gekommen war, hatte sie sich am Zaun ihres winzigen Gartens herumgedrückt und getan, als zupfe sie Unkraut. Hinter ihr hatte ein etwa zweijähriges Mädchen die Gelegenheit genützt und mit einer roten Plastikschaufel hingebungsvoll Löcher in den makellosen feuchten Rasen gewühlt. Diesmal hatte sie das Kind an der Hand und zerrte es über die Straße auf sie zu. Ela strich eine widerspenstige Strähne hinters Ohr. Sie rutschte auf den Knien ein Stück nach vorne und tat, als suchte sie etwas Bestimmtes. Vielleicht zog sie ja gleich wieder ab.

»Hallo.« Es roch nach Enthaarungsmittel und Himbeerbrause. Ela blickte über ein Paar stämmige leicht gebräunte Beine, einen vorgewölbten Bauch in blauen Shorts und zitronengelb verpackte apfelgroße Brüstchen hinauf in ein rundes erhitztes Gesicht. Die Frau strahlte sie an.

»Hallo.« Ela zog sich am Torpfosten hoch, setzte den Schraubenzieher an, rutschte ab und fluchte. Sie versuchte es erneut. Endlich saß die Schraube fest. Langsam bewegte sie das Gartentor vor und zurück. Sie hatte es ausgehängt, nachjustiert und die Scharniere geölt. Kein Quietschen mehr, und es hing auch nicht mehr durch. Zufrieden betrachtete sie ihr Werk.

Die Frau drängte sich ein Stück näher und streckte ihr die Hand hin. »Ich bin Gerda. Und das ist Svenja.«

»Ela Kiliç.« Sie wies auf die Ölkanne und ihre verdreckten Finger.

»Sie sind gerade erst eingezogen«, stellte die Frau fest. »Klar, da ist einiges zu tun. Vor allem, wenn das Haus schon älter ist und eine Zeit lang unbewohnt war. Wir, mein Mann, meine Tochter und ich, wohnen erst seit knapp zwei Jahren hier. Direkt gegenüber. Am Wochenende ist meist auch mein Bruder bei uns, Manuel. Er lebt in einer Wohngemeinschaft. – Svenja, lass das.« Sie bückte sich erstaunlich gelenkig und nahm dem Mädchen einen Hammer weg, den Ela im Gras hatte liegen lassen. Das Kind verzog das Gesicht und raunzte, beruhigte sich aber rasch wieder. Auf dem Schlecker, den es auf dem Mäuerchen abgelegt hatte, tummelten sich Ameisen. Fasziniert betrachtete es das Treiben. Es schaute zu seiner Mutter hinauf und versuchte vergeblich, sich bemerkbar zu machen. Auf den Knien rutschte es näher heran und begann mit klebrigen Fingern die Tierchen, eins nach dem anderen, von der Süßigkeit zu klauben. Rita verstaute das Werkzeug und richtete sich wieder auf.

»Sie sind allein?« Die Frau sah sie mitfühlend an, ihre Miene veränderte sich aber sofort. »Ja, die Freiheit hat natürlich auch ihre guten Seiten. Man muss keine Rücksicht nehmen, äh … keine Kompromisse eingehen, man …«, sie verhaspelte sich, »Sie sind jung, Sie wollen das Leben genießen! Recht haben Sie!« Eine leichte Röte stieg ihr in die Wangen.

Die Frau war höchstens zwei, drei Jahre älter als sie. Ela sah sie unbewegt an.

»Im Grunde genommen haben Sie völlig recht.« Ihre Mundwinkel sanken herab. Das Kind zerrte an ihrer Hand, aber sie reagierte nicht. »Man stellt sich das so schön vor: Familie, ein Haus im Grünen mit Garten. Zu Hause sein beim Kind, es aufwachsen sehen. Und dann sitzt man mitten in der Idylle«, sagte sie wie zu sich selbst, »und vermisst die Stadt, den Trubel, die Freundinnen, die alte Wohnung, die Nachbarinnen, selbst den beschissenen Job im Supermarkt … Ja, Liebes.« Sie beugte sich zu ihrer Tochter hinunter, nahm sie auf den Arm, wurstelte ein Taschentuch aus der Hose und wischte dem Kind die klebrigen Finger ab. »Entschuldigen Sie bitte. Das ist mir jetzt peinlich.« Sie blinzelte, schluckte, küsste das Kind und stellte es wieder auf den Boden. »Wissen Sie, für meinen Mann geht das Leben weiter wie davor. Er hat was zu erzählen. Und ich … ich habe kaum noch Umgang mit Erwachsenen. Ich hocke hier und putze und verblöde.«

Ich sollte etwas sagen. Aber was? Sie haben recht. Selber schuld. Hätten Sie früher … Wenigstens schlägt er sie nicht, dachte sie. Unwillkürlich scannte sie die Arme und Beine der Frau. Aber das besagte gar nichts. Das wusste sie nur zu gut.

»Es ist wahrscheinlich ein schlechter Zeitpunkt. Sie werden keine Lust haben, nach alledem, aber vielleicht –«, sagte die Frau resigniert.

»Sie wird älter«, unterbrach Ela und hob die Werkzeugkiste hoch. »Sie kommt in den Kindergarten. Dann können Sie wieder –«

»Ja, klar.« Sie klang nicht überzeugt. »Ich sehe, Sie haben zu tun. Vielleicht ein andermal. Einen schönen Tag noch. – Komm, Svenja, jetzt kochen wir uns was Gutes und dann lese ich dir …«

Sie gingen Hand in Hand über die Straße. Die Frau hielt den Kopf gesenkt, als habe sie etwas verloren. Das Kind sprang und plapperte in einem fort.

¤ ¤ ¤ ¤

»Sie hat *was* gesagt?« Marisa sah Lukas mit offenem Mund an. Dann sprang sie auf. »Das ist Verleumdung! Das musst du dir nicht gefallen lassen. Zeig sie an!«

Ihr Rat schien ihn zu ärgern. »Das bringt doch nichts!«, pfauchte er.

»Lukas –«

»Der Arzt sieht das auch so! Er hat sie rausgeworfen. Sich furchtbar aufgeregt. ›Wissen Sie, Herr Kornmesser‹«, sagte er mit der brüchigen Stimme eines viel älteren Mannes, »›ich bin seit über vierzig Jahren Arzt. Ich habe wirklich viel gesehen. Aber – es gibt Menschen, an die streift man besser nicht an. Die sind toxisch.‹«

»Toxisch? Das ist eine verdammte Lügnerin, Lukas!«

»Ja«, sagte er knapp.

»Was – ja?« Sie beugte sich vor. Das war unfassbar! »Lukas, die behauptet, du wärst dort gewesen – und hättest ihn umgebracht? Deinen eigenen Vater? Und du sagst nur: Ja?« Jetzt hatten sie die Rollen getauscht. Sie regte sich auf, während er versuchte zu kalmieren.

»Nicht umgebracht«, sagte er ruhig. »Sterben lassen.«

»Wer, zum Teufel, denkt sich denn so was aus? Das ist einfach krank!«

»Sag ich ja. Aber es ist völlig sinnlos, damit zur Polizei zu gehen.«

»Aber der Arzt kann doch bezeugen –«

»Bezeugen! Du stellst dir das alles so einfach vor!« Er faltete einen Zettel auf. »Ich habe mich schlau gemacht: Zum Tatbestand der Verleumdung ist erforderlich«, zitierte er, »dass der Täter einen anderen konkret der Gefahr einer behördlichen Verfolgung aussetzt. Es muss daher nach Lage des Falles wenigstens wahrscheinlich sein, dass irgendeine Behörde den Verdächtigen verfolgen wird.« Er sah sie an. »Wenn man so was im privaten Rahmen behauptet, ohne dass die Gefahr einer behördlichen Verfolgung besteht«, las er vom Papier ab, »ist das eine *üble Nachrede*, also ein Privatanklagedelikt. Wenn ich nicht beweisen kann, dass sie das gesagt hat …«

»Aber der Arzt –«

»Der Arzt, der Arzt!«, wurde er erneut laut. »Das ist ein alter Mann. Der will seine Ruhe. Der will mit der Sache nichts mehr zu tun haben.«

»Toxisch.« Sie biss sich auf die Lippen.

»Eine Betrügerin ist das! Die hat ihm das Haus abgeluchst. Und versucht Stimmung gegen mich zu machen. Für den Fall, dass ich –«

»Warte!« Marisa hob die Hand. »Die Kiliç geht weg. Zum Friseur, sagst du? Dein Vater trinkt Kaffee. Der Schlagobersspender explodiert, trifft ihn –«

»Er erleidet einen Herzstillstand, liegt da und stirbt. Sie kommt zurück, findet ihn. Ruft den Arzt an. Redet wirr. Schluchzt. Ist verzweifelt. Kippt um. Er muss ihr eine Spritze geben …« Er runzelte die Stirn. »Sie ruft nicht die Polizei. Sie erwähnt nichts davon, dass ich angeblich –«

»Bist du sicher?«

»Hat der Arzt gesagt, ja. *Er* hat die Polizei gerufen. Und den Totenschein ausgestellt. War alles eindeutig, hat er gesagt.«

»Und dann taucht sie bei ihm auf …«

»Genau. Zwei Tage später steht sie in seiner Ordination und kommt mit dieser Geschichte. Beschuldigt mich, dort gewesen zu sein, die Spuren meines Besuchs beseitigt zu haben.«

»Hat die Polizei was gesagt, als sie dich von seinem Tod verständigt haben?«

»Nichts davon. Auch zu meiner Schwester nicht.«

»Und jetzt?«

Er rieb sich das Kinn. »Wenn ich die Schenkung anfechte, wird sie damit antanzen.« Er sprang auf. »Ich muss mit einem Anwalt reden! Der kann mir sagen –«

»Soll ich mitkommen?«

»Besser nicht«, sagte er. »Wir sollten das sauber trennen.«

»Trennen?«

»Ich will nicht, dass du im Job Schwierigkeiten kriegst. Wenn da was zu machen ist, ich meine, wenn man das rückabwickeln kann und ich das Haus an Wolff verkaufe, und die kriegen das mit …«

Sie nickte. Er hatte recht.

»Marisa?« Er zupfte auf seinem Ohrläppchen herum. »Es ist nicht, wie du glaubst. Ich bin nicht gierig. Es geht mir nicht um das Haus.«

»Brauchst du Geld? Bist du pleite?«

»Nein.« Er verdrehte die Augen. »Du verstehst das nicht.«

»Dann erklär es mir!«

»Ich sehe es als eine Art Schmerzensgeld. Es steht mir zu.«

»Und deine Schwester?«

»Jutta? Die will nichts. Die wird auch das Erbe ausschlagen. Also falls wir überhaupt was kriegen. Von dem will ich nichts, sagt sie. Lass mich bloß damit in Ruhe.« Er ging zum Fenster und schaute hinaus.

Marisa wartete, aber er schwieg. »Sie könnte«, überlegte sie laut, »das Erbe annehmen und dir ihren Teil abtreten. Dann ist es nicht so schlimm, falls du das Haus nicht bekommst.«

»Macht sie nicht«, sagte er, ohne sich umzudrehen. »Dann nähme sie das Erbe ja an. Nein, sie ist da stur. Und ich versteh es auch. Irgendwie.«

»Hm.« Sie erhob sich. »Magst du ein Glas Wein?«

Er drehte sich zu ihr um. »Er hat sie immer bevorzugt. Sie hat das auch ausgenützt. Das, was später war, das konnte ja keiner ahnen. Mutter war tot, und sie hat sich völlig verschlossen.« Er fuhr sich übers Gesicht. »Bei der ersten Gelegenheit ist sie dann weg.«

Seit seinem Gespräch mit dem Notar schien es nur noch um das Erbe zu gehen. Er hatte sich geradezu in diese Sache verbissen. *Es geht ums Prinzip.* Sie konnte den Satz nicht mehr hören. Die Tochter schlägt *aus Prinzip* das Erbe aus, weil sie »von dem nichts geschenkt will«. Der Sohn will *aus Prinzip* um das Haus kämpfen.

Sie entkorkte eine Flasche Weißburgunder, nahm zwei Gläser aus dem Schrank und ging zum Sofa. Konnte man das wirklich mit Geld ausgleichen? Den Mangel an Liebe, an Glück, am Gesehenwerden von den Eltern? Irgendwas musste dran sein. Schließlich fielen ganze Familien auseinander, wenn es ums Erben ging. Wegen eines alten Hauses, einer abgewohnten Eigentumswohnung oder eines Grundstücks stand man einander vor Gericht gegenüber, wütend, schreiend, schweigend, zunehmend verbohrt – jahrelang. Bis nichts mehr da war außer Schulden beim Anwalt. War das überall so? Sie dachte an ihre Mutter, die in gewisser Weise ihr Leben lang ein Mädchen geblieben war, seltsam verträumt, unfähig, sich in sie, ihr einziges Kind, einzufühlen. Gesetzt den Fall, sie hinterließe ihr Geld – machte das irgendwas gut?

»Lukas?« Sie hob ihr Glas, sie stießen an.

Er raschelte mit den Papieren und tauchte gleich wieder ab.

Sie stand auf und ging in die Küche. *Besser, ich hätte nichts gesagt.* Sie lehnte am Kühlschrank. Sie kaute. Silberpapier knisterte. Eine Fliege kreiste und surrte laut. Sie suchte nach Keksen. Er vermisst mich nicht, dachte sie, er ist anderswo. Er lässt mich hier stehen ... Der Fernseher begann zu lärmen.

Reiß dich zusammen! Du machst alles kaputt. Er ist hier. Er liebt dich. Teilt alles mit dir. Das Schöne und seine Gedanken ... Es gibt nicht nur Sonnentage ... Vielleicht hatte es deshalb bisher nie geklappt. Er war älter. Er kannte das Leben. Sie dachte an ihr Gespräch im Café. Den magischen Moment ... Mach's nicht kaputt, Marisa.

Sie stopfte sich einen Keks in den Mund und kaute.

¤ ¤ ¤ ¤

Alles war durcheinandergeraten. Tom schlief wenig und träumte viel. Seit fast zwei Wochen war er nicht mehr auf dem Friedhof gewesen, hatte keinen auf seinem letzten Weg begleitet, hatte die Omsch nicht mehr besucht. Dabei war der Drang, mit ihr zu reden, größer denn je. Er war aufgeregt, fast euphorisch. Er war jetzt mit Ela per Du. Erst vor ein paar Tagen war sie hier bei ihm gewesen. Sie hatte ihn angelächelt, nach einer Glühbirne gefragt, und er hatte ohne zu zögern die über dem Esstisch herausgeschraubt und ihr hinausgebracht. Sie wartete vor der Türe auf ihn. Das Licht der untergehenden Sonne legte einen warmen Ton auf ihre nackten Schultern, das schwere Haar, nur mühsam gebändigt, hatte sich ein wenig gelöst, als wäre sie gelaufen oder … Er schluckte und drehte sich auf die andere Seite.

Er geht mit ihr hinüber und steigt auf die Leiter. Sie trinken Kaffee. Sie geht etwas holen, kehrt wieder, und das Radio spielt dieses Lied. Es geht um die Liebe, um deren Verlust, um Verrat, und es ist, als beträfe es ihn, ihn und sie, Ela … Sie neigt den Kopf, als sie die Schale zum Mund hebt … Und da packt es ihn wie niemals zuvor. Er muss an sich halten, um die Tränen … um nicht aufzuspringen, davonzulaufen oder sie anzusehen, unentwegt, nur sie, immer nur sie … während ihr Feuerzeug klickt und ihr schönes Gesicht im Rauch … und der Sänger im Radio schluchzend stirbt. An gebrochenem Herzen. Und er mit ihm.

In der darauffolgenden Nacht hatte er kaum geschlafen. Hatte wieder und wieder Wort für Wort ihre kurze Unterhaltung wiederholt und war sich abwechselnd völlig sicher gewesen, dass auch sie ihn mochte, dann wieder, dass er einem Hirngespinst aufsaß, Werk seiner überhitzten Phantasie. Wie alt mochte sie sein? Ende zwanzig? Anfang dreißig? Sie sah viel jünger aus. Nur um die Augen …

Sie hatte ihn nach Lukas gefragt, nach der Familie, und er hatte, ohne eine Sekunde zu zögern, seine Prinzipien über Bord geworfen für ein Lächeln, einen Blick aus großen dunklen Augen und einen atemlos gehauchten Dank.

»Ich erwarte jeden Moment, dass er auftaucht. Es macht mir Angst, weißt du.«

Er hatte ihr versprochen, die Augen offen zu halten. Öfter als zuvor hatte er jetzt im Garten zu tun. Er legte nahe am Haus ein Blumenbeet an, montierte umständlich, er war nicht sonderlich geschickt, zwischen den beiden Fenstern der Küche ein schmales Spalier und pflanzte ein Marillenbäumchen. Als er später im Netz nachlas, erkannte er seinen Irrtum: Weder Boden noch Standort boten das, was dem Baum entsprach. Dafür hatte er die ganze Zeit ihren Garten im Blick. Er nickte ihr beiläufig zu. Sein Herz schlug schneller, und wenn sie die Hand hob, ihm winkte oder, das war allerdings nur einmal geschehen, an den Zaun kam, um ein paar Worte mit ihm zu wechseln, nahm er es als Bestätigung, dass er sich nicht getäuscht hatte und auch ihr etwas an ihm lag.

Der Lukas tauchte nicht auf. Auch sonst blieb alles ruhig. Am Samstagnachmittag bevölkerten sich zum ersten Mal in diesem frühen Sommer die winzigen Terrassen der Häuser gegenüber, kurvten Kleinkinder quietschend und kreischend über den Rasen, wehte abends der Geruch von gegrilltem Fleisch herüber. Die Straße war zugeparkt, Familien mit Kühltaschen strebten dem Wasser zu, eine Polizeistreife fuhr vorbei – gelangweilt wirkende junge Uniformierte, die Ellbogen angewinkelt im offenen Seitenfenster, verspiegelte Sonnenbrille auf der Nase. Rita kam zum Kaffee, aber er schützte Kopfschmerzen vor, und so ging sie bald wieder. Und Ela war den ganzen Tag über nicht zu sehen.

¤ ¤ ¤ ¤

Ela stand mitten im Zimmer. Die Fenster waren offen, Farbeimer standen herum, auf einem Stück dicken Kartons lagen ein Abstreifgitter und zwei Pinsel. Eine Teleskopstange mit Farbwalze lehnte an der wackeligen Stehleiter, kleine Fliegen zogen stoisch ihre Bahnen. Sie nahm die Schirmkappe ab und fächelte sich damit Luft zu. In der knapp unter den Knien abgeschnittenen, auf den schmalen Hüften hängenden blauen Schlosserhose, dem weiten T-Shirt und den raspelkurzen Haaren sah sie wie eine magere Achtzehnjährige aus. Langsam drehte sie sich um die eigene Achse und begutachtete ihr Werk. Der Raum erstrahlte in frischem Weiß, die Stirnseite, zum unbewohnten Nachbargrundstück hin, war dunkler getönt – ein Lichtgrau, das leicht und elegant wirkte. Sie hob die Hand zum Ohr und griff ins Leere. Wie eine seidige Babybürste schmiegte sich ihr Hinterkopf in ihre Handfläche. Es war noch neu und ungewohnt. Immer wieder ertappte sie sich dabei, wie sie sich in die Haare fuhr, die nicht mehr da waren, während sie nachdachte, Kaffee trank oder eine Zigarette rauchte. Ganze drei Mal hatte die Friseurin nachgefragt, ob sie sich wirklich ganz sicher sei. Hatte endlich ihr Haar straff nach hinten gekämmt, zu einem Zopf zusammengebunden und nach einem lauten Ausatmen zügig abgeschnitten. Ela hatte sich zum Spiegel vorgebeugt, jetzt mit knapp kinnlanger Frisur – überrascht, erlöst von der Schwere –, und, während hinter ihr die Friseurin die dicke, lange Strähne fast andächtig zur Seite gelegt hatte, befohlen: »Ganz kurz bitte. Seitenscheitel, eineinhalb Zentimeter, höchstens zwei.«

Immer noch lächelnd bückte sie sich und schlüpfte aus den Schuhen. An die Leiter gelehnt zerrte sie sich die Socken von den Füßen. Zeit für eine Pause! Für andere mochte das Routine sein, nichts Besonderes. Für sie war es Neuland. Anfangs hatte sie schmerzhaft ihre Muskeln gespürt, aber das war rasch vergangen. Mittlerweile war sie sich sicher: Sie würde nicht verkaufen. Erst vorgestern war wieder einer am Zaun gestanden – etwa im gleichen Alter wie der Letzte, mit dem Aussehen eines verfetteten Frettchens, schwitzend, übereifrig: Ob das Haus zu haben sei? Eine einmalige Gelegenheit, schauen Sie … Sie hatte abgelehnt. Der Bullige war weder bei ihr noch bei Tom wieder aufgetaucht, und mit jedem Tag, jedem Handgriff, der das Haus nach und nach veränderte, zu ihrem machte, verstärkte sich ihr Entschluss: Ich bleibe! Den Pinsel in der Hand, den Farbroller, gebeugt, gestreckt auf der Leiter, unter dem leisen Schmatzen der Farbe, den immer gleichen, weit ausholenden Bewegungen, war sie zum ersten Mal seit langem nahezu glücklich. Einige der alten Möbel waren schön. Die würde sie behalten. Ein neues, großes helles Sofa kaufen. Einen Tisch. Sie hatte noch Geld.

Er wird nicht mehr kommen! Er hätte sonst längst … Der Draht, dachte sie, der Sturz – das hat ihm gereicht. Rasch schlüpfte sie aus der Hose und zog sich das Hemd über den Kopf. Sie stieg in die Dusche. Warm regnete das Wasser auf sie herab. Lächelnd streckte sie sich und seufzte wohlig. Das gute Leben hatte begonnen.

¤ ¤ ¤ ¤

»Volltreffer!«, röhrte Weber und kam breitbeinig auf sie zu. »Jetzt habe ich ihn! Frau Faber, Sie haben etwas gut bei mir!«

Marisa erstarrte und wich zurück.

»Keine Angst, ich komm dir schon nicht zu nahe. Aber, Mädchen, das ist Weltklasse. Das musst du dir anschauen! Komm mit!« Wieder rutschte er unversehens ins Du.

Sie schob ihren Teller zurück und folgte ihm in sein Büro. Weber schloss die Tür.

»Es geht um Herrn Kralik?«

»Ja, klar!« Er raffte ein paar Blätter zusammen, Zeitungsausdrucke, und hielt sie ihr hin. »Schauen Sie.« Schlagzeilen schrien ihr entgegen: *Minderjährige abgängig. – Verhaftet: Er hielt sie gefangen. – Mädchen missbraucht? – Abgängige Fünfzehnjährige überfällt Bank – Wurde sie dazu gezwungen? – Hörig – So hat er mich unter Druck gesetzt. Opfer erzählt. – Mutter klagt an: Niemand hat mich informiert – Abgängiger Unterschlupf angeboten – So machte er sich an sie heran. So nützte er sie aus – Jetzt spricht der Vater: Er hat mein Kind manipuliert – Das ist der perverse Täter …* Das Bild war grobkörnig und offensichtlich in Eile aufgenommen: Ein schlaksiger Mann versuchte mit hochgerissenen Armen sein Gesicht zu verdecken. Er rollte sich förmlich zusammen. Die Hände waren gefesselt, zwei korpulente Typen mit entschlossener Miene hielten ihn links und rechts gepackt und bahnten sich einen Weg durch eine Gruppe von Männern in Uniform, deren Gesichter Empörung spiegelten.

Die geduckte Gestalt berührte sie. Wie ein Stück Vieh zerrten sie ihn durch das Spalier. Aber – *Mädchen missbraucht! Er hielt sie gefangen. So machte er sich an sie heran …* Ihr Mund war trocken.

Sie tippte auf das Foto. »Herr Kralik?«

»Der Kralik! Genau. Ist schon ein Weilchen her, aber …« Beiläufig schob er ein paar weitere Kopien zur Seite.

»Und was ist das?« Marisa streckte die Hand danach aus.

»Irrelevant. Sie haben ihn irgendwann entlassen. Das Mädchen soll gelogen haben. Jedenfalls reichte es nicht für eine Verurteilung.«

»Aber dann –«

»Fräulein Faber«, sagte er und bedachte sie mit einem nachsichtigen Lächeln, »Fakt ist, der steht auf ganz junge Mädchen. Er hat einen Heimzögling zu sich nach Hause gelockt, das Mädchen hat eine Weile dort gewohnt, keiner wusste davon. Dann der Bankraub … Glauben Sie, ein Kind kommt allein auf so eine Idee? Und wer weiß, was da sonst noch war … Dass letztendlich nichts herausgekommen ist, besagt gar nichts.« Er hustete. »Mein Bekannter von der Zeitung sagt, das war damals eine ganz große Sache.«

»Und was wollen Sie –?«

»Na was wohl?« Er lachte. »Was glaubst du, sagen die Nachbarn, wenn sie erfahren«, er hob abwehrend die Hände, »natürlich nicht von uns, dass so einer da wohnt? Die haben Kinder, die wollen –«

»Das ist nicht Ihr Ernst! Sie wollen die Nachbarn auf ihn hetzen!«

»Fräulein Faber!« Er seufzte theatralisch. »Hetzen.«

»Das können Sie nicht machen!«

»Ich mach ja gar nichts.« Er nahm ihr die Kopien aus der Hand. »Man kann ja oft nicht sagen, wie Gerüchte entstehen. Wie sie sich verbreiten.«

»Es gibt kein Urteil. Das ist Rufmord!«

»Sie sind gut!« Er lachte. »Kommen mit einer Topmeldung hier an und regen sich dann auf, wenn ich sie nutze. Was haben Sie denn erwartet?«, blaffte er. »Sie sind schon eine Nummer!« Er schüttelte den Kopf. Sein linker Mundwinkel ging nach oben, die Brauen zogen sich zusammen. Dann brach es aus ihm heraus: »Abwechselnd nassforsch und hypersensibel. Das ist eine Kombination, mit der wirst du es hier nicht weit bringen.« Er riss die Tür auf. »Weißt du überhaupt, was du willst? – Bitte schön.«

Sie schlich hinaus wie ein geprügelter Hund.

Warum hatte sie nicht den Mund gehalten! Ich bin einfach nicht lernfähig, dachte sie. Wegen ihrer gottverdammten Blödheit würde Weber jetzt diesen Herrn Kralik in die Zange nehmen und, wie er es nannte, zur Strecke bringen. Und Lukas würde weiter alles daransetzen, dessen Nachbarin, Manuela Kiliç, das Haus abzujagen. Dieses verdammte Haus! Gestern war es fast zum Streit gekommen, weil jedes

Gespräch über kurz oder lang wieder an diesem Punkt landete, und obwohl sie beim Abendessen endlich auch über andere Dinge gesprochen, Pläne für das Wochenende gemacht und später miteinander geschlafen hatten, blieb ein schales Gefühl zurück. Am Morgen war er schon um fünf aufgebrochen, und sie hatte die Zeit bis zum Arbeitsbeginn genützt, um die Rechtsgrundlagen für die verdammte Lohnverrechnung durchzuackern, und wäre dadurch beinahe zu spät gekommen.

Jetzt saß die Niedeck, diesmal in einem luftigen mauvefarbenen, fast mädchenhaften Sommerkleid, schon seit einer halben Stunde neben Marisa am Schreibtisch, erkundigte sich, wie sie mit dem Lernen vorankam, ob sie Fragen hatte, und wurde zum ersten Mal konkreter, was die unmittelbare Planung betraf.

»Die Firma«, erklärte sie, »wird in nächster Zeit die Lohnverrechnung, die Buchhaltung, eventuell auch einen Teil des Schriftverkehrs – aber das werde ich vorerst selber erledigen – für andere übernehmen.«

»Ist das nicht die Aufgabe von Steuerberatungskanzleien?«

»Es geht um Subunternehmer, Frau Faber, kleine Baufirmen, mit denen wir schon lange zusammenarbeiten. Die Auftragslage ist momentan, wie Sie wissen, schwierig. Die Krise hängt uns nach. Alle müssen sparen. Wir haben Kapazitäten frei. Sie werden sich da weiter einarbeiten. Wir halten die beiden Bereiche – eigene und Fremdfirmen – getrennt. Sie kriegen einen eigenen Laptop mit der entsprechenden Software.«

Man suche nach Alternativen, um niemanden kündigen zu müssen. Das immerhin war eine gute Nachricht. Tatsächlich hatte die WOGE eine recht überschaubare Anzahl an festangestellten Mitarbeitern, vornehmlich *Balkanesen*, wie Hecker sie nannte. Da man mit Zeitarbeitern keine guten Erfahrungen gemacht habe, so die Niedeck, arbeite man seit Jahren mit Subunternehmern zusammen. »Damit sind wir flexibel und können bei Bedarf rasch reagieren.«

»Das heißt, mein Arbeitsvertrag wird verlängert?«

»Ja. Und zu Ihrer neuen Aufgabe: Die Feinheiten in den speziellen Fällen schauen wir uns gemeinsam an.«

Marisa seufzte.

»Ich persönlich«, die Niedeck zuckte die Achseln, »finde es ja zu früh, aber der Chef meint …«

Der Chef! Marisa hatte ihn seit Tagen nicht gesehen. Aber Erol war wieder da. Sie würde später bei ihm klopfen.

¤ ¤ ¤ ¤

Ela lag im Liegestuhl unter der Birke. Das Licht flirrte zwischen den zarten Blättern, die der Wind sanft bewegte. Der Jasmin verströmte einen betörenden Duft. Hier, nahe an der Hausmauer, vor Blicken von der Straße geschützt, war sie bald eingeschlafen. Von einem hellen, scheppernden Ton geweckt, fuhr sie erschrocken hoch. Sie wischte sich über den Mund und setzte sich auf. Gegenüber wucherte die Wildnis, die Holzveranda des alten Hauses verschwand fast unter der Last des Blauregens. Das hohe Gras wellte sich im leichten Wind, Bienen summten. Sie zog sich das dünne weiße Hemd zurecht und strich es glatt. Sie hatte geträumt. Nichts Schlimmes wohl, denn sie fühlte sich frisch und ausgeruht.

Schritte näherten sich. Jemand hämmerte gegen die Tür.

»Frau Kiliç? Sind Sie da?« Erneutes Klopfen.

Ela verzog das Gesicht. Langsam wurden diese Immobilienheinis unangenehm! Sie sprang auf, umrundete die niedrigen breitblättrigen Pflanzen neben dem Eingang und prallte beinahe mit einem Mann zusammen. Kornmesser!

»Ich suche Frau Kiliç.« Er stutzte. »Ich bin –«

Wo war Tom? Die Nachbarin von gegenüber? Niemand

war zu sehen. Hektisch tastete sie nach ihrem Handy. »Ich weiß, wer Sie sind. Ich will, dass Sie gehen. Sofort!«

»Wir müssen reden. Über –«

»Wir müssen gar nichts«, sagte sie schroff. Sie wurde laut. »Das ist mein Grund, mein Haus. Gehen Sie!«

»Ihr Haus!« Er lachte auf.

»Er hat es mir vermacht. Schauen Sie ins Grundbuch. Es ist alles rechtens.«

Langsam rückte er näher. Er war ziemlich groß. »Wie haben Sie ihn dazu gekriegt –«

Er hat getrunken. Er stank. Erschrocken wich sie zurück. »Gehen Sie!«

»Er war längst dement.« Er kniff die Augen zusammen. »Da ist es ein Leichtes …«

Sie legte die Hand auf die Brust. Ihr war übel vor Angst. Wo verdammt war Tom?

»Er hat dich bezahlt, du Miststück. Es steht dir nicht zu.«

»Du nennst mich nicht Miststück. Du nicht!« Die Hand um das Handy gekrallt schlug sie zu. »Runter von meinem Grundstück! Hau ab!«

Er packte sie und stieß sie von sich. »Den Alten bescheißen. Wer weiß, wie er wirklich zu Tode gekommen ist. Aber damit kommst du nicht durch. Ich habe mit seinem Hausarzt gesprochen.« Sein Gesicht war gerötet, sein Atem ging schnell.

Ihr Telefon fiel auf den Boden. Sie bückte sich danach.

Da holte er scharf Luft. Senkte den Kopf, als wollte er Anlauf nehmen. »Woher hast du den Schmuck?« Seine Hand schoss nach vorne. »Gib sie her! Sofort, oder ich vergesse mich! Den wirst du nicht tragen, du Luder! Der hat meiner Mutter gehört. Und wenn ich …«

Mit bebenden Händen versuchte sie den Verschluss zu öffnen. Sie schaffte es nicht. »Moment.« Sie zog sich die Kette über den Kopf.

Er riss sie ihr aus der Hand. Seine Finger schlossen sich darum und öffneten sich wieder. Sein Gesicht wurde weich und zerfloss.

Gleich heult er. Dann schlägt er zu. »Gehen Sie!« *Weil er schwach ist, und ich hab's gesehen!*

»Wo hast du die Kette gefunden?«

Ihr Kopf flog herum. »Tom!«

»Und sonst? War das alles?« Sein Alkoholatem nahm ihr die Luft.

»Da war sonst nichts. Das ist alles.« Sie riss die Arme vors Gesicht. »Tom!«, schrie sie. »Tom!«

Und da kam er schon. Er hatte das Gartentor fast erreicht, da flankte der Nachbar über den Zaun und stürmte auf Kornmesser zu. »Was ist los? Gibt's Probleme?«

Seine Frau sah erschrocken herüber und drückte die Kleine an sich.

»Sie gehen jetzt!«, bellte ihr Retter.

Sie maßen einander.

»Fass mich nicht an!« Kornmesser wankte. Drohend hob er die Hand. Da entdeckte er Tom. Sein Arm fiel herab. »Tommi?«

»Lukas.« Ohne zu zögern ging Tom auf ihn zu. »Was ist los?«, fragte er ruhig. »Komm. Wir gehen am besten zu mir.«

Kornmessers Kiefer mahlten. »Die da, Tommi –«

»Es reicht! Sie gehen!«, mischte sich der Nachbar ein. Er drängte sich zwischen die beiden. »Ich rufe die Polizei!«

Tom hob den Arm. »Schon gut. – Lukas?«

Kornmesser schwankte. Er machte kehrt. Versetzte dem Nachbarn einen Stoß. »Und du halt dich da raus!« An der Gartentüre drehte er sich noch einmal um. »Tommi, das ist eine Schlange! Du Miststück! Damit kommst du nicht durch!«

»Lukas, warte!«, rief Tom.

Das war nicht sein Ernst! Ela schluckte. Der rannte ihm tatsächlich nach!

»So ein Trottel! Ein Ex?«, sagte der Nachbar. »Was wollte der? Ach ja, ich bin Herbert.« Er schüttelte ihr die Hand.

Ihr war flau. »Ela Kiliç. Danke«, krächzte sie heiser.

»Türkin?« Er hob die Brauen.

»Nein.«

»Ach so!« Er lachte. »Hat nicht gepasst? Na ja. Geht mich nichts an. Das Haus ist gepflegt«, lobte er. »Die anderen beiden … na ja. Da sollte man was unternehmen. Das Unkraut macht ja nicht halt am Zaun. Ja, wenn du was brauchst, Ella – jederzeit. Eine Frau allein … na ja.« Er legte den Kopf schief und musterte sie. »Vielleicht … wir grillen hin und wieder. Oder du trinkst einen Kaffee mit uns.« Endlich ließ er ihre Hand los.

»Danke.« Den Teufel würde sie tun.

Er nickte und wandte sich zum Gehen. »Jederzeit!« Bevor er die Straße überquerte, breitbeinig wie ein Cowboy, drehte er sich noch einmal um und hob die Hand.

¤ ¤ ¤ ¤

Lukas Kornmesser stand ein Stück die Straße hinauf vor seinem Auto und malträtierte die gegenüberliegende Plakatwand mit Tritten. Tom blieb neben dem Heck stehen. Vielleicht fährt er ja, sobald er sich abreagiert hat, dachte er. Oder – er wandte sich um, aber Ela war nicht mehr zu sehen, der bunte Liegestuhl lehnte zugeklappt an der Hauswand – oder er wartet, bis keiner von den Nachbarn mehr im Garten ist, geht zurück und macht weiter. Das galt es zu verhindern! Er war wahrlich kein Held, aber immerhin kannten sie sich, und vielleicht … Es war kindisch, selbstverständlich war es das, aber er stellte sich vor, wie er danach, nach diesem Gespräch, zu ihr hingehen würde und sagen: Ela, ich habe ihm klargemacht, dass er dich in Ruhe zu lassen hat. Du brauchst keine Angst mehr zu haben. Er sah sie vor sich: eine dunkelhaarige Jean Seberg in einer abgeschnittenen Arbeitshose, barfuß, mit einer Zigarette im Mundwinkel, im Rahmen der Eingangstüre, die schönen schmalen Füße nackt. Durch die kurzen Haare wirkte ihr Gesicht noch ausdrucksvoller.

»Was ist? Warum gehst du mir nach, Tommi?« Lukas Kornmesser ließ von der Wand ab und lehnte sich an seinen Wagen. Die hellen schräggestellten Augen, Katzenaugen, dachte Tom, fixierten ihn.

»Das hat doch keinen Sinn, Lukas«, sagte er und machte einen Schritt auf ihn zu.

Kornmesser lachte auf. »Da tut sich was, oder? Hast du schon verkauft?«

»Lukas –«

»Aber du verkaufst?«, insistierte er.

»Nein.«

»Das wirst du nicht durchhalten. Hier wird auf jeden Fall gebaut.«

Es hatte sich also bereits herumgesprochen. »Woher …?«

»Ich habe meine Kontakte.«

Er hat sich gemacht, dachte Tom. Aus dem verschüchterten Buben, der sich am Gartenzaun entlanggedrückt hatte, war ein selbstbewusster Kerl geworden. Ein bisschen impulsiv, aber vielleicht war das ja dem Alkohol geschuldet. Sein Gesicht war gerötet, er stank nach Schnaps.

»Du tust«, er stockte, »Frau Kiliç unrecht, Lukas. Sie hat ihn versorgt, gepflegt.« Lukas schnaubte, aber er ließ sich nicht beirren. *Besser, der reagiert sich hier ab.* »Er hat ihr das Haus überschrieben, Lukas. Dein Vater wusste ganz genau, was er tat. Hat sogar noch das eine oder andere reparieren lassen, obwohl er es in den letzten Jahren gar nicht genutzt hat.«

Lukas' Augen wurden schmal, das Kinn kantig.

Mit einem Mal hatte Tom die schnarrende Stimme des Alten wieder im Ohr: ›Verstockt. Das Kind ist völlig verstockt. Weil du ihn verzärtelst. Der braucht eine harte Hand.‹ Ein heller Sommertag mit flirrendem Licht. Die Fensterläden klappen zu. Hausarrest. Verhaltenes Schluchzen und Flehen. Die Frau war nicht aufgekommen gegen ihn. Die konnte die Kinder nicht schützen. »Ich weiß, was du denkst, Lukas. Ich kannte ihn ja. Aber …«, er wählte seine Worte mit Bedacht, »ich habe sie miteinander gesehen. Ja, hier im Garten. Er ist alt geworden, zerbrechlich. Sie hat ihn am Arm geführt.« Er wartete, aber Lukas schwieg. »Es sah so aus«, sagte Tom, »als hätte er sich …«

»Geändert wolltest du sagen? Das, Tommi, ist nicht dein Ernst!«

Tom zuckte die Achseln. »Vielleicht auch nicht. Möglich, dass er euch, Jutta und dich, ein letztes Mal …«

»… kränken wollte? Demütigen? Verletzen? Es uns zeigen?« Er nickte und lachte bitter.

»Lukas, sie kann nichts dafür.« Er zögerte. »Sie hatte es sicher nicht leicht mit ihm.«

»Sagt sie das?« Lukas stieß sich vom Auto ab. Jetzt standen sie einander gegenüber. »Das ist eine Schlange, Tommi! Glaub mir. In der hat er seine Meisterin gefunden. Die hat noch am Grab …« Sein Mund war hässlich verzerrt. »Die hat sich gebärdet, als wäre sie die Witwe. Hat geschrien, geschluchzt, wäre ihm um ein Haar nachgesprungen. Völlig verzweifelt, das arme zarte Wesen. Nein, nein, glaub mir, Tommi. Die weiß ganz genau, was sie tut.« Er legte den Kopf schief. »Sieht man ja. Dich hat sie auch schon eingewickelt. Tja, passt doch.« Er ging um den Wagen herum. »Du magst doch … Was hat sie dir versprochen, Tommi, hä? Oder besser gesagt, was erhoffst du dir?«

»Besser, du gehst jetzt. Bevor –«

»Bevor was, Tommi? Jetzt wird er auch noch rot! Mein Gott, lass dich doch nicht verarschen von der!« Er schüttelte den Kopf. »Du hast aus der Sache damals nichts gelernt.«

Er stieg ein, der Motor sprang an, kräftige Hände drehten am Lenkrad, Kies knirschte und spritzte weg. Tom sah das Auto wenden. Dann schoss es davon.

Als er zu seinem Haus zurückging, langsam wie ein alter Mann, hielt er den Kopf gesenkt. Wie er alles beschmutzte. Wie er … Eingewickelt … eine Schlange! Er sah Lukas' schmale grüne Augen vor sich, den höhnisch verzogenen Mund, und hatte zum ersten Mal in seinem Leben unbändige Lust, jemanden zu schlagen.

¤ ¤ ¤ ¤

Rita konnte sich nicht vorstellen, dass Tom anderswo wohnte als in dem alten verwitterten Haus, in dem er jedes Mal den Kopf einziehen musste, wenn er durch eine Tür ging, und sich tief hinunterbeugen, während er das Geschirr abspülte. Tom, wie er in einem großen, anonymen Wohnblock inmitten seiner Bücher saß, aus dem Fenster auf eine graue Straße schaute? Wie er im Gedränge einer U-Bahn-Station mit der Masse rannte? Nein. Er würde sich in eine Nische drücken. Während der Stoßzeiten daheimbleiben. Schließlich kaum noch das Haus verlassen. Im Trubel der Großstadt, dachte sie, würde er verloren gehen. Aber wer weiß … Sie hatte ihn noch nie so viel reden hören wie an dem Abend, als sie bei Ela waren. Sie nagte an ihrer Unterlippe. Und am Samstag …

Sie rutschte ein Stück weiter zu den Asia-Produkten. Jemand hatte eine Glasflasche mit Sojasauce hinuntergeworfen und sich verdrückt, ohne etwas zu sagen. Erst durch die Spuren mehrerer Einkaufswagen und als der strenge Geruch schließlich die Wursttheke erreicht hatte, waren Momo und Devi gleichzeitig auf die Sauerei aufmerksam geworden, und sie war zum Saubermachen ausgerückt. Immer noch stank es penetrant nach der billigen Würze.

Kunden schoben ungerührt ihre Einkaufswagen über den frisch gewischten Boden und zwangen sie dazu, immer wieder zur Seite zu rücken. Aufzustehen und nachzuwischen. Eine Stammkundin blieb stehen. Rita nickte ihr zu, griff zum Cutter und öffnete einen neuen Karton. Das Auffüllen war Routine und ging ihr rasch von der Hand. Sie legte das Messer zur Seite.

Irgendetwas hat sich verändert, dachte sie. Ela schien sich zurückzuziehen. Und Tom … Ihren Besuch am Samstag hätte sie genauso gut bleiben lassen können.

»Ist irgendwas?«

»Nein.« Er hatte zweimal nach der Kaffeekanne gegriffen, um ihr nachzuschenken, obwohl ihre Tasse noch fast voll war. Und nach einer Pause nachgesetzt: »Ich glaube nicht.«

Ich glaube nicht? »Hast du Sorgen, Tom? War der Mann, der das Haus kaufen will, wieder hier?« Zuletzt hatte sie fast den Eindruck gehabt, dass er sich vor dem fürchtete. »Hast du schon mit Ela darüber geredet? Tom?«

Er hatte den Kopf geschüttelt und plötzlich, ohne Übergang, von der Sache mit dem Hund angefangen. »Das muss irgendwas Persönliches sein, Rita. Hattest du in letzter Zeit Ärger mit jemandem? Hat dich einer beschimpft? Ist dir aufgefallen, dass dich jemand verfolgt?«

Sie war sich mittlerweile sicher, dass sie Opfer einer Verwechslung geworden war. Oder der Mann war krank, hörte Stimmen oder sah etwas, das nicht da war. Das es gar nicht gab. Niemand schlug einfach so jemanden nieder! Gut, die Leute waren manchmal gereizt, vor allem, wenn sie unglücklich waren oder es ihnen nicht gut ging. Das sah man auch hier im Geschäft. Sie waren ungehalten und harsch, setzten auch einmal die Ellbogen ein. Aber bösartig war keiner von ihnen. Warum also sollte jemand einen grundlos niederschlagen und mit dem Umbringen bedrohen?

Diesmal hatte sie Toms Angebot, sie zum Bus zu begleiten,

abgelehnt. Schweigen konnte sie auch alleine. Sie verzog den Mund und stand auf. Vielleicht hatte er auch einfach einen schlechten Tag gehabt. Sie nahm die beiden Kartons an den Flügeln, steckte den Cutter in die Hosentasche und griff nach dem Wischmopp. Die Tür zum Personalraum – *Backstagebereich*, sagte Momo – quietschte.

Und Ela?

Ela war auf der Leiter gestanden und hatte nur kurz innegehalten.

»Alles okay, Ela?«

»Ja.« Sie hatte jetzt kurze Haare. Ihre Schultern, die Arme waren gebräunt. Sie hatte beschäftigt getan.

»Ja, also … Ich gehe dann wieder.«

Sie hatte genickt und die Rolle in die Farbe getaucht, am Gitter abgerollt, die Arme gehoben und weiter ausgemalt. Als wäre sie allein.

¤ ¤ ¤ ¤

Marisa war genervt. Sie hätte nicht hinfahren sollen. Irgendeine Ausrede erfinden. Zur Not krank werden. Aber dann hatte Lukas überraschend weggemusst, und sie hatte zugesagt. Sie gab Zwischengas, trat das Kupplungspedal und legte den zweiten Gang ein. Die Wolkendecke lag schwer über der Landschaft. Die Gegend war wie ausgestorben. Schiefe Bäume standen reglos. Straßendörfer zogen vorbei, Wiesen, ein Wäldchen. In der Ferne grollte es dumpf. Blitze zuckten am Horizont. Hinter ihr färbte sich der Himmel gelb. Das bedeutete Hagel. Nicht zum ersten Mal in diesem Jahr. Als sie auf die Autobahn auffuhr, begann es zu regnen. Sie drehte die Musik leiser. Nach einer Weile schaltete sie das Radio aus.

Seit gestern brütete sie darüber, ob sie mit Lukas über ihr Gespräch mit Weber reden sollte – oder dem Mann, diesem Kralik, eine Warnung zukommen lassen. Es war einfach nicht in Ordnung, ihn mit allen Mitteln aus seinem Zuhause zu vertreiben. Ob Wolff davon wusste? Nein. Sie schüttelte den Kopf. Unorthodox – gut. Aber fies? Weber hatte einen Fehler auszubügeln. Dabei war ihm jedes Mittel recht. Und sie hatte ihn geradezu darauf gestoßen … Der Druck im Hinterkopf nahm zu. Kopfschmerzen kündigten sich an. Es war immer dasselbe. Nach knapp zwei Stunden bei ihrer Mutter und deren Aktuellem, der die ganze Zeit um sie herumgeschwänzelt war, hatte es ihr gereicht. Ein verlorener Tag!

Jedes Jahr das gleiche Theater: »Aber wir feiern doch miteinander? Ich wollte dir einen besonderen Namen geben, Marisa. Einen, den nicht jede hat.«

»Ich habe erst am 6. Juli Namenstag, Mama.«

»Du musst unbedingt kommen, Marisa. Ich habe belegte Brötchen bestellt. Und Kuchen.«

Ein Motorradfahrer zischte vorbei. Sie hupte wütend. Im Rückspiegel näherte sich ein SUV, überholte, Wasserfontänen gingen auf ihr kleines Auto nieder. Sie klammerte sich ans Lenkrad und verfluchte jeden Einzelnen von ihnen. An der Stadteinfahrt stand sie eine Weile im Stau. Jetzt schüttete es wie aus Kübeln. Leute hasteten unter ihre Schirme geduckt vorüber und flüchteten sich in die nächste Hauseinfahrt.

Nach langem Suchen fand sie einen Parkplatz. Sie kramte vergeblich nach einem Schirm, wartete eine Weile, gab schließlich auf und lief los. Binnen Sekunden war sie nass bis auf die Haut, Pullover und Hose klebten ihr am Leib. Autos fuhren im Schritttempo vorbei, die Straße schwamm, im Rinnstein sammelten sich Papier und Müll. Die hübschen Raulederschuhe waren beim Teufel. Sie zog sie aus und rannte die letzten Meter barfuß. Im Stiegenhaus wrang sie ihre Haare aus und schüttelte sich.

Zitternd schälte sie sich aus den nassen Kleidern. Unter dem Dampf der heißen Dusche atmete sie zum ersten Mal durch.

Lukas musste schon eine ganze Weile dagestanden sein. Sie nahm eine Bewegung wahr, wischte über das beschlagene Glas und drehte das Wasser ab.

Er reichte ihr ein Handtuch und sah ihr zu, wie sie sich trockenrieb. »Ich dachte, du kommst gar nicht mehr heraus. War es so schlimm?«

Sie nickte. »Und du …?« Sie deutete auf seine Sporttasche.

»Ich hab dich nicht erreicht. Ich muss weg.« Er machte ein bekümmertes Gesicht. »Meine Nachbarin hat angerufen. Sie fährt ins Spital. Ich muss mich um den Hund kümmern.«

Sie erstarrte in der Bewegung. »Um den Hund? Welchen Hund?« Ihre Arme sanken herab, das Badetuch streifte am Boden. »Und wieso du?«

»Das ist mein Hund. Er ist noch jung. Er kann nicht lange alleine bleiben.« Er trat von einem Bein aufs andere. »Frau Hnat hat auf ihn aufgepasst, während ich bei dir war. Sie ist schon in Pension und –«

»Du hast mir nichts davon gesagt. Dass du einen Hund hast.« Es klang vorwurfsvoll, beleidigt. Sie merkte es selber. Sorry, dachte sie, aber so geht das nicht. Sie wickelte sich ein Handtuch um die nassen Haare und verzog sich ins Schlafzimmer.

Er folgte ihr. »Du bist sauer.«

Sie zuckte die Schultern. »Und jetzt?« Sie zerrte sich eine Sporthose über die Hüften und griff nach einem T-Shirt. Das Handtuch löste sich und fiel zu Boden. Sie reagierte nicht.

»Ich werde ein, zwei Tage in meiner Wohnung bleiben, bis klar ist, wie es mit ihr weitergeht.« Er wirkte zerknirscht.

»Kannst du ihn nicht irgendwo unterbringen?«

»Wo denn?« Er runzelte die Stirn. Dann hellte sich seine Miene auf. »Vielleicht ... Marisa, er ist wirklich –«

»Nein! Lukas, nein, auf keinen Fall.« Der versaut mir die ganze Wohnung, dachte sie. Das neue Sofa. Überall Haare. Meine Schuhe! Nein! »Ich kann nicht gut mit Hunden«, sagte sie schroff. »Du musst dir etwas anderes überlegen.«

»Aber es wäre nur ... Sie ist total lieb. Zutraulich. Du wirst sie mögen.«

Sie sah ihn an, bis er den Blick senkte. »Okay«, sagte er. »Ich fahr dann. Ich melde mich, sobald ich mehr weiß.«

Sie machte sich steif, als er sie an sich drückte. Seine Lippen streiften ihre Schläfe.

»Marisa. Liebes!«

Liebes! Und dann schnell weg. Immer ist irgendwas, das wichtiger ist. Hau doch ab, dachte sie. Geh zu deiner Nachbarin. Zum Hund. Zu deiner Ehefrau. Zu ... Ach, geh zum Teufel!

¤ ¤ ¤ ¤

Plötzlich war alles ganz schnell gegangen. Frau Freese war gegen halb zehn abgehetzt im Geschäft gestanden, hatte nach Frau Stanić gefragt und war mit ihr nach hinten verschwunden. Man hatte Rita ausgerufen, die Chefin hatte ihre Hand gedrückt, und schon war sie neben Frau Freese, die ohne Punkt und Pause auf sie einredete, alles noch einmal ganz genau wissen wollte und sie zur Wahrheit ermahnte, im Bus gesessen. Dann hatte sie auf ihren kurzen Rock gedeutet.

»So gehst du arbeiten?«

»Ja, warum nicht?«

Mit Frau Thiel, die Rita davor betreut hatte, war das ganz anders gewesen. Die hatte Lachfältchen gehabt, keine Predigten gehalten und sich wirklich für sie interessiert.

Aber die Freese ... Kontrollfreak, misstrauisch und unentspannt. Sie hatten über ihren Fragen beinahe die Haltestelle verpasst, waren die letzten Meter gehetzt, gerannt – und jetzt warteten sie. Frau Freese tippte auf dem Handy herum.

»Was hast du gefragt?«

»Warum wir mit dem Bus …? Wo ist Ihr Auto?«

»In der Werkstatt.«

Rita gab auf. Sie wanderte ein paarmal den Gang hinauf und zurück und setzte sich wieder hin. Sah Frau Freese an, auf ihre Schuhe, dann auf die Uhr. Am liebsten wäre sie davongerannt. Zwei Uniformierte gingen vorbei, dann kamen zwei bis weit über den Hals hinauf tätowierte Männer, einer davon genauso schlaksig wie Tom, feixend aus einem der Büros, und jetzt wurde es hinter der Tür direkt vor ihnen laut.

»Nein«, dröhnte eine Männerstimme. »Ich habe die Nase voll. Es ist ja nicht das erste Mal, dass er …« Schritte näherten sich und entfernten sich wieder. »Ihr müsst euch was überlegen. Ich jedenfalls spiele da nicht mehr mit! Und wenn die Interne … bitte schön! Aber ohne mich.« Die waren am Streiten! Wenn der Rotgesichtige …

Sie zupfte Frau Freese am Ärmel. »Vielleicht sollten wir besser ein andermal –«

»Wie stellst du dir das vor? Wir haben einen Termin. Wir können nicht einfach gehen.« Endlich steckte sie ihr Smartphone weg. »Komm, Rita, wir haben doch alles genau besprochen. Du erzählst, wie es war, und –«

Wie sie dieses sanfte Säuseln hasste! Sie musterte ihre Betreuerin.

Du bist ausgerutscht beim Aufstehen. Die glatten Sohlen … Es tut dir wahnsinnig leid. Du warst kopflos, panisch. Der Überfall, die Schmerzen, die vielen Fragen …

»Wenn die Druck macht«, dröhnte es von drinnen, »stehen wir in der Zeitung. In Ordnung, dann zieh mich von der Sache ab.«

Der Überfall, die Schmerzen ... kopflos, panisch ... wahnsinnig leid ... Tom hatte das immerhin selbst erlebt. Der wusste, wovon er sprach.

Sie räusperte sich. »Waren Sie schon oft mit jemandem bei so einer Befragung?«

Frau Freese hob den Kopf, ein helles Zirpen erklang. Sie wühlte in ihrer Tasche, beugte sich über ihr Handy, lächelte und begann im Höllentempo zu tippen. »Was?«, murmelte sie ohne aufzuschauen.

»Egal.« Sie zupfte ihren Rock, der über die Leggins hochgeklettert war, zurecht und lehnte sich zurück. Zog mit dem rechten Fuß kleine Kreise auf dem Boden, stoppte und setzte sich wieder gerade hin. Schade, dass Tom nicht hatte mitkommen wollen. Warum, verdammt, dauerte das so lange? Von drinnen war jetzt nur noch ein Gemurmel zu vernehmen, dann näherten sich erneut Schritte und die Tür ging auf. Der freundliche Beamte vom letzten Mal schüttelte erst Frau Freese die Hand, dann Rita.

»Ah, Sie sind schon da. Die Betreuerin, oder? Kommen Sie weiter!«

Frau Freese ging voraus, Rita folgte ihr. Sie nahmen vor dem Schreibtisch Platz. Ein großer, hagerer Polizist mit breiten rotgoldenen Streifen auf den Schulterklappen grüßte knapp und verließ den Raum. Rita atmete auf. Einer, den sie noch nie gesehen hatte, klaubte hastig ein paar Mappen zusammen und verschwand durch eine andere Tür. Sie waren allein.

»Frau Vesely, wir beide schließen das heute ab, gut?«

Sie nickte.

»Ich gehe mit Ihnen das Vernehmungsprotokoll noch einmal durch, wir schauen, ob alles so passt. Sie haben ja Ihre Betreuerin mit, das ist gut.« Er wandte sich an Frau Freese. »Darf ich Ihren Ausweis ... Danke.« Heute sprach er in normaler Lautstärke und schien alles problemlos zu verstehen. Sie schielte auf seine Ohren. Er trug kein Hörgerät.

Frau Freese setzte ihr strenges Gesicht auf. »Ich bin mir nicht sicher, ob das alles rechtens war. Es war unverhältnismäßig, meine Klientin –«

Rita schnellte vor. »Es tut mir sehr leid. Das mit Ihrem Kollegen. Ich wollte das nicht. Ich hatte Panik, hab nicht aufgepasst. Ich bin ausgerutscht und –«

Frau Freese erstarrte. »Rita!«

»Es war ein Versehen. Und das mit dem Hund …«

Der Beamte nickte. Er wirkte zufrieden. »Gut, dann halten wir das fest, Frau Vesely. Das sind zwei verschiedene Sachen. Da schreiben wir ein eigenes Prototoll. Sie kennen das ja schon. Und was die Sache mit dem Hund betrifft – da sind wir mittlerweile einen Schritt weiter.«

»Gibt es neue Erkenntnisse?« Frau Freese beugte sich vor und nahm ihren Ausweis wieder an sich. Ihr Handy zirpte, aber sie reagierte nicht. »Was ist mit dem Mann, der meine Klientin niedergeschlagen hat? Den haben Sie doch bereits einvernommen, oder? Das wird doch geahndet? Sie hat übel ausgesehen. Hatte noch tagelang Schmerzen. Wir haben natürlich –«

»Dazu darf Ihnen der Polizist nichts sagen, Frau Freese.« Dass die das nicht wusste! »Datenschutz.«

Der Beamte stutzte. Dann lächelte er. »So ist es, Frau Vesely.« Er ruckelte mit der Maus herum und begann zu tippen. »Ich belehre Sie jetzt noch einmal über Ihre Rechte, und dann fangen wir an.«

¤ ¤ ¤ ¤

Es war wie früher. Marisa lag auf den Knien und keuchte. Wieder steckte sie sich zwei Finger in den Hals, sie würgte, würgte, aber es kam nur noch ein bisschen Schleim. Ihr war flau, das Herz pochte zwischen ihren Ohren. Zugleich fühlte sie sich erleichtert. Sie rappelte sich auf, wischte sich mit dem Unterarm über den Mund und klappte die Klobrille herunter. Die Spülung rauschte. Nudeln mit fetter Gorgonzolasauce, zwei Tafeln Schokolade, die Notration, Zimtkekse, die Lukas so gern mochte, und zwei Bananen. Wie in den schlimmsten Zeiten. Eine Weile hatte sie gedacht, das wäre vorbei oder sie hätte es unter Kontrolle, aber es war immer noch da. Stärker als sie. Zum Schämen. Sie ging ins Badezimmer, wusch sich das Gesicht, löste den Haargummi und drückte einen langen Streifen Zahnpasta auf die Bürste.

»Erzählst du mir jetzt alles in Etappen? So nach und nach?«

»Marisa, was soll das jetzt?« Er hatte es so eilig gehabt wegzukommen!

Sie putzte sich die Zähne und sah sich dabei zu. Beugte sich über das Waschbecken und spülte sich den Mund aus. Das Handtuch roch muffig. Sie warf es zur Schmutzwäsche und nahm ein frisches aus dem Schrank.

Sie konnte das nicht. Es geht schon wieder los, dachte sie. Es liegt an mir: dass der Mann, in den ich mich verliebe, immer erst nach und nach mit Dingen herausrückt, die für unser Miteinander wichtig sind – dass er gar nicht in der Firma beschäftigt ist, von der er ständig erzählt, dass er verheiratet ist, Kinder hat … Sie hatte keinem je nachspioniert, aber über kurz oder lang versprach sich jeder.

Ja, ich bin verheiratet, aber wir leben getrennt … Nur noch auf dem Papier … Du musst noch ein bisschen Geduld haben. Ich sage es ihr. Bald, Liebes. Nur wir beide … Komm her …

Aber Lukas, der an den Wochenenden immer Zeit hatte? Der ohne mit der Wimper zu zucken gesagt hatte: Klar bleib ich da!

Er hat von Anfang an viel von sich erzählt.

Ich war noch nie bei ihm!

Meine Wohnung ist eine Baustelle, hatte er gesagt. In fünf Wochen kriege ich die Küche, das Bett. Ich schlafe auf einer Matratze am Boden.

Wie blöd konnte man sein! Mit einem Mal war sie sich sicher: Das war kein Sturz. Er hat gelogen. Und die Sache mit dem Haus … Sie schluckte. Es ging ihm darum, Informationen zu kriegen. Von ihr, aus erster Hand! Sie stopfte ihre Trainingssachen in die Sporttasche und schlüpfte in die Schuhe. Das passiert mir, schwor sie sich, nie wieder!

Sie hörte ein Geräusch, ein Kratzen an der Tür, und richtete sich auf. Ihr war zum Sterben übel. Ein lautes Pfeifen setzte ein, sie würgte. Der Boden wellte sich, die Wände stürzten auf sie zu. Sie ging zu Boden ohne einen Laut.

Als sie wieder zu sich kam, lag ihr Kopf in Lukas' Schoß, der Vorraum schwankte, und etwas Weiches, Feuchtes fiepte und leckte ihre Hand.

¤ ¤ ¤ ¤

Tom Kralik hielt den Atem an. Er ließ die Stores los und trat rasch einen Schritt zurück. Er sah den Wagen vor Elas Haus ausrollen. Der stiernackige Immobilienheini stieg aus. Er schien unschlüssig, beugte sich noch einmal ins Auto und kam mit einer braunen Mappe wieder hoch. Jetzt schaute er genau ins Toms Richtung. Er nickte und marschierte los, den Kopf wie zum Angriff gesenkt. Seine Pranken schaufelten die Luft wie ein Maulwurf Erde.

Obwohl er das Klingeln erwartet hatte, zuckte Tom zusammen. Er setzte sich an den Küchentisch, das Putztuch immer noch in der Hand, knetete, zerknüllte es, ohne sich dessen gewahr zu sein, und wartete. Er hörte die Schritte näher kommen, den Mann mit den Füßen scharren, klopfen, nach einer Pause neuerlich gegen das Holz hämmern, hörte ihn fluchen, noch einmal klopfen, energischer jetzt – dann war es still.

Wahrscheinlich war es ein Fehler, die Sache nicht gleich ein für alle Mal zu klären, *nein* zu sagen und ihn mit Nachdruck des Hauses zu verweisen, aber Tom hatte nicht die Kraft dazu. Nicht heute. Nicht jetzt. Ich werde in der Firma anrufen, gleich morgen, den Chef verlangen und mir jeden weiteren Besuch verbitten. Er rückte vom Tisch weg und legte den Lappen aus der Hand.

Gestern war er den ganzen Tag drüben gewesen. Bei ihr. Hatte ihr geholfen, peinlich darauf bedacht, sich nichts anmerken zu lassen. Zum ersten Mal seit vielen Jahren war er wieder durch das Haus gegangen. Ela hatte ganze Arbeit geleistet. Alles war hell und licht. Es roch nach Farbe und Kaffee. Ein bisschen nach Rauch. Nur die Küche war unverändert geblieben. Und das winzige Zimmer, in dem die Kinder geschlafen hatten. In einem Stockbett aus billiger Kiefer. In diesen Raum hatten sie im Laufe des Tages schnaufend und schwitzend alle Möbelstücke geschafft, die Ela nicht mehr haben wollte oder nicht brauchen konnte, hatten sie säuberlich zerlegt, übereinandergestapelt, die Rollos heruntergezogen und die Türe geschlossen. Der Keller war feucht. »Schimmel«, hatte er gewarnt, und sie hatte genickt.

»Vielleicht brauchst du ja das eine oder andere wieder. Oder du verheizt das alles nach und nach.«

»Verheizen? Die Möbel?«

»Mit Strom zu heizen ist viel zu teuer. Schlecht isolierte Häuser, die Winter sind kalt.« Die schönen Öfen im Wohnzimmer, im Schlafzimmer waren keine Dekoration. An kühlen Juliabenden und im September hatte auch der alte Kornmesser sich an ihnen gewärmt, und im Winter hatte ein Frostwächter größere Schäden verhindert.

»Ich kann dir das Holz zerkleinern.«

Sie hatte gelächelt. »Danke, Tom.«

Er streckte sich und stöhnte auf. Er hatte geackert wie ein Ochse. Und obgleich er sich selber die ganze Zeit dabei zugesehen hatte, wie er sich – geradezu kindisch darum bemüht, ihr zu gefallen – zum Deppen machte, war es ihm unmöglich gewesen, die Bühne zu verlassen, das geschraubte Gerede, aus Büchern geklaut, nichts Eigenes, nichts Großes … *Als ertrüge ich die Stille nicht. Ihre Nähe.*

Den Schraubenzieher ansetzen und reden, Bretter schleppen, reden. Er hatte Regale abgebaut, mit dem Vorschlaghammer den hässlichen Schrank im Schlafzimmer zu Boden gebracht, den sie, weiß der Himmel wie, in die Mitte des Raumes geschoben hatte – und geredet, geredet, geredet.

Dann hatte sie ihn umarmt. Beim Gehen. Kurz nur. Da war er still gewesen.

Das Lied war jetzt allenthalben im Radio zu hören, und er hielt jedes Mal inne und dachte an sie. Er erinnerte ihre Begegnungen, ihre Bewegungen, ihre Blicke. Wiederholte, drehte und wendete jedes einzelne Wort. Es war wie eine Sucht. Eine Art *Liebesblödigkeit* hatte ihn befallen. Ja, es war schön. Aber es tat weh. Er wollte sie sehen. Er ertrug es fast nicht. Er ging die Regale entlang. Er las und fand sich nicht wieder. Das Buch erzählte eine andere Geschichte. Sie blieb ihm fremd. Er schlich von Fenster zu Fenster – töricht, fiebernd, das Inbild eines Tölpels, hinter den Stores verborgen, und war bedrückt, war lebendig, so lebendig, war glücklich und schämte sich.

¤ ¤ ¤ ¤

Er stand plötzlich im Garten. Ela schaltete den Rasenmäher aus und richtete sich auf. Er war blass und rundlich und trug eine leuchtend rote Kappe mit einem breiten Schirm.

»Ich habe dich gesehen«, sagte er und kam näher. »Du hast dich gesonnt. Du bist schön.«

Sie wich zurück.

»Hast du einen Freund? Ich würde gern mit dir spazieren gehen.«

Sie tastete nach ihrem Handy. Tummelten sich hier nur Verrückte? Jeder X-Beliebige öffnete, wie es ihm passte, die Gartentür, marschierte auf das Haus zu und wollte ihr etwas verkaufen, das Haus kaufen – gestern war der WOGE-Typ wieder da gewesen –, sie vor dem nahen Ende der Welt warnen und zur Umkehr bewegen, sie zu irgendwas bekehren, sich ausweinen wie die frustrierte Nachbarin oder weiß der Teufel … Und jetzt also Spazierengehen!

Er nahm seine Kappe ab und lächelte sie an. Sie starrte in ein Kindergesicht mit roten Wangen und einem Anflug von Bart. Er hatte blaue Augen mit erstaunlich langen, dichten Wimpern und Sommersprossen auf der Nase. »Ich bin Manuel«, sagte er.

Sie steckte ihr Handy wieder weg. »Ich kann nicht mit dir spazieren gehen«, sagte sie sanft.

Er nickte, als hätte er nichts anderes erwartet. »Hast du Kinder? Katzen?«

»Nein«, sagte sie. »Keines von beiden.«

Seine Augen irrten umher. »Ich hatte einen Kater«, sagte er. »Jemand hat ihn totgeschlagen.«

»Das tut mir leid.«

»Du musst aufpassen«, sagte er. »Wer so etwas tut …«

»Ich weiß, aber – mach dir keine Sorgen.«

Er runzelte die Stirn. Sie sah ihn förmlich denken. Dann nickte er. »Ich bin nur am Wochenende hier. Und auch nicht immer. Das ist schade.« Er seufzte. »Sonst könnte ich auf dich aufpassen.«

Sie schluckte. »Lieb von dir.« Egal, wie viel Zeit vergangen war, es tat immer noch weh. Er wäre jetzt fast dreißig …

»Schau, da, unterm Dach, ist mein Zimmer. Von dort sehe ich die ganze Straße.«

Die ganze Straße … Sie legte die Hand auf seinen Arm. »Sag, passt du auch auf Hunde auf, die hier herumlaufen?«

Er runzelte die Stirn, dann hellte sich seine Miene auf. »Ja«, sagte er. »Auf die auch.«

»Und dann?«

»Rufe ich die Polizei.«

»Das ist gut«, lobte sie.

Sein Gesichtsausdruck veränderte sich. »Einmal habe ich mich geirrt.« Er klang betrübt. »Die sind nicht gekommen, obwohl sie es versprochen haben. Und da bin ich selber losgerannt.«

Sie nickte.

Er schob die Unterlippe vor. »Die Polizei sagt, sie hat gar nichts gemacht. Ich soll mich bei ihr entschuldigen.«

»Ja, das solltest du unbedingt tun.«

»Mach ich.« Er zögerte. »Darf ich dich wieder besuchen?«

»Manuel, ich … ich möchte nicht, dass du enttäuscht –«

»Du hast einen Freund«, stellte er fest. »Gerda, meine Schwester, sagt, du bist eingebildet, aber das stimmt gar nicht.«

»Du hast recht. Das bin ich nicht.«

»Darf ich dich umarmen?«

Sie zögerte. »Ja«, sagte sie dann.

Er legte die Arme um sie. Wie Stefan früher, ein bisschen unbeholfen, aber vorsichtig, als halte er etwas Kostbares, Zerbrechliches umfangen, und sie dachte daran, dass er heute genauso alt wäre wie dieser große, freundliche junge Mann, der seinen Kater vermisste, und dass sie sich manchmal vor ihren Freundinnen für ihn geschämt hatte, und dass sie nie, nie … an seinem Grab … und …

Sie blinzelte. Dann lag sie an seiner Brust und heulte ihm das frisch gebügelte T-Shirt voll, das nach dem Waschpulver ihrer Kindheit roch, fühlte seine große Hand auf ihrem Rücken und die andere auf ihrer Schulter.

»Du musst nicht traurig sein«, sagte er. »Alles gut. Alles gut.«

Sie schniefte und versuchte ein Lächeln. Nichts war gut. Gar nichts.

In dieser Nacht ging es wieder los mit den Träumen. Sie fuhr aus dem Schlaf, weil sich jemand über sie beugte, atmete. Schrie. Weil eine Tür knarrte und die Dielen knacksten. Keuchend saß sie vornübergebeugt, die Pyjamahose verdreht, die Knie am Kinn, das Hemdchen klitschnass, zerknittert über der Brust.

Eine Tür fällt zu. Sie geht am Aufzug vorbei. Wie ferngesteuert. Elf Stufen sind es hinunter ins Parterre. Die Eingangstüre hat braune Flügel. Sie geht und geht, steigt in die Straßenbahn, und irgendwann …

Die Tabletten gingen zur Neige. Sie drückte zwei aus der Folie, trank Wasser nach. Nachschub holen. Wieder schlafen. Nicht mehr träumen …

Nein, dachte sie dann. Solange ich hier bin, hört das nicht auf.

Sie hatte eine Weile gezögert, aber es war ganz einfach gewesen.

»Sie haben es sich überlegt?«

»Überlegt? Sagen wir so: Ich höre mir einmal an, was Sie mir anbieten.«

Der Makler hatte sofort angebissen. Auf sein Drängen hatten sie gleich für den nächsten Tag einen Besichtigungstermin vereinbart. Sie hatte sich ein bisschen geziert, er hatte sein Angebot, das deutlich über dem des WOGE-Typen lag und ziemlich genau dem Wert der Schenkung entsprach, ohne mit der Wimper zu zucken erhöht, und sie waren handelseins geworden.

Schon zwei Tage später unterschrieb sie. Er hatte Kunden

an der Hand, ein älteres Paar, und sie wunderte sich, wie einfach plötzlich alles war. Sie hatte darauf bestanden, *den Vertrag über meinen Anwalt abzuwickeln*, und sich einen Spezialisten für Vertragsrecht gesucht, der im Netz ausgezeichnete Bewertungen hatte und ihr bereits am Telefon eine gut verständliche Beratung angedeihen ließ. Er würde alles Notwendige erledigen. Erst mit der Eintragung ins Grundbuch, aber das wusste sie bereits, wurde der Vertrag rechtskräftig. Das Ganze würde, so das zuständige Bezirksgericht nicht überlastet war, rasch über die Bühne gehen. Zum Glück hatte der alte Kornmesser die Unterlagen zum Haus wohlgeordnet in einer Mappe verwahrt. Und zum Glück hatte sie daran gedacht … Sie war stolz auf sich. Alles würde sich wenden.

»Sobald das Geld – Kaufpreis und Nebenkosten – auf dem Treuhandkonto ist«, hatte der Anwalt gesagt, »fixieren wir einen Termin für die Übergabe.«

Dann werde ich wahrscheinlich schon nicht mehr hier wohnen, dachte sie. Ich muss nicht mehr sparen.

»Ich habe es mir verdient«, sagte sie laut. Und dann noch einmal.

¤ ¤ ¤ ¤

Marisa lag auf dem Sofa im Wohnzimmer. Die Vorhänge waren zugezogen, Lukas schaute besorgt auf sie herunter und hielt ihre Hand. Irgendwo fiepte es. Sie hörte einen dumpfen Laut. Die Bodenvase im Vorraum fiel um, etwas stob im Höllentempo davon. Sie fuhr auf, verzog das Gesicht und sank auf die Polster zurück. Zarte Krallen klackten auf ihrem schönen geölten Parkettboden. Lukas sprang auf.

»Ginny! – Oh nein«, hörte sie ihn aus dem Vorraum rufen. Im Badezimmer ging es rund, dann kam er mit dem kleinen Hündchen auf dem Arm zurück.

Sie stemmte sich hoch. »Lukas, das ist nicht dein Ernst! Ich hab dir gesagt, ich will keinen Hund hier haben.«

Er ging in die Hocke und setzte den Winzling ab. Der wedelte wie verrückt, fiepte und drängte in ihre Richtung. Mit einer Hand hielt er ihn davon ab, aufs Sofa zu springen. Er hatte zu tun. »Schau, sie mag dich.«

Sie schlug die dünne Decke zurück und stellte die Füße auf den Boden.

Besorgt sah er sie an. »Geht es wieder? Hast du das öfter? Ist dir noch schlecht? Willst du ein Glas Wasser? Tee?«

Sie schüttelte den Kopf. »Lukas, der kann hier nicht ...« Ihr war immer noch flau.

Er setzte sich auf den Hocker gegenüber. Der kleine Hund sah zu ihm auf und ließ sich unvermittelt fallen. Er präsentierte seinen Bauch und schloss die Augen. Seine Mundwinkel kräuselten sich, als würde er lachen. Lukas kraulte ihn, und er begann sofort zu sabbern.

»Ich muss mit dir reden, Marisa. Es sieht so aus, als würde das Ganze länger dauern. Frau Hnat hat sich den Oberschenkelhals gebrochen. Jetzt habe ich mir überlegt ...«

»Such einen anderen Platz für ihn.« Sie erhob sich und tappte zum Fenster. Mit einem Ruck zog sie die Vorhänge zur Seite. Dann ging sie zum Sofa zurück.

Der Hund hielt die Augen geschlossen. »Sie ist noch ein Baby. Knapp drei Monate, schätze ich. Ist sie nicht ...«

»Süß?«

Er nickte.

Und binnen weniger Tage stinkt es hier wie in einer Hundezone, dachte sie. Alles ist voller Haare, meine Schuhe zerbissen und der Boden voller Schrammen. Sie zog die Knie an den Körper und schlang die Arme darum. »Der ist sicher nicht lange im Tierschutzhaus.«

Lukas' Hand stoppte. »Das ist nicht dein Ernst!«

»Du hast ihn gefunden. Wann?« Ihre Stimme klang scharf. »Du warst die ganze Zeit hier.«

»Zwei Stunden vor dem Begräbnis. Da kannte ich dich noch nicht. Sie ist auf mich zugelaufen und … sie war ganz allein auf der Straße. Ich hab sie ins Auto gepackt, mitgenommen. Sie hat bei mir geschlafen. Ich habe ihr zugesehen, wie sie träumt …«

Und?, dachte sie. Ich will das nicht.

»Ich fühle mich verantwortlich für sie, Marisa.«

»Warum?«

»Weil …« Er zögerte. »Es ist ein Mädchen«, sagte er schließlich. »Ginny. Sie heißt Ginny.« Das Hündchen bewegte sich. »Sie lag in der Nähe ihrer toten Mutter«, sagte er leise. »Die Nachbarin war so freundlich … Wenn ich dich nicht getroffen hätte, wäre sie bei mir geblieben.«

»In deiner Wohnung.«

»Und die wäre mittlerweile fertig renoviert. Nein, Marisa, ich … Mist! So hab ich das nicht gemeint.«

Sie schüttelte seine Hand ab. Da hob das Hündchen sein rechtes Lid und linste zu ihr herüber. Es runzelte die Stirn und setzte sich schlaftrunken auf. Gähnte, streckte sich und begann zu wedeln. Es sah sie die ganze Zeit an.

»Wenn du es wirklich nicht willst, ich kann auch …« Er erhob sich.

»Gut, für ein paar Tage«, sagte sie heiser. Der Hals tat ihr weh. »Aber, Lukas – es ist dein Hund. Du kümmerst dich um alles. Und wenn –«

»Okay.«

»Er schläft nicht bei uns. Die Schlafzimmertüre bleibt zu.«

Ohne seine Antwort abzuwarten, stand sie auf. Sie ging hinaus und räumte ihre Schuhe in den Schrank.

Lukas hielt sich daran. Fütterte seinen Hund, spielte mit ihm und stand in der Nacht leise auf, um sie nicht zu wecken. Nach einigen Versuchen, ins Schlafzimmer zu kommen, akzeptierte der Hund sein Körbchen. Marisa hielt Abstand, aber er schien sie zu mögen. Nach und nach gewöhnten sie sich aneinander.

¤ ¤ ¤ ¤

Um dem Berufsverkehr zu entgehen, war Tom erneut zeitig am Morgen aufgebrochen. Er wollte mehrere offene Bücherschränke aufsuchen und danach seinen Einkauf erledigen. Der neue Supermarkt ein Stück die Straße hinauf, von dem Ela ihm erzählt hatte, war klein und viel zu teuer. Er würde auf den Markt und zu einem Diskonter gehen. Wie immer hatte er sorgfältig die Prospekte studiert, die Sonderangebote angestrichen und sich eine Liste gemacht. Hatte frische Kleidung herausgelegt und die Bücher, die er einzustellen gedachte, in den Rucksack gepackt.

Früher, als er noch gut verdient hatte, war er stundenlang in Buchhandlungen gestanden und schließlich belebt und voll der Vorfreude mit einer prall gefüllten Tasche wieder auf die Straße getreten. Das war vorbei. Eine Zeit lang war er Kunde der städtischen Büchereien gewesen, aber es kam ihn jedes Mal hart an, sich wieder von all den Schätzen trennen zu müssen. Er wollte sie um sich haben und sie zur Hand nehmen, wenn ihm danach war. Oft genug wurde aus der Suche nach einem bestimmten Abschnitt einer Geschichte ein Wiederentdecken, Sich-erneut-darin-Verlieren, oder er begriff, dass er alles neu denken musste, weil er endlich verstand. Auch wenn er jetzt, seit Ela … Er lächelte. So viele Bücher!, hatte sie gesagt, und tatsächlich – aber das war es nicht, was sie gemeint hatte – besaß er viele mehrfach, waren auch solche darunter, die er, wie er mit Bestimmtheit wusste, kein zweites Mal mehr in die Hand nehmen würde.

Die Schränke waren eine Entdeckung gewesen. Er besuchte meist zwei oder drei, und er kam nie mit leeren

Händen. Man durfte sich bedienen, ohne zu geben, aber … Wo kommen wir da hin, wenn jeder nur an sich denkt, nur nimmt? Die Omsch war immer noch an seiner Seite. Die alten Tugenden, die sie gelebt hatte – Lauterkeit, Hilfsbereitschaft, dachte er. Und Solidarität – über alle Grenzen hinweg … Rita hielt es wie er. Und Ela? Er vermochte es nicht zu sagen.

Solidarität. Großzügigkeit. Herzensgüte … Ist es nicht am Ende doch Neid, rede ich mir meinen Zorn schön?, fragte er sich, als er schließlich vor dem Bücherschrank in einem Innenstadtbezirk stand, in den er sonst kaum je geriet – einem mit obszön hohen Mieten und erhöhtem Fahrradaufkommen, in dem die Menschen später aus dem Haus gingen als die Durchschnittsbevölkerung und allesamt kreative Berufe hatten, wenigstens kam es ihm so vor, wenn er auf dem Heimweg an den Cafés vorüberkam, wo sie über ihren Laptops hockten. Die konnten sich ihren Hedonismus samt Selbstverwirklichung leisten, dachte er und hielt erschrocken inne. Wer bist du, dass du urteilst, dachte er. Und wenn schon, dann schau dahin, wo die wirklichen Verbrecher sitzen.

¤ ¤ ¤ ¤

»Ich weiß«, sagte Frau Niedeck, »das hier ist eine fremde Welt für Sie. Noch immer. Es ist Ihre erste Stelle. Sie haben eine Weile gesucht.«

Marisa nickte. Sie stemmte die Füße in den Boden und wappnete sich.

»Ein Männerbetrieb, der Umgangston ist rau, Sie sind das nicht gewöhnt –«

»Ich komme damit klar.«

»Sie tun sich schwer damit, Unterstützung anzunehmen. Sie haben den Ehrgeiz, alles selber … nein, warten Sie, Frau

Faber«, die Niedeck hob die Hand, »... den Ehrgeiz, alles allein zu schaffen. Sie erleben es als Schwäche, jemanden zu fragen, um Hilfe zu bitten.«

»Vielleicht habe ich ... anfangs ...«

Die Niedeck sah sie an. »Gut. Wie gesagt: Wir werden die erste Zeit eng zusammenarbeiten. Für Sie ist das Neuland. Ich will nicht, dass Sie alleine herumfuhrwerken. Sie fragen mich, wenn Sie sich irgendwo nicht auskennen.«

»Ja.«

»Ich muss mich darauf verlassen können, Frau Faber.« Sie musterte sie. »Mit den Unterlagen sind Sie durch?«

»Ja. Ich habe mir alles Wichtige herausgeschrieben und ...« Marisa straffte sich. »Ich will nicht stehen bleiben, Frau Niedeck. Ich habe mir überlegt, zusätzlich einen Kurs ... Ich habe mich bereits erkundigt.«

»Das wird nicht nötig sein«, beschied ihr die Niedeck knapp. »Da ist noch etwas. Der Chef hat sich überlegt, vorausgesetzt, Sie bewähren sich, Sie über kurz oder lang in der Zentrale einzusetzen.«

»In der Zentrale?«

Die Niedeck nickte. »Er holt Sie morgen um neun hier ab. Sie werden an zwei Besprechungen teilnehmen, das Rundherum kennenlernen, die Kollegen dort.« Sie schien nicht damit einverstanden zu sein. »Wie gesagt, das ist noch Zukunftsmusik, aber ...« Sie legte den Kopf schief. »So können Sie natürlich nicht hin.«

Marisa fühlte, wie sie rot wurde. Was war schlecht an ihrem Aufzug? Hatte die eine Ahnung, was diese Hose gekostet hatte? Der Pulli? Ihr Blick streifte das Kleid ihres Gegenübers, die breite Goldspange am linken Arm. – Ja, hat sie!, dachte sie.

»Ein Kleid. Sie haben doch welche?«

Marisa dachte an das sündige rote, das klarerweise ein No-Go war. Kleider? Das eine war zu eng, das grüne

Leinenkleid, na ja … vielleicht noch schnell eines kaufen? Aber da packte sie der Trotz. »Ich bin eher der sportliche Typ«, sagte sie bestimmt.

»Wie Sie meinen.« Die Sekretärin streckte sich und legte ein Blatt vor sie hin. »Ich brauche eine Unterschriftenprobe.«

»Von mir?« Sie war alarmiert.

»Für die Abrechnungen. Weil Sie doch jetzt … Den Laptop kriegen Sie am Nachmittag.« Ihre perfekt lackierten Finger trommelten auf die Tischplatte.

Sie selber hatte unterschrieben, Hecker, Weber, der Chef.

»Und Erol?«

»Das wissen Sie noch nicht?« Die Niedeck hob die Braue. »Der verlässt uns kommende Woche. Von den Aushilfskräften haben wir uns getrennt, damit wir Sie halten können. Und Herr Schwarz, bevor Sie fragen, macht weder Bestellungen, noch hat er mit der Buchhaltung zu tun. Wenn Sie dann bitte …«

»Okay.« Marisa griff zum Stift und setzte ihre Unterschrift unter die des Chefs.

»Gut. Dann hätten wir das. Und vergessen Sie nicht: Morgen …«

Marisa stand auf. »Danke, Frau Niedeck.« Als sie den Raum verließ, war sie schweißgebadet.

¤ ¤ ¤ ¤

Die meisten fanden die Zeitungsausschnitte erst am Abend, nur die rundliche Frau mit dem kleinen Kind saß bereits gegen halb elf, kurz nachdem der Briefträger da gewesen war, über den vier losen Blättern, Kopien alter Zeitungsausschnitte, und griff kurz darauf zum Handy, um ihren Mann zu informieren. Danach eilte sie über die Straße, das Kind an der Hand, klopfte und ging, als sie die Haustür unversperrt fand, durch den Flur weiter in die Küche.

Ela, in Shorts und einem weiten Hemd, die Füße in Flipflops, stand über einen Topf gebeugt. Wasser blubberte und zischte auf die Herdplatte. Es roch nach Kartoffeln. Sie fuhr herum, ließ die Gabel fallen und schrie auf. »Wie kommen Sie –?«

»Tut mir leid. Die Tür stand offen. Und ich dachte …«

Das Kind stürzte sich auf die Abdeckfolie, die zusammengeknüllt in der Ecke lag. Es plumpste auf den Hintern und zerrte daran.

Die Frau wedelte mit ein paar Zetteln. »Haben Sie das schon gesehen? Das war heute im Briefkasten.«

Ela sog an ihrem Zeigefinger. Sie zog den Topf zur Seite und schaltete den Herd aus. Erst dann beugte sie sich über das Blatt.

Die Frau setzte sich hin und sah sie erwartungsvoll an.

Ela ließ sich Zeit. Nahm sich das zweite Blatt noch einmal vor, das dritte, auf dem ein grob gerastertes Foto Tom, freilich deutlich jünger, zeigte, kontrollierte das Datum und verzog den Mund.

»Und?« Der Sessel ruckte. »Unglaublich, oder?«

Es belebt sie, dachte Ela. Endlich war hier etwas los. »Das ist mehr als zehn Jahre her.« Sie legte die Kopien auf den Tisch. »Wenn es denn stimmt.« Die Frau ging ihr auf die Nerven. Die Gier, sich mit anderen, mit ihr, das Maul zu zerreißen. Das war genau die Sorte Leute, die reflexartig aufjaulten, wenn man ihnen einen entsprechenden Happen hinwarf. Die sich empörten, formierten, einander anstachelten. In der Meute waren solche Leute stark. Sie winkte ab. »Die Zeitungen schreiben viel.«

Die Nachbarin war sichtlich verstimmt. »Ich habe ein Kind«, sagte sie schmallippig. Sie stemmte sich hoch und raffte die Zettel zusammen. »Da sieht man das nicht so locker. Der Mann ist eine Gefahr. So einer –«

Die Folie raschelte. Das Kind hatte einen Zipfel davon

gepackt und krabbelte, den Rest wie einen Schleier, der mit weißen und grauen Farbspritzern übersät war, hinter sich her schleifend, auf allen vieren im Höllentempo Richtung Vorraum.

»Svenja!« Die Mutter sprintete ihr nach, entwand dem kreischenden Kind sein Spielzeug, nestelte ein Taschentuch hervor und wischte ihm den Mund ab. »Wie können Sie so was einfach herumliegen –«

»Habe ich Sie hergebeten? Nicht, dass ich wüsste.« Sie starrten einander an.

Die Frau hob das Kind hoch und strich ihm über die Haare. »Ich dachte ... Aber Sie sind wohl befreundet. Das hätte ich mir denken können.« Sie betrachtete sie abschätzig. »Danke, wir finden allein hinaus.«

Gut, dachte Ela. Die würde sie so schnell nicht wiedersehen.

¤ ¤ ¤ ¤

Wolff war pünktlich auf die Minute. Marisa sank in den weichen Ledersitz. Die Autotür schloss mit einem satten Ton. Wie Synchronschwimmer beugten sie sich gleichzeitig zur Seite, ihre Gurte klickten ein. Wolff startete den Wagen, sie rollten vom Hof.

Es war erstaunlich wenig Verkehr. Er ordnete sich ein, schien keine Eile zu haben. Sie betrachtete ihn verstohlen von der Seite – frisch vom Friseur, hellgrauer Sommeranzug –, roch sein Parfum, dezent und intim, und fühlte sich mit einem Mal beklommen. Warum sagte er nichts? Sie räusperte sich. Der Motor war kaum vernehmbar. Ihre rechte Hand glitt über weiches Leder. Der Wagen hatte sicher eine tolle HiFi-Anlage. Es blieb still. Hinter den sanft getönten Scheiben zog die Vorstadt vorüber, brannte die Sonne. Ein Mann sprintete einer Straßenbahn nach und verpasste sie knapp.

»Weber sagte letztens, Sie machen sich gut.«

»Danke.« Marisa schluckte. Und die Niedeck hält mich für eine völlige Niete, dachte sie. Sie beugte sich über ihre Handtasche, suchte nach einem Taschentuch und putzte sich umständlich die Nase. Jetzt wäre die Gelegenheit, ihn zu fragen, dachte sie. Sie war sich mittlerweile sicher, dass er keine Ahnung hatte, wie Weber zu seinen Abschlüssen kam.

Handschlagqualität, Frau Faber. Das zeichnet uns aus.

Vielleicht verlief das Ganze ja im Sand. Der Bulle konnte schlecht bei den Leuten in den neuen Häusern gegenüber aufkreuzen, ohne Verdacht zu erregen. ›Den Ball flach halten, hatte der Chef gesagt. ›Was ich sicher nicht brauche: eine Bürgerinitiative, Anwälte, Naturschützer …‹ Sie schaute auf seine gepflegten Hände am Lenkrad und sah ihn lächeln. Ein Müllwagen blockierte die Straße, und während hinter ihnen ein Hupkonzert losging, saß Wolff ruhig da und wartete.

Ihr wurde heiß. Dass sie daran nicht gedacht hatte: die Kiliç! Natürlich! Weber wird bei ihr antanzen. Die Information, dass der Nachbar ein Verbrecher und im Gefängnis gewesen war, würde ihre Entscheidung zu verkaufen entschieden fördern. Vermutlich erzählte sie es weiter … Und dann …

»Schön, Sie können schweigen.«

»Bitte?«

»Das ist selten.« Wolff lächelte. Er schaute auf sein Handgelenk. Er trug eine schöne flache Uhr mit schlanken vergoldeten Zeigern, die sehr teuer aussah. »Wir haben noch Zeit. Die erste Besprechung beginnt in einer Dreiviertelstunde, danach fahren wir in die Zentrale.« Er unterbrach sich. »Ah, sehr schön. Direkt vor dem Lokal.« Routiniert parkte er ein, Marisa löste den Gurt und griff nach ihrer Tasche.

Sie standen in einer belebten Straße, ein gutes Stück vom Zentrum entfernt. Kleine Geschäfte, Ramschläden, eine türkische Bäckerei. Ein Laden mit Brautkleidern, die sie hässlich fand. Wolff steuerte ein Café mit aufgeklebten goldfarbenen Ornamenten an. Er hielt ihr die Tür auf und ging zur Theke. Sie folgte ihm.

»Ich brauche einen Espresso. Sie auch?«

»Gern.« Sie glitt auf den Barhocker neben ihm, zog ihre Hose zurecht und sah sich um. Das Lokal war klein und nichts Besonderes. Rotes Kunstleder, viel Schwarz. Die Fotos an den Wänden zeigten ausschließlich Männer, die lachten, sich aneinanderdrängten, Boxhandschuhe und Pokale hochhielten oder einfach in die Kamera grinsten, alle in Schwarzweiß, und Marisa fragte sich, ob das die Leute waren, von denen Lukas gesprochen hatte, ob Wolff ein Teil dieser Szene gewesen war. »Boxen Sie?«

Er sah sie verblüfft an. »Für Wettkämpfe hat es nicht gereicht«, sagte er lachend. Ihre Espressi kamen. Er trank seinen mit viel Zucker, sie tat es ihm gleich und fand ihn großartig. »Sie sind eine gute Beobachterin«, sagte er. »Drago?«

Der Kellner nickte. Mit geübten Griffen klopfte er den Kaffeesatz in eine Lade und reinigte den Siebträger mit einem weichen Tuch. Er war ganz auf sein Tun konzentriert, häufte Kaffeepulver an, strich es glatt und drückte es mit einer Art Stempel nieder. Die Kaffeemaschine pfauchte, er setzte den Siebträger ein und griff nach den vorgewärmten Tassen, die mit einem Geschirrtuch zugedeckt waren.

Marisa spürte einen Lufthauch und drehte sich um. In der Tür stand ein kleiner rundlicher Mann und breitete die Arme aus. »Rado!«

Wolffs Gesicht hellte sich auf. »Veli!« Er sprach das »L« im Namen dumpfer aus als im Deutschen. Auch seine Gesten veränderten sich, wurden deutlicher, raumgreifender.

»Man kann sich drauf verlassen … Und immer«, er nickte Marisa zu, »eine schöne Frau an deiner Seite.«

»Frau Faber arbeitet seit kurzem in meiner –«

Er nickte, ohne sie weiter zu beachten. »Rado, wie geht's?« Sie wechselten ins Serbokroatische, wenigstens nahm Marisa das an. Der Rundliche gab Wolff eine Mappe, ein dickes Kuvert wechselte den Besitzer. Er stürzte seinen Espresso hinunter und klopfte ihrem Chef auf die Schulter. Beide lachten, er griff in die Hosentasche, wollte zahlen, aber Wolff wehrte ab.

Das ganze Gespräch hatte keine fünf Minuten gedauert. Wolff hatte seinen zweiten Espresso bereits ausgetrunken. »Frau Faber«, sagte er, »tut mir leid, wir müssen los.«

Im Auto wurde er gesprächiger. »Ich bin in der Gegend aufgewachsen«, sagte er, während er einer Dame die Vorfahrt gewährte. »Kenne hier viele. Ich komme immer noch gerne her, obwohl … es ist nicht mehr wie damals.«

Sie nickte.

Jetzt fuhr er zügig, überholte mehrmals. Anders als in ihrem kleinen Auto spürte man in seinem Wagen die Geschwindigkeit kaum.

»Ich gebe Ihnen jetzt ein paar Informationen zu unserem heutigen Tag. Wir starten mit der Besprechung. Unser Anwalt wird dabei sein. Frau Held aus dem Restaurant im Park und …«

Sie hörte ihm aufmerksam zu, nickte hin und wieder und hatte die ganze Zeit das Gefühl, sie würde gleich aufwachen, in ihrer kleinen Wohnung, Lukas neben sich im Bett, und auf seine Frage, warum sie lache, die Schultern zucken und sagen: »Ich hab seltsames Zeug geträumt. Kennst du das? Einerseits ist alles ganz schlüssig, was passiert. Nur – du selber passt irgendwie nicht dazu.«

¤¤¤¤

Der Wagen war knapp an ihm vorübergeschossen, er hatte den Luftzug gespürt, und der Nachbar, der mit der üppigen Frau und dem kleinen Kind, hatte ihn angebrüllt, aus dem offenen Autofenster – genauso erschrocken wie ich, dachte Tom, kein Grund, das persönlich zu nehmen, zumal an einem Montagmorgen. Trotzdem hatte er immer wieder daran denken müssen – auf dem Weg zum Friedhof, am Grab, das in einem erbärmlichen Zustand war. Auf dem Nachhauseweg. Am Anfang der Straße stand einer im Garten. Er grüßte, der andere wandte sich ab, aber das war bestimmt ein Zufall. Selektive Wahrnehmung. Oder – wie hieß das doch gleich? – eine selbsterfüllende Prophezeiung. Was man erwartete, traf auch ein. Er senkte den Kopf und schritt schneller aus. Die Einkaufstaschen schlugen gegen seine Schenkel. Er nickte der Frau mit dem Kind zu, ohne ihre Antwort abzuwarten, und spähte verstohlen hinüber zu Elas Haus. Sie war nirgends zu sehen.

Als er in die kühle Dämmerung seines Flurs trat, atmete er auf. Er räumte den Eiskasten ein, duschte und wechselte das Hemd. Stand eine Weile am Fenster, nahm schließlich das gute Geschirr aus der Vitrine und deckte den Tisch.

»Ich muss dir was erzählen«, hatte Rita gesagt, aber er hatte den ganzen Samstag auf dem Sofa zugebracht, niemanden sehen wollen und sie also vertröstet.

»Dann komm ich am Montag. Da habe ich frei.«

Der Bus war pünktlich. Sie kam die Straße entlang, ein junges Mädchen in Sneakers und einem weißen Kleid, das bei jedem Schritt mitschwang. An der Stelle, wo sie überfallen worden war, verhielt sie den Schritt. Sie legte den Kopf schief und fixierte die gegenüberliegende Straßenseite. Er ließ den Vorhang los und ging zur Tür.

Rita strahlte ihn an. »Ich habe es genau so gemacht, wie

du gesagt hast, Tom. Frau Freese hätte mir am liebsten den Mund zugehalten, aber –«

»Servus. Es ist gut gelaufen?«

Sie folgte ihm durch den Flur. »Hmm, Erdbeerschnitte! – Ja. Alles gut. Und wegen dem Hund …«

»Wegen des Hundes …«

»Wegen des Hundes, ja – sie fangen an, mir zu glauben. Und das mit dem Polizisten –«

»War ein Missgeschick.« Er legte die Kuchenstücke auf die Teller und trug sie zum Tisch.

»Wird nicht so schlimm werden, hat der freundliche Polizist gesagt.« Ehe er es sich versah, umarmte sie ihn. »Danke, Tom!«

»Schon gut.« Hastig, fast grob, machte er sich los. Sie schien es ihm nicht übel zu nehmen. »Das freut mich«, sagte er.

Es läutete. »Erwartest du jemanden?«

Tom erhob sich. »Nein.« Der Immobilienmensch!

Aber es war Ela. Er nestelte an seinem Kragen. »Ist was passiert?«

»Ich muss mit dir reden.« Sie war barfuß. Ihre roten Nägel leuchteten im Gras. Wie Erdbeeren. »Ich weiß nicht, was hier los ist«, sagte sie. »Aber die gegenüber rennt mit alten Zeitungsausschnitten herum und hetzt die Leute gegen dich auf.«

»Zeitungsausschnitte«, stammelte er. Es war also kein Zufall gewesen! Sein Mund wurde trocken.

»Ja. Ich finde, du solltest das wissen. Ich hab sie rausgeworfen.«

Er fuhr sich mit der Hand an den Hals. »Aber –«

»Ela! Wie schön.« Rita drängte sich an ihm vorbei und stürmte auf sie zu. »Geht's dir gut? Ist alles in Ordnung? Warum hast du dich nicht gemeldet?«

»Hallo.« Sie klang verhalten. Ritas Überschwang schien ihr unangenehm zu sein. »Danke, alles gut.«

»Er war nicht hier? Kornmesser.«

»Doch. War er. Aber zum Glück hat Tom –«

»Du hast mir nichts davon gesagt!« Rita sah ihn vorwurfsvoll an.

Endlich fasste er sich. »Komm weiter«, sagte er heiser. »Es gibt Kaffee und Kuchen.«

Sie zögerte einen Augenblick, dann folgte sie ihnen. Während er sich beschäftigt gab, eine weitere Tasse holte, Kaffee einschenkte und zum Tortenheber griff, sprudelte Rita los. Sie lachte, erzählte von einem Gespräch mit ihrer Betreuerin, das irgendwie aus dem Ruder gelaufen war, stellte Ela Fragen, verhörte sie geradezu. Gedankenverloren öffnete er den Eiskasten und schloss ihn wieder.

»Du trinkst ihn schwarz«, sagte er und ging zum Tisch. Ihre Augen trafen sich. Sie hatte es gelesen! Er schluckte, räusperte sich. »Es ist nicht, wie du denkst.«

»Du musst mir nichts erklären«, sagte sie und schaufelte Zucker in ihre Tasse. Geräuschvoll rührte sie um.

»Hast du –?«

«Hier.« Papier raschelte. Sie faltete es auf und schob es ihm hin. »Ich hatte das auch im Postkasten. Nein, lose. Kein Kuvert. Vermutlich hat das jeder hier bekommen – außer dir.«

Er beugte sich vor und las. Sein Herz hämmerte gegen die Rippen. Er sah sie nicht an, schob Rita die Zettel hin. Ihre Lippen bewegten sich tonlos, während ihr Zeigefinger die Zeilen entlangfuhr. Ela schwieg. Er hörte den Löffel in ihrer Tasse klingeln, Rita atmen, fühlte schließlich ihre Hand auf seiner Schulter und hob den Kopf.

»Aber du hast gesagt, so war das nicht. Die Zeitungen haben gelogen.« Rita klang empört.

Er nickte müde. Ela führte die Tasse zum Mund, trank und stellte sie wieder ab. Sie tastete nach den Zigaretten, zog die Hand wieder zurück.

»Du kannst gerne rauchen«, hörte er sich sagen. Er stand auf. »Nichts davon stimmt. Ich wurde freigesprochen.« Er hörte ein Feuerzeug klicken, Ela den Rauch einsaugen und ausblasen.

»Es ist nicht wichtig«, sagte sie.

»Doch!« Er wandte sich um. »Ich will, dass du Bescheid weißt.« Er schob ihr den Aschenbecher hin und setzte sich wieder. »Es ist lange her. Gut zehn Jahre. Ich war Buschauffeur. Sie ist an diesem Tag, es war ein Dienstag, stundenlang mit mir herumgefahren. Ich sah sie im Rückspiegel. Klein, schmal, dunkle schulterlange Haare. Es war Herbst, schon kühl. Sie trug Jeans und eine verschlissene, viel zu dünne Jacke. Leute stiegen ein und wieder aus. Sie sah aus dem Fenster, döste, schlief schließlich ein. An der Endstelle hätte ich sie auffordern müssen auszusteigen, aber ich wollte sie nicht wecken. Mittlerweile hatte es zu nieseln begonnen, der Boden war glatt. Nach einer weiteren Runde, kurz vor Ende meines Dienstes, ist sie dann nach vorne gekommen. Hilfst du mir? Ich hab Hunger. Ich weiß nicht, wo ich schlafen soll. Sie hat mir leidgetan.«

Rita nickte, als habe sie genau das erwartet. Ihre Gabel stach in den Kuchen. Sie löste die oberste Schicht ab, teilte sie in mehrere gleich große Stücke und begann zu essen. »Sie ist abgehauen, oder?«, fragte sie mit vollem Mund.

»Ja. Aus einem Heim irgendwo am Land.«

»Ein Heimkind?« Ela dämpfte ihre Zigarette aus. Jetzt hatte er ihre volle Aufmerksamkeit.

»Sie hat furchtbare Dinge erzählt.« Er zupfte an der Tischdecke herum und strich sie glatt. »Ich weiß, es war ein Fehler, sie hierher mitzunehmen. Aber ich hatte keine Ahnung, was ich tun sollte. Ein, zwei Tage, habe ich gesagt. Höchstens. Die Omsch war im Spital, und ich dachte mir …« Er stockte. »Und dann hat sie sich hier eingerichtet. Das geht nicht, habe ich gesagt. Du musst …« Plötzlich war alles wieder da.

Du musst zurück oder …

Ich geh nicht zurück!

»Sie war furchtbar wütend auf mich. Hat mich angeschrien. Getobt. Eine meiner Jacken zerschnitten und …« Es litt ihn nicht mehr auf seinem Platz. »Sie hat davon geträumt wegzugehen. In den Flieger zu steigen. Abzuhauen, in ein Land, wo es warm ist.«

Du glaubst, das ist so einfach.

Ich habe einen gültigen Pass.

Aber kein Geld! Und man sucht dich bestimmt schon.

Dann hilf mir doch!

»Sie hat sich gebärdet wie eine Verrückte. Und dann stand plötzlich die Polizei im Betrieb. Sie hatte eine Bank überfallen, während ich arbeiten war. Mit einer Spielzeugpistole, die täuschend echt aussah.«

Rita hatte zu essen aufgehört. Sie stützte die Arme auf. »Sie hat gesagt, dass du –«

Er kam ihr zuvor. »Ich hätte sie angestiftet, ja. Die Idee für den Überfall gehabt. Ich hätte mit ihr weggehen wollen und ihr alles Mögliche versprochen.« Er fuhr sich mit der Hand über das Gesicht. Es war schwer. Noch immer. »Man hat mich verhört. Gefragt und gefragt, mir jedes Wort im Mund umgedreht. Mir vorgeworfen, ich hätte sie … Ich saß da, verzweifelt, durchgeschwitzt. Ich habe mich so geschämt. Und dann die Presse. Da wollte ich nicht mehr leben. Meine Omsch …« Seine Stimme versagte.

»Wie lange warst du in Haft?« Ela hatte die ganze Zeit geschwiegen. Ihr Gesicht verriet nichts.

»Fast sieben Monate«, sagte er heiser. »Dann hat sie alles zurückgenommen. Ihre Aussagen zurückgezogen: Er hat nichts mit dem Überfall zu tun. Ich habe gelogen. Er hat mir nichts getan.«

»Und warum?« Rita machte sich über das letzte Stück Kuchen her. Ela saß unbewegt.

»Ihre frühere Bezugsbetreuerin, die nach einer beruflichen Auszeit wieder zurückgekommen ist, hat den Stein ins Rollen gebracht. Sie hat sie mehrmals besucht, mit ihr geredet und …«

»Hast du, habt ihr euch –?«

»Nein«, sagte er. »Nein, ich habe sie nie wiedergesehen.«

»Sie hat dich ausgenützt«, stellte Rita fest. »Das ist gemein.«

»Ich war naiv«, sagte er. »Heute passe ich besser auf.« Er fühlte, wie er schlagartig errötete, und täuschte einen Hustenanfall vor.

Rita sprang auf und klopfte ihm auf den Rücken. »Besser?«

Er nickte.

»Okay«, sagte Ela und griff nach ihren Zigaretten. »Ich gehe dann. Die Zettel lasse ich dir da.«

Rita brachte sie zur Tür. »Du magst sie«, sagte sie zu ihm, als sie zurückkam.

Er klapperte mit dem Geschirr und lachte nervös.

»Sieht man«, sagte sie. »Aber ich glaube …«

»Was?«, fragte er scharf.

»Nichts«, sagte sie. »Vielleicht täusche ich mich ja.«

¤ ¤ ¤ ¤

Ela ging langsam über den aufgeheizten Gehweg zurück. Er war also freigesprochen worden. Das konnte stimmen oder auch nicht. Sie zuckte die Achseln. Jeder interpretierte Geschehenes auf seine Weise, verdrängte Unangenehmes und versuchte, so gut es ging, zu schönen, was nicht ins Bild passte. Man musste schließlich weitergehen, weiterleben. Die Sache war lange her. Er hatte sich als angenehmer Nachbar erwiesen, hatte ihr geholfen, ohne viel zu fragen. Im Gegensatz zu den anderen bedrängte er sie nicht. Sie schloss das Gartentor hinter sich und ging neben dem

Plattenweg durch das Gras auf das Haus zu. Angenehme Kühle umfing sie.

Die Folie lag noch immer da, mehrere Müllsäcke standen daneben. Später, dachte sie. Seit sie wusste, dass sie nicht bleiben würde, hatte sie keine Eile mehr. Sie schmierte sich ein Brot und setzte sich aufs Fensterbrett, kaute, aß. Sah das Kind vor sich, wie es auf allen vieren um die Ecke verschwunden war, hörte die Folie rascheln. Seine Mutter sich selber in Rage reden: Der Mann ist eine Gefahr … Kinderschänder … Man muss doch etwas tun!

Du lieber Himmel, dachte sie. Wenn ihr euch sonst um alles kümmern würdet, was rund um euch und bei euch selber im Argen liegt. Gestern Abend hatten sie mit den anderen, die direkt neben ihnen wohnten, über den Zaun die Köpfe zusammengesteckt. Später war das Paar aus dem zweiten Haus am Anfang der Straße dazugestoßen … Wahrscheinlich würden sie auch Rita vor ihm warnen. Sie biss vom Brot ab und kaute. Das Mädchen war ihr ein Rätsel. Was verband sie mit Tom? Der konnte dem Alter nach ihr Vater sein. Und was in aller Welt wollte Rita von ihr? Auch vorhin hatte sie sie nur mit Mühe davon abhalten können mitzukommen. Vielleicht war sie einsam?

Wie gut, dass ich das hinter mir lassen kann, dachte sie. Wichtig war nur, dass Kornmesser sie in Ruhe ließ und alles glattging. Sie stand auf und stellte den Teller ins Abwaschbecken. Er würde es nicht mehr wagen …Mehrere Leute hatten ihn gesehen. Tom, der Nachbar, seine Frau. *Die wird jetzt freilich keinen Finger mehr für mich rühren.* Aber das wusste Kornmesser ja nicht. Sie war in der Apotheke gewesen und hatte Nachschub geholt. Sie würde endlich wieder ruhig schlafen.

¤ ¤ ¤ ¤

Irgendetwas stimmt nicht, dachte Marisa. Klar, er hatte ihr zugehört, ihr versichert, wie sehr er sich für sie freue, aber er hatte kein einziges Mal nachgefragt, Genaueres wissen wollen, und sie merkte, wie ihre Freude langsam erstarb, die gute Laune verflog.

»Ist irgendwas?«, fragte sie schließlich. »Ich dachte, wir stoßen darauf an und ...«

Er nickte. »Klar feiern wir, aber zuerst ...« Er öffnete seine Brieftasche, zog ein kleines Kuvert hervor und faltete es auseinander. Sie beugte sich vor. Er hielt eine hübsche feingliedrige Goldkette in die Höhe. Ihr Herz schlug schneller. »Die hat meiner Mutter gehört«, sagte er leise. »Der einzige Schmuck, den sie abgesehen vom Ehering getragen hat. Irgendwann hat sie sie abgenommen. Ich dachte immer, sie hat sie versetzt.« Er presste die Lippen aufeinander. »Weißt du«, sagte er dann, »sie wollte weg.«

»Und wie kommst du jetzt –?«

»Ich war dort.« Vorsichtig packte er die Kette wieder ein.

Sie schluckte. »In der Wohnung? Ich dachte –«

»Im Garten vorm Haus.«

»Aber du hast doch gesagt ...« Unvermittelt schlug ihre Enttäuschung in Wut um.

Er schien es nicht zu merken. »Und da steht sie vor mir, Marisa, mit der Kette um den Hals, und wird laut und schreit, ich soll verschwinden. Nachbarn kommen angerannt, Tommi aus dem Haus nebenan und –«

»Hast du ihr –«

»Was getan? Nein!« Seine Brauen zogen sich zusammen. »Aber sie hat schließlich die Kette abgenommen –«

»Wann war das?«

»Ist doch egal jetzt! Das ist eine Betrügerin, Marisa! Die hat sich gekrallt, was sie kriegen konnte. Ich hab Kontoauszüge gefunden.«

»Bei ihr im Haus?«

»Ich war nicht im Haus!«

Sie sah ihn erschrocken an.

»Entschuldige. Entschuldige bitte. Ich bin total ...« Er atmete schwer. »Nein, in der Wohnung. Im Briefkasten war ein Kuvert von der Bank. Reihenweise Abbuchungen während der letzten Monate! Die hat ihn ausgenommen wie eine Weihnachtsgans.« Jetzt tigerte er im Wohnzimmer auf und ab. »Marisa, das macht mich wahnsinnig. Dazusitzen und auf die Testamentseröffnung zu warten, ein Notar, der sagt, der Alte sei bis zuletzt bei Sinnen gewesen. Dass alles so lange dauert. Und diese Kanaille nützt die Zeit und räumt beiseite, was sie kriegen kann. Verwischt die Spuren.«

Marisa biss sich auf die Lippen. »Sie kann nichts abheben, Lukas«, begann sie vorsichtig. »Die Bank stoppt jegliche Auszahlung, sobald jemand verstorben ist.«

»Hörst du mir nicht zu?«, pfauchte er sie erneut an. »Sie hat das Geld beiseitegeschafft, als er noch lebte. War wohl regelmäßig für ihn auf der Bank. Kannte die Zugangsdaten. Und im Haus hat sie sicher –«

»Sie hat ihn versorgt, Lukas. Sie musste einkaufen. Er hat sie bezahlt.«

Er warf sich aufs Sofa und hielt sich den Kopf. Nach einer Weile sah er auf.

»Hab ich was Falsches gesagt?«

»Nein.« Er streckte die Hand aus. »Komm her. Es tut mir leid.«

Zögernd setzte sie sich neben ihn. Sie spielte mit ihren Fingern. »Und was machst du jetzt?«

Er zuckte die Schultern. Sie hörten das Klacken von Ginnys Krallen auf dem Boden und wandten die Köpfe. Der kleine Hund galoppierte auf Lukas zu, schmiegte sich an ihn und leckte seine Hand.

»Schau, sie will dich trösten.«

»Nimm du sie!« Er packte das Tier und setzte es ihr auf den Schoß.

Jetzt verstand sie gar nichts mehr. Ginny wedelte wie verrückt, fiepte und drängte zu ihm hinüber. Sie spürte ihre Krallen durch den Stoff ihrer Hose.

»Schau mich nicht so an!«

Galt das ihr oder dem Hund? Sie warf ihm einen raschen Blick zu und stand auf. Mochte er seinen Ärger in sich hineinfressen oder auskotzen, herumschreien oder sich jedes Wort aus der Nase ziehen lassen – sie hatte genug. »Ich gehe eine Runde. Komm, Ginny.« Der Hund schaute zu Lukas, dann zu ihr. »Na, komm her.« Marisa klopfte sich auf den Schenkel. Zögernd setzte das Tier sich in Bewegung. »Bis später.«

Lukas rührte sich nicht.

Als sie zurückkamen, war die Wohnung leer.

¤ ¤ ¤ ¤

Rita war enttäuscht. Sie saß im dunklen Saal und starrte auf die Leinwand, ohne eine Miene zu verziehen, während sich die Leute um sie herum vor Lachen krümmten.

Devi stieß sie in die Rippen. »Nicht lustig?«

»Doch.« Sie verzog den Mund.

Danke, hatte Ela gesagt. Nein, alles gut. Der kommt nicht mehr, der hat's kapiert. Ich bin mir sicher. Und falls doch, ist Tom ja da. Weißt du, ich hab viel zu tun im Haus, und eigentlich …

Ich kann dir helfen!

Lieb von dir, Rita, aber …

Sie hatte sie abgewimmelt. Warum? Sie hatte nichts falsch gemacht, da war sie sich sicher. Oder doch? Vielleicht zu viel gefragt? Etwas falsch verstanden?

Damals, als er dir geholfen hat, hatte sie gesagt, als die Rede auf den alten Herrn Kornmesser gekommen war.

Und Ela: Geholfen?

Als du schwanger warst.

Ich war nie schwanger.

Aber du hast doch … Damals im Spital –

Nein. Da irrst du dich. Das habe ich nie gesagt.

War es das gewesen? Man konnte sich doch irren! Wie bitte sollte man jemanden kennenlernen, sich befreunden, wenn man nur dasaß und zuhörte, wenn das Gegenüber reden wollte, reden musste. Anteil nahm, nickte und schwieg.

Einmal erzählte sie, dann wieder verschloss sie sich, war abweisend, fast schroff. Man wusste nie, woran man war.

Mein Bruder ist gestorben, hatte sie erzählt. Und dann ist alles gekippt. Unser Miteinander. Die Ehe der Eltern. Danach war sie geflohen und ist irgendwann auf der Straße gelandet.

Zuhören, warten, hatte sie damals gedacht. Am besten nichts sagen. Mitleid war sowieso das Schlimmste. Aber irgendwann, wenn man einander besser kannte … Ein halbvoller Kübel mit Popcorn stoppte vor ihr, Devi stupste sie an. Sie griff zu, nickte, kaute. Auf der Leinwand kasperten jetzt andere Leute herum. Lachsalven brandeten auf und verebbten. Sie hatte den Anschluss verloren und langweilte sich.

Tom mag sie, dachte sie. Sehr. Er hat noch nie so viel geredet wie bei ihr. Wenn sie ihn ansieht, wird er rot.

Und Ela? Sie sank tiefer in den Sitz. Nein, wen immer sie mochte – Tom war es nicht.

⌘ ⌘ ⌘ ⌘

Nicht schon wieder, dachte Ela genervt. Jemand hämmerte an die Eingangstür. Sie linste durch den Spion. Die Nachbarin! Sich totstellen? Dann kam sie wieder. Besser, sie brachte es hinter sich.

»Haben Sie Svenja gesehen?« Die Frau war völlig aufgelöst. Der kurze Morgenmantel klaffte über dem Bauch. Ein verwaschenes Nachthemd verdeckte nur notdürftig ihre üppige Oberweite. Sie presste ihre Hand auf die Brust, ihr Atem kam in heftigen Stößen. Rote Flecken wucherten ihren Hals hinauf. »Ich war nur ganz kurz … im Bad. Ich habe …« Sie roch nach Aceton. Drei Nägel waren frisch lackiert und mit kleinen funkelnden Steinchen beklebt. »Wenn ihr etwas passiert ist, ich …« Wimperntusche lief ihr über die Wangen.

»Seit wann –?«

»Nur ganz kurz … wirklich. Ich –«

»Dann kann sie nicht weit sein. Sind Sie die Straße abgegangen? Bis ganz nach vorne?«

Die Frau schluchzte auf. »Da ist sie aber nicht! Da war ich als Erstes. Sofort, nachdem mir aufgefallen ist –«

»Wie lange ist das her?«

»Fünf … acht, zehn Minuten.« Sie presste die Lippen aufeinander. Ihr Kinn zitterte. »Fünfzehn. Höchstens!«

Auf der großen Straße war viel Verkehr. Dort hätte sie allerdings jemand sehen müssen. Ela schaute auf die Uhr. Vor fünf Minuten hatte der Bus dort gehalten. »Haben Sie die Polizei angerufen? Gerda?«

»Die Polizei?« Ihre Augen wurden groß. »Sie glauben, dass ihr was passiert ist?« Jetzt schluchzte sie hemmungslos.

»Nein. Sie wird irgendwo spielen. Sich verstecken.« Die kippt gleich um, dachte sie und rannte in die Küche. Mit einem Glas Wasser kam sie wieder. »Trinken Sie!«

Die Frau schluckte, japste, das Wasser lief ihr über den Hals und nässte den Stoff. Sie hielt das Glas wie ein Kind. Mit beiden Händen.

»Wir suchen alles noch einmal ab«, entschied Ela. »Aber Sie müssen Ihrem Mann Bescheid sagen.«

Es dauerte eine ganze Weile, bis ihr Gegenüber reagierte. »Meinem Mann.« Ihre Lippen bewegten sich tonlos. Endlich hob sie den Kopf. »Mein Mann. Nein, nicht! Wenn er das hört …« – sie schluckte – »er bringt mich um.«

¤ ¤ ¤ ¤

Marisa sprang auf. Sie brauchte unbedingt etwas Süßes. In der einen Lade, ganz hinten zwischen den Kaffeekapseln, gab es noch Schokolade. Sie riss sie auf – das Silberpapier knisterte – und schob sich eine halbe Rippe in den Mund. Ginny sah ihr gebannt zu. Seit vier Tagen war sie jetzt hier in der Wohnung, schaute sie aus großen feuchten Augen an, setzte sich auf ein Wort von ihr in Bewegung, brachte ihr den roten Ball oder einen der Knochen aus Naturkautschuk, die sie gleich am nächsten Tag gekauft hatte, weil Lukas sie tatsächlich ohne jegliches Spielzeug hierhergebracht hatte.

»Sie mag dich.« Lukas legte sein Tablet weg und lächelte.

»Weil ich sie füttere und mit ihr spiele.« Sie warf den Ball quer durchs Wohnzimmer, immer noch kauend, der kleine Hund sprintete los, warf sich in die Kurve, riss das Maul auf und schnappte sich das Spielzeug. »Weil ich mit ihr rausgehe.« Schwanzwedelnd kam er zu ihr zurück.

»Tut mir leid. Ich konnte nicht früher.«

Sie nickte. Sie hatten das geklärt. Er war bei einem anderen Anwalt gewesen. Der hatte ihm Hoffnung gemacht. Am Montag musste er noch einmal hin.

»Das ist ein scharfer Hund. Der macht Druck. Er wird ihr schreiben, auf das fehlende Geld hinweisen, auf die Kette. Ihr mit Klage drohen. Du wirst sehen …« Er hatte sie um Nachsicht gebeten und Besserung gelobt.

Und jetzt fuhren sie an den See. Sie hatte sich die ganze

Woche darauf gefreut. »Okay, dann pack ich uns noch was zum Essen ein.« Sie kraulte Ginny hinter den Ohren.

Er nickte. »Gut. Ich fahre noch kurz in meine Wohnung. Hab was vergessen.«

»In die Wohnung? Jetzt?« Sie griff nach der Leine. »Ich komme mit.«

»Das dauert nicht lang. Ich bin gleich wieder da«, wehrte er ab, aber da war sie schon in den Schuhen. Ginny gebärdete sich wie eine Verrückte, fiepte, wedelte, sprang an ihnen hoch. Sie legte ihr die Leine an. Er nahm Marisa die Kühltasche ab.

»Okay. Dann …« Er klang nicht begeistert.

Es war nicht weit. Sie fanden einen Parkplatz direkt vor dem Haus. An der Fassade klebten winzige Balkone in kräftigen Farben. Ganz oben schaute ein dicker Mann aus dem Fenster und rauchte. Der Lift brachte sie in den zweiten Stock.

Ginny fiepte.

Lukas wirkte nervös. »Es ist so was wie eine Übergangslösung. Und wie gesagt …«

Die Lifttür öffnete sich, sie standen direkt vor seiner Tür. Er zögerte. Es ist ihm unangenehm, dachte sie und stellte den Hund auf den Boden. Ginny stürmte voraus und schleifte die Leine hinter sich her.

Der schmale Vorraum war dunkel und mit Malerutensilien vollgestellt. Eine Leiter lehnte an der Wand. In der Küche stand eine billige Küchenzeile, die Blende fehlte. Das Wohnzimmer war fertig ausgemalt und mit Kartons vollgestellt, im Schlafzimmer lag eine doppeltbreite Matratze. Lukas beugte sich über den Schreibtisch, auf dem Chaos herrschte. Sie ließ den Blick schweifen. In einem offenen Schrank hingen seine Anzüge und frisch gebügelte Hemden in Reih und Glied, lagen Freizeitklamotten in ordentlichen Stapeln. Sämtliche Schuhe waren mit Spannern aus Holz bestückt.

»Ich sehe nach Ginny.« Das Bad war eine karge Nasszelle wie ihres. Auf der schmalen Waschmaschine standen Kosmetikartikel, lag ein Fön. Nichts wies auf die Anwesenheit einer Frau hin. Sie fand einen Trinknapf, säuberte ihn und füllte ihn voll. »Ginny!« Der Hund schoss auf sie zu, tauchte die Schnauze ins Nass und schlabberte. Wasser spritzte in alle Richtungen. Sie hörte Lukas fluchen, Papier rascheln, eine Lade zuschlagen. Dann stand er mit einer schwarzen Mappe in der Tür.

»Wir können gehen.«

»Hast du ein Bodentuch?«

Er winkte ab. Ginny war schon bei der Tür.

»Jetzt bist du enttäuscht«, sagte er, ohne sie anzusehen. »Es ist nur für kurz. Ich bin auf der Suche nach etwas Größerem, aber in der Eile …«

Sie nickte. »Und davor?«

»Hab ich mit einer Frau zusammengewohnt. Hat nicht geklappt.« Er zuckte die Schultern. »Sie war eifersüchtig. Hat geklammert.«

»Ach so. Klar.« Was wirklich wichtig ist, dachte sie, erfährt man immer nebenher. Schweigend gingen sie zum Auto.

»Und jetzt zum See?«

»Ja.« Sie lächelte ihn an.

¤ ¤ ¤ ¤

Nach langer Zeit hatte Tom wieder von *drinnen* geträumt. Von der Zeit in der Haft. Er war aufgewacht, nassgeschwitzt, erschrocken erst und dann unendlich erleichtert, hatte sich Kaffee zubereitet, richtigen Kaffee, hatte die Fenster geöffnet, Frischluft hereingelassen, und obwohl sein Kopf längst verstanden hatte, fiel es ihm schwer, das Gefühl abzustreifen, er wäre wieder dort.

Um etwas zu tun, die Lähmung aufzuheben, hatte er bei

einer Rechtsberatung angerufen und gehört, was er ohnehin schon wusste – dass man, selbst wenn er verurteilt worden wäre, ihm dies nicht vorhalten dürfe, nachdem die Strafe verbüßt war. Üble Nachrede, hatte der Jurist gesagt, ist strafbar. Er hatte sich bedankt und aufgelegt.

Er hatte distanziert geklungen. Tom hatte seinen Vorbehalt gespürt. Die Menschen waren so. Irgendwas wird schon dran sein. Ein Gerücht, ein Verdacht, ein Vorfall irgendwo in der Umgebung, und schon ratterte die Maschinerie wieder los. Wenigstens war das zu befürchten. Eine Ladung langte ein, oder sie kamen gleich selber vorbei, holten einen ab, dann Fragen, bis einem der Kopf schwirrte, Unterstellungen, Vorwürfe, Polizisten, die einen in die Mangel nahmen, dass einem angst und bange wurde, andere, freundliche, die einem etwas zu trinken brachten, Zigaretten anboten, sich mitfühlend zu einem herüberbeugten, nickten und alles Mögliche versprachen, nur um einen wieder den anderen auszuliefern, bis man sich schweißgebadet … Er fuhr sich mit der Hand über die Augen. Sie wechselten sich ständig ab, verdrehten einem das Wort im Mund, bis man sich in einen Wirbel hineinredete und nicht mehr herausfand. Und dann …

Stopp!, befahl er sich. Hör auf! Es hatte keinen Sinn, wieder und wieder die ganze Misere, wie er es bei sich nannte, zu erinnern und durchzukauen. Das hatte er lange genug getan. Er konnte nur warten und hoffen, dass keiner der Nachbarn reagierte, dass sie vergaßen und alles blieb, wie es war.

Also sich wieder ducken und den Kopf beugen? Du hast dir doch geschworen …

Sollte er zu den Nachbarn gehen, zu jedem einzelnen, und sie darauf ansprechen? Die Leute sind feige, dachte er. Trotzdem verwarf er den Gedanken. Wichtig war allein, was Ela dachte und was sie von ihm hielt, dass sie weiter mit ihm redete, ihn etwas fragte, dass ihre Türe offen stand.

Ihr Garten wuchs zu. Die Sträucher wucherten, das Gras stand hoch. Er schloss das Fenster und machte sich zum Weggehen fertig. Auf dem Rückweg würde er sie fragen, ob sie Hilfe brauchte im Garten … ob er mähen sollte. Seine Augen leuchteten.

Das Kind saß im Gras vor dem wuchtigen Pfingstrosenstrauch. Als es ihn sah, lachte es und streckte ihm die Ärmchen entgegen. Dann stand es auf und wackelte auf ihn zu.

Die Gartentüre stand offen, niemand war zu sehen. Er stellte den Rucksack ab und nahm ihn wieder auf. Zog die Haustüre zu. Das Kind musste weg. Aus seinem Garten. So schnell wie möglich.

»Komm«, sagte er. Es sah ihn an. Blaue Augen, Pausbacken. Alles an ihm war rund.

»Neinnein.«

Es geriet ins Wanken und plumpste auf den Hintern. Er beugte sich hinab und stellte es wieder auf die Beine. »Wir gehen zur Mama«, sagte er. »Komm.« Zögernd ergriff das Kind seine Hand. Der Schweiß rann ihm in den Hemdkragen und bildete Rinnsale auf seinem Rücken. Hastig zog er die Gartentüre hinter sich zu. Das Kind bückte sich, aber er drängte zur Eile. Es verzog den Mund. Am liebsten hätte er es hochgehoben und hinübergetragen, aber wenn ihn jemand so sah …

Als er auf die Straße kam, presste er das Kind an sich, würden sie sagen. Er konnte es förmlich hören: Kinderschänder. Das musste ja so kommen. Einmal Verbrecher, immer Verbrecher.

»Zur Mama, wir gehen zur Mama«, wiederholte er wie ein Idiot.

»Mama«, sagte das Kind und lachte.

¤ ¤ ¤ ¤

Marisa fühlte sich wie gerädert. Lukas war die Nacht über weggeblieben und gegen halb sieben – sie kam gerade mit Ginny vom Laufen zurück – plötzlich in der Wohnung gestanden, frisch geduscht und irritiert über die frostige Begrüßung.

»Wo warst du? Ich hab dich nicht erreicht.«

»In der Wohnung. Bin eingeschlafen. Ich war total erledigt.«

»Und Ginny? Wir hatten ausgemacht …«

»Es tut mir leid.«

Sie hatten gestritten, sich versöhnt, und Marisa schwankte zwischen Erleichterung und dem Gedanken, alles hinzuschmeißen, die Beziehung zu beenden und weiterzumachen wie davor. Sie beugte sich über ihren neuen Laptop und seufzte. Frau Niedeck war gerade hier gewesen, hatte sich zufrieden gezeigt, einen neuen Stapel Unterlagen abgeladen und die Tür hinter sich zugezogen. Es war eine öde Angelegenheit. Immer wieder stolperte sie über die fremden Namen, die Akzentzeichen, Hatscheks, die Häkchen unter einzelnen Buchstaben. Nur die Zahlen boten Sicherheit. Es ist nur vorübergehend, dachte sie. In einem Jahr sitze ich vielleicht schon in der Zentrale.

Es klopfte, die Tür ging auf. Erol balancierte ein kleines Tablett mit zwei Tassen. »Frau Niedeck sagt, du warst mit dem Chef unterwegs.«

»Stimmt.« Sie freute sich, ihn zu sehen.

»Sehr gesprächig bist du ja nicht.« Er ließ sich in den Sessel fallen und lachte. »Kaum bin ich drei Tage weg, fremdelst du schon.«

»Die Niedeck sagt, du verlässt uns.«

Eine steile Falte erschien zwischen seinen Brauen. »Ich hätte es dir gern selber gesagt.«

Der Kaffee duftete betörend. Sofort hatte sie wieder das Café vor Augen: die rote Polsterung, die dichtgedrängten

Fotos an den Wänden, die präzisen Handgriffe des Kellners, Wolffs Handgelenk mit der schlichten, teuren Uhr auf der Theke, das sichtliche Behagen, mit dem er seinen Espresso getrunken hatte. Das ist meine Gegend. Hier habe ich früher gewohnt. Ich komme aus kleinen Verhältnissen …

»Marisa?«

Sie schob einen Stapel Prospekte zur Seite.

»Spuck's aus!«

Sie wurde rot.

»Du bist verliebt«, stellte er fest. Er kniff die Augen zusammen. »In den Chef?«

»Spinnst du?«, fuhr sie ihn an. Erschrocken schlug sie die Hand vor den Mund. »Entschuldige«, murmelte sie.

Erol lachte.

Gleichzeitig griffen sie nach ihren Tassen.

»Ich weiß schon«, sagte er nach einer Weile, »das geht mich nichts an, aber, Marisa, ich kapier einfach nicht, was der da macht. Ich meine, warum er dich, wie soll ich sagen – dermaßen umwirbt.« Er stützte sich auf und legte seine Finger an die Nasenflügel. »Was will der von dir?« Dann beugte er sich vor. »Wie hat die Niedeck reagiert?«

»Wieso fragst du? – Normal.« Sie lehnte sich zurück. »Na ja, ich werde nicht richtig warm mit ihr. Und sie –«

Er nickte. »Wie war's in der Stadt?«

»Cool«, sagte sie. »Das Büro. Ziemlich schick. Eine andere Welt. Und – er war auch irgendwie anders, der Chef.« Sie überlegte. »Kühler, geschäftsmäßiger«, sagte sie schließlich.

»Hm.«

»Die Kolleginnen scheinen nett zu sein.« Die Büroleiterin, eine Mittdreißigerin mit blitzblauen Augen, Kurzhaarfrisur und einem mitreißenden Lächeln, hatte sie empfangen: Ich freue mich sehr, Frau Faber! Wahrscheinlich sehen wir einander jetzt öfter. Während Wolff telefoniert hatte, waren sie durch die Büros gegangen, und sie hatte sie den anderen vorgestellt. »Ich hab die Architektinnen wiedergesehen. Am frühen Nachmittag waren wir dann noch kurz in seinem Restaurant. Essen, ja.« Vom Café erzählte sie nichts.

»Die Büroleiterin!« Erol lachte. »Taffe Frau. Hab die einmal am Abend getroffen. In einem Club. Mit ihrer Freundin. Sie ist Rettungssanitäterin. Ehrenamtlich. In ihrer Freizeit.«

»Die Freundin?«

»Nein, Viktoria. Fährt mit dem Einsatzwagen. Ich war echt beeindruckt.«

»Und diese coole Frau arbeitet in einem Betrieb, in dem«, sie kniff die Augen zusammen und sagte mit schiefem Mund, »dunkle Machenschaften laufen?«

»Dort ist alles okay. Du nimmst das nicht ernst, oder?«

»Was willst du von mir, Erol?«, sagte sie. »Ich bin ein kleines Rädchen. Ich mache nur meinen Job. Mehr ist da nicht.«

»Keine Ambitionen?«

Das hatte Wolff sie auch gefragt. Und schließlich gesagt: Das bleibt aber vorerst unter uns, Frau Faber. Kein Wort zu den Kollegen. Ich will keinen Tratsch. Und Sie sollten es sich nicht unnötig schwer machen.

Sie zuckte die Achseln.

Er stand auf und griff nach den Tassen.

»Und du gehst?«

Er nickte. »Ist nicht mein Ding. Jedes Mal, wenn ich genauer hinschaue …« Er schüttelte den Kopf. »Mach's gut. Und – unterschreib nichts, egal, was sie sagen, dir versprechen. Als kleines Rädchen«, er zwinkerte ihr zu, »kannst du immer sagen, du hättest im guten Glauben gehandelt, nichts gewusst … Aber wenn du erst drin bist im Spiel …«

»Mafia, ich weiß.« Sie grinste.

»Na dann. Komm her.« Sie streckte ihm die Hand hin. Er stellte die Tassen ab, umarmte sie. »Lass dich nicht unterkriegen.«

Sie öffnete den Mund und schloss ihn wieder. An der Tür drehte er sich noch einmal um. Letzte Chance, dachte sie. Aber dann … Du weißt doch, was er sagen würde!

Ich werde ihn vermissen, dachte sie, als die Tür ins Schloss fiel.

¤ ¤ ¤ ¤

Die Einkaufstaschen waren schwer. Sie hätte den Rucksack nehmen sollen. Nicht mehr lange, dachte Ela wie bei allem, was sie dieser Tage tat. Nicht mehr lange, und ich habe es überstanden. Nein, bitte nicht! Sie verdrehte die Augen. Da war sie wieder, die Nachbarin! Sie winkte und rannte heraus auf die Straße. Das Kind war nirgends zu sehen.

»Ich muss mit dir reden!« Nach wie vor duzte sie sie konsequent.

Ela stellte die Taschen ab und seufzte. So war das wohl in solchen Siedlungen. Man musste miteinander zurechtkommen, hin und wieder stehen bleiben und ein paar Worte wechseln, selbstgebackenen Kuchen vorbeibringen, im Notfall mit Werkzeug aushelfen oder einem halben Liter Milch. Horror! Sie hatte das unterschätzt. Der Nachbar schräg gegenüber hatte gestern Abend einen Griller aufgebaut und herübergewinkt. Sie hatte die Hand gehoben und gemacht, dass sie weiterkam. Offensichtlich hatte sich der Wind wieder gewendet. Und die hier, die war hartnäckig.

»Entschuldige, wenn ich letztens etwas …« Sie räusperte sich. »Ich wollte dir nichts unterstellen. Ich war aufgewühlt, das verstehst du sicher. War nicht so gemeint. Wir müssen zusammenhalten. Alle hier. Ich habe schon mit den anderen gesprochen. Ich habe ein bisschen recherchiert.«

»Recherchiert?«

»Im Netz. Wie solche Leute ticken.« Ihr Kopf ruckte vor wie der einer Henne, und schon hackte sie los: »Weißt du, ich habe mir gleich gedacht, dass der mit erwachsenen Frauen nichts anfangen kann. Der war mir gegenüber sehr seltsam. Ich wollte ein bisschen plaudern, aber nichts! Der stand da wie ein Stock. Und schau ihn dir an! Präpotent bis zum Gehtnichtmehr. Stolziert herum im weißen Hemd. Ist sich zu gut, um mit den Nachbarn zu reden. Dabei ist er arbeitslos oder Frühpensionist und lebt auf unsere Kosten.«

»Also –«

»Ela, man muss etwas unternehmen. Wer einmal so was macht …« Sie packte sie am Arm. »Mein Kind ist hier nicht sicher.«

»Jetzt halten Sie aber die Luft an! Sie haben nicht aufgepasst. Die Kleine ist weggelaufen. Er hat Svenja auf der Straße gesehen und zu Ihnen gebracht. Sie hätte in ein Auto rennen können. Haben Sie sich schon bei ihm bedankt?«

Die Frau starrte sie an. Ihr Gesicht zog sich zusammen. »Sag, tickst du noch richtig? Der Kerl lauert meiner Kleinen auf und schleppt sie in seinen Garten. Und als er dann checkt, dass er damit …« Sie ließ sich nicht beirren. »Svenja liebt Zuckerzeug … Wir sind diesbezüglich sehr zurückhaltend, Herbert und ich, aber wenn plötzlich einer mit einem Lolli dasteht … Klar will sie den haben.«

Ela starrte auf ihren runden Bauch. »Sie sind ja verrückt!«

»Verrückt, ja?«, fuhr die andere auf. »Ein schönes Pärchen seid ihr!«

»Und Ihr Mann weiß natürlich Bescheid …«

»Er hat die Zeitungsausschnitte gelesen, klar.«

»… dass Svenja auf der Straße –«

Da fuhr sie auf sie los. »Untersteh dich!« Ela roch ihren schalen Atem. »Ein Wort zu ihm und ich schwöre dir, du willst hier nicht mehr wohnen.«

»Drohen Sie mir?«

Die andere gab auf. »Miststück«, zischte sie. »Das hat man davon, wenn man sich jemandem anvertraut.«

Anvertraut? Ach ja, das Vorstadtmutterelend! Heul doch, dachte Ela und bückte sich nach ihren Taschen. Aber nicht bei mir.

¤ ¤ ¤ ¤

Tom Kralik verließ das Haus gegen halb acht. Er blieb in der offenen Tür stehen, gewappnet, auf das Schlimmste gefasst. Damals hatten sie mit roter Farbe *Schande* an die Hauswand gemalt und die Pflegerin, die nach der Heimkehr seiner Großmutter aus dem Spital nach ihr gesehen hatte, vorne an der Straße abgepasst und gewarnt. Sie hatten Gerüchte gestreut, und die alte Frau – es schnürte ihm noch immer das Herz zusammen –, die ihnen allen links und rechts der schmalen Straße über die Jahre geholfen, sie unterstützt, ihre Kinder gehütet und ihnen Geld geborgt hatte, lag wochenlang zu Hause ohne Besuch, wenn man vom Pflegedienst absah und zwei Weibern, die nur kamen, um sie auszuhorchen und sich später mit den anderen über sie und ihn das Maul zu zerreißen.

Kein Einziger, Tommi, stell dir vor!

Sie hatte sich nicht mehr davon erholt.

Er atmete auf. Die Fassade war unversehrt, keine Zettel am Zaun, keine Farbe. Es sind andere Leute, dachte er. Du hast dich umsonst gesorgt. Sie werden eine Weile reden, stehen bleiben und dir nachschauen, aber das geht vorüber. Er schloss sorgfältig ab und zog die Gartentüre hinter sich zu. Die Fensterläden nebenan waren geschlossen. Sie schläft noch, dachte er und lächelte. Später würde er hinübergehen und …

Der Angriff riss ihn fast von den Beinen. Ein Ellbogen knallte in seine Rippen, dann drehte ihn jemand mit großer Wucht herum und packte ihn vorne am Hemd. Es war der von gegenüber!

»Du fasst sie nicht an, verstanden!« Er zog ihn ganz nahe zu sich heran. Ihre Gesichter berührten sich fast. Tom konnte die groben Poren auf seiner Nase sehen.

»Lassen Sie mich los!« Tom versuchte sich zu befreien, aber der Mann war stark.

»Meine Tochter«, zischte er, »sollte irgendwas sein, ihr was passieren – ich breche dir die Arme, du Schwein!« Dann stieß er ihn weg. Mit beiden Händen.

Tom knallte gegen den Gartenzaun. Das Gitter schepperte. Eilig rappelte er sich auf. »Hören Sie, das Kind –«, sagte er atemlos, »es dürfte …«, aber der andere hörte ihm gar nicht zu. Er baute sich auf der Straße, vielleicht einen Meter entfernt, vor ihm auf wie ein Boxer, die Fäuste geballt. Eine gute Distanz, um Schwung zu holen, mit ihm als Punchingball. Tom röchelte. Wenn nur einer käme, dazwischenginge, irgendwer. Ein Auto hupte … Aber alles blieb ruhig. Langsam schob er sich seitlich am Zaun entlang. Der Mann folgte ihm. Den Abstand behielt er bei. Wo war der hergekommen? Aus seinem Haus jedenfalls nicht, dachte Tom. Ich hätte ihn gesehen.

Jetzt fixierte er ihn mit schmalen Augen. Sein Mund war hart, gespannt. »Schlimm genug, dass einen keiner davor warnt, bevor man hierherzieht.« Er rückte näher. »Aber ich warne dich. Und glaub mir, das meine ich ernst.« Er sprach nicht besonders laut, seine Wut war nicht zu spüren. Das waren die Schlimmsten. Er hatte es mehrmals erlebt. Im Bus. In der Haft … Da wurde einer weiß im Gesicht und grinste noch … und im nächsten Moment explodierte er. Drosch und trat auf den Gegner ein und hörte nicht mehr auf.

Ich muss …

Zu spät. Er saß in der Falle, den Zaun im Rücken, und vor ihm stand der Mann. Er schluckte, hörte schon seinen Kiefer brechen, die Rippen – ein hässlich knirschendes Geräusch. Sah seinen Kopf auf dem Asphalt und Blut und … Ergeben beugte er den Kopf, erwartete den Schmerz … Besser man hielt den Mund, duckte sich und rollte sich zusammen.

Rita, warum hast du dich nicht gewehrt?

Und du selber? Kralik. Kaninchen. Hasenfuß.

Mit einem Male hatte er genug. Er hob den Kopf. »Ihr Kind, das war ganz allein auf der Straße«, schrie er laut. »Ich habe es gefunden. Es zurückgebracht zu Ihrer Frau.«

Sein Gegenüber reagierte nicht. Stumpf glotzte der Mann ihn an. »Wie? Svenja war –«

»Ihr Kind war auf der Straße. Hier vor meinem Haus.«

»Zurückgebracht zu meiner Frau?«

Tom sah, wie er stutzte, schluckte und endlich begriff, wie ihn erneut die Wut packte, heftig wie zuvor, sah ihn herumfahren und zu seinem Haus hinüberstieren, seinen Nacken sich röten.

»So was geht schnell«, versuchte er das Schlimmste zu verhindern, »sie hat sicher nur einen Moment –«

Aber es war zu spät.

¤ ¤ ¤ ¤

Es war noch früh. Tau glitzerte in der Morgensonne, die zarten Blätter der Birke flirrten, rieselten, bewegten sich sanft. Schwarze und dunkelbraune Vögel – Männchen und Weibchen derselben Art wohl, sie hatte nie auf derlei Dinge geachtet – liefen kreuz und quer durchs Gras: Nach ein paar Schritten ruckten sie und blieben stehen, begannen zu picken. Dort, wo die Halme dichter, höher wuchsen, bewegten sie sich hüpfend fort. Ela saß in der Küche am Fenster, ihre zweite Tasse Kaffee vor sich, das Kinn in die linke Hand gestützt, und sah ihnen zu. Das Herumsitzen machte sie nervös. Ihr Blick schweifte über die Küchenzeile, die zersprungenen Fliesen, den alten Herd mit der zerkratzten Platte.

Sie verzog den Mund. Eine Schnapsidee – von Anfang an. Gut als Beschäftigungstherapie, aber sonst?

Zuerst war alles leicht gewesen: sein ganzes Zeug verschwunden, die Zimmer ausgemalt. Die Angst ganz klein. Aber – hier leben im Winter? Schneetreiben und die Fenster voller Eis, die Böden kalt. Schlaftrunken im Morgengrauen den Weg freischaufeln, dem Bus nachrennen. Mit Strom zu heizen wirst du dir nicht leisten können, hatte Tom gesagt. Also Kohlen schleppen und sich mit den Ofenungetümen plagen. Verqualmte Zimmer vom feuchten Holz. Mit klammen Fingern und Zehen in der Küche sitzen, während der Wind ums Haus jault …

Und Tom fragen, immer wieder Tom fragen, und um etwas bitten. Sich die Nachbarn vom Leib halten, Vertreter abwimmeln …

Bald, dachte sie, bald. Eine hübsche kleine Neubauwohnung irgendwo in dieser, in einer anderen Stadt. Nachbarn, die Abstand halten und nichts von einem wollen.

Der WOGE-Typ war ein Bandit. Sie war sich sicher: Der hätte mich übers Ohr gehauen. Aber jetzt … Sie war zufrieden. Der Anwalt würde sich dahinterklemmen. Alles hatte sich zum Guten gewendet. Frei atmen können. Irgendwo, wo niemand sie kannte. Eintauchen. Untertauchen. Und vergessen, was war.

Ein Plastiksessel flog von der Terrasse gegenüber. Ela, den Schlüsselbund noch in der Hand, erstarrte. Ein dumpfer Schlag, ein Stöhnen, das kleine Mädchen schrie. Dann sah sie Arme, Beine, die Nachbarin ganz kurz mit hochgeschobenem Rock. Ein Männerarm zog sie zurück. Da war sie wieder, wieselflink, schon beinah auf dem Rasen und er hinter ihr. Sie stolperte und fiel, er riss sie in die Höhe und zerrte sie am Arm zurück. Die Frau, die Arme überm Kopf, versuchte sich zu wehren. Er packte ihre Haare …

Sie stürmte los und schrie. »Aufhören! Lass sie los!«

Im Haus daneben ratterten die Rollos nach unten. Türen knallten, und das Kind …

»Aufhören! – Tom! Tom!« Sie keuchte, rannte – und verhielt am Zaun.

Alles blieb still. Sie griff zum Telefon, vertippte sich, versuchte es erneut. Ihr Atem flog. Dann, endlich … »Ist dort die Polizei? Ja? Kommen Sie! Der gegenüber … schnell … der schlägt sie tot.«

⌑ ⌑ ⌑ ⌑

Der Abend hatte so schön begonnen. Sie waren hinausgefahren, ans Wasser, und mit Ginny eine große Runde gelaufen. Hatten unter dicht belaubten Bäumen, zwischen denen bunte Lichter schaukelten, gegessen, getrunken, geredet und gelacht. Einander Geschichten erzählt, die Zeit vergessen.

Hand in Hand gingen sie am Wasser entlang zurück, an Gärten vorbei, in denen Leute lachten, Grillen zirpten, Ginny an der Leine immer vor oder neben oder hinter ihnen, aufgeregt und glücklich. Vom gegenüberliegenden Ufer wehte Musik herüber, das Klingen von Gläsern, ein helles Frauenlachen, Stimmengewirr. Marisa wies mit ausgestrecktem Arm auf Schwäne, die Jungen schon groß, aber immer noch flauschig grau. Auf einem Ponton tanzten Paare miteinander. Er legte den Arm um sie, und sie wiegten sich mit der Musik.

Marisa hatte später nicht mehr zu sagen vermocht, wie sie darauf gekommen waren, warum sie nachgefragt und er geantwortet und damit alles zum Kippen gebracht hatte. »Das mit Ginny, Lukas, wie war das genau?«

»Ich hab sie überfahren.«

Sie hört, was er sagt, und bleibt stehen. Der Wein, denkt sie, bestimmt, und dass er Blödsinn redet, aber er hört nicht mehr auf, und sie will doch nichts wissen, nichts hören, will ihre Frage zurückziehen, aber das geht nicht mehr. »Nicht«, sagt sie, »hör auf.«

»Ihre Mutter. Ich hab sie erschlagen. Sie hat so geschrien. So geschrien, Marisa. Es war …« Sein Gesicht ist starr. »Sie ist mir ins Auto gelaufen. Sie war plötzlich da. Auf dem Weg.«

»Auf dem Weg.« Ihre Hände sind kalt, sie sieht ihn nicht an.

»Vor dem Begräbnis. Ja, ich war dort. Beim Haus.« Seine Stimme klingt fremd. »Die Rippen, alles … kaputt.« Er redet und redet.

Sie bückt sich und nimmt den Hund auf den Arm. Er schmiegt sich an sie. Das Wasser klatscht laut ans Ufer. In der Ferne rauscht der Verkehr. Ein Flugzeug blinkt. Ihr Gesicht ist nass. »Hör auf.« Sie wendet sich ab.

»Ich hab ihn hochgehoben und auf den Gehsteig gelegt.« Er schluckt. »Hinter die Autos. Da hab ich dann …«

»Nein!« Sie schlägt seine Hand weg.

»Die Rippen, alles zerquetscht. Der konnte gar nicht mehr atmen.«

»Hör auf!«, fleht sie ihn an.

»Der hat so geschrien, so geschrien! Wie, wie ein Mensch. Marisa, ich wollte das nicht. Ich habe … Was machst du denn? Komm her.«

Sie sieht ihn nicht an. Sie geht.

¤ ¤ ¤ ¤

Ela warf einen ganzen Packen Werbesendungen und Zeitschriften auf die Kommode im Vorraum, drei Briefe dazu, Rechnungen wohl, blätterte rasch eine Zeitschrift durch, die, weiß der Teufel warum, namentlich an sie adressiert war, und stutzte. Ein dicker Brief war zwischen die Blätter gerutscht. Er war von einem Anwalt! Sie erstarrte.

Zivilrecht, Strafrecht … Strafrecht? Hastig riss sie ihn auf. Sie lehnte sich an die Wand und las:

»Sehr geehrte Frau Kiliç! … möchten wir Sie informieren … alle pflichtteilsberechtigten Erben … das Recht, den Wert der Schenkung, so sie zu Lebzeiten des Geschenkgebers erfolgt ist, auf ihren eigenen Pflichtteil anrechnen zu lassen.« Es folgte ein Wust an Ziffern und Paragrafen und jede Menge Kleingedrucktes. »Die Bewertung von Schenkungen erfolgt mit dem Wert zum Zeitpunkt der Schenkung …, wobei eine Aufwertung auf den Todeszeitpunkt anhand des … Verbraucherpreisindex erfolgt. Mein Mandant wird selbstverständlich von diesem Recht Gebrauch machen.«

Von diesem Recht Gebrauch machen. Was bedeutete das?

»Des Weiteren behält sich mein Mandant vor, die Schenkung des Anwesens in … an Sie anzufechten, da aufgrund verschiedener Hinweise, die aktuell überprüft werden, u. a. erhebliche Zweifel an der Geschäftsfähigkeit des Zuwendenden zum Zeitpunkt der Schenkung an Sie bestehen.«

Welche Hinweise, was überprüfen? Unter anderem? Sie verstand kein Wort. Sie drehte das Blatt um, hoffte auf eine Erklärung, aber wieder folgten Verweise auf Gesetzesstellen, die nichts erhellten. »Wir werden uns zu gegebener Zeit mit Ihnen in Verbindung setzen. Hochachtungsvoll …«

Zu gegebener Zeit … Hatte er vom Verkauf Wind bekommen? Konnte er den stoppen?

Auf ihren eigenen Pflichtteil anrechnen zu lassen … Wird selbstverständlich von diesem Recht Gebrauch machen. Was zum Teufel wollte der von ihr?

¤ ¤ ¤ ¤

Rita war genervt. Seit einer halben Stunde schon versuchte die Freese mehr über ihren *Umgang*, wie sie es nannte, zu erfahren, und jetzt, auf dem Weg zum Auto, bohrte sie schon wieder nach. Rita trottete schweigend neben ihr her.

»Ich verstehe ja«, sagte sie, »dass du einen Freund haben willst.« Sie blieb stehen und sah Rita mitfühlend an. »Aber, Rita, der Mann könnte dein Vater sein.«

»Und?« Bei nächster Gelegenheit biege ich ab, dachte Rita. Die löchert mich sonst den ganzen Weg zurück.

»Ich habe mich erkundigt. Eine Kollegin kennt den von früher. Hat er dir erzählt …«

Jetzt reichte es ihr. »Ja, hat er. Er war im Gefängnis. Und weiter?«

»Kein Grund, patzig zu werden!« Die Freese blieb stehen.

»Es geht Sie nichts an. Ich bin erwachsen.«

»Solange du –«

»Ich frage Sie auch nicht, wo Sie letzte Nacht waren, ob Sie verliebt sind, von wem dieser Ring ist und warum Ihr verdammtes Auto –«

»Rita, es reicht!« Die Freese packte sie am Arm.

Sie versuchte sich loszureißen. »Überall mischen Sie sich ein. Alles wissen Sie besser. Aber Sie haben keine Ahnung!« Passanten drehten sich nach ihnen um. »Lassen Sie mich los!« Ein Auto hupte, zwei Jugendliche zückten ihre Smartphones. Ein Mann blieb stehen.

»Kann ich Ihnen helfen. Gibt es ein Problem?«

»Kein Problem, danke.« Die Freese lächelte verkrampft. Endlich ließ sie Rita los. »Ich bin –«

»Wenn Sie belästigt werden …«

»Ja«, sagte Rita. »Ich danke Ihnen. Ich gehe jetzt.«

»Soll ich Sie ein Stück begleiten?«

»Danke, vielen Dank. Ich hab's nicht weit.«

Sie winkte ihm und rannte los.

¤ ¤ ¤ ¤

Es war vorbei. Sie war gegangen. Mit dem Hund. Hatte Lukas' Hand abgeschüttelt und ihn an der Uferpromenade stehen lassen ohne ein Wort, weil einer, der nicht zuverlässig war und log, der ein hilfloses Tier … der imstande war … Ihre Schultern zuckten. Sie schniefte, hob Ginny hoch und vergrub ihr Gesicht in ihrem Fell. »Ja«, flüsterte sie, »ja, ich bin ja da. Ich passe auf dich auf.«

Einmal hatte er sich noch gemeldet. Halbherzig. Lahm.

»Wir müssen reden.« Und hatte dann die Zähne nicht auseinandergebracht.

»Warum sagst du nichts? Bist du noch da?« Sie hatte sich in einen Wirbel hineingeredet, sich verheddert, von neuem begonnen. Angeredet gegen sein Schweigen.

»Sag endlich was!«

»Was willst du? *Du* bist gegangen!«

»Verstehst du denn nicht …?« Sie hatte gekeucht vor Empörung.

»Marisa, ich habe echt andere Sorgen! Diese Kiliç … ich kann's nicht beweisen, aber die hat sein Sparbuch an sich gerafft. Ich schwöre dir …«

Er verstand es nicht. Ich. Ich. Ich. Das Haus. Die Kiliç … Sie hatte geheult vor Enttäuschung. Vor Wut – auf ihn, auf sich selber.

Warst du dort bei ihr?

Nein.

Lüge!

Und die Verletzung? Das war später. Gestolpert. Er hatte nicht sagen wollen, wo.

Und dann die Kette! Und sie hatte gedacht … Röte schoss ihr in die Wangen.

Woher hast du die?

Ich war dort.

Im Haus?

Nein.

Wahrscheinlich hatte er sie auch in dem Punkt belogen.

Soll ich heute hierbleiben? Sie lachte bitter. Er hatte immer Zeit gehabt. Wahrscheinlich war er arbeitslos und kam mit dem Geld nicht durch. Sie dachte an die teuren Klamotten, die Anzüge, die Schuhe. Jetzt fügte sich eines zum anderen. Reingefallen, dachte sie, wieder einmal. Auf einen Lügner und Betrüger. Einen, der gierig ist, der trickst.

Sie setzte Ginny auf den Boden. »Komm,« sagte sie »ich muss raus, den Kopf frei kriegen. Und dann ab ins Büro.«

¤ ¤ ¤ ¤

»Sie haben ihn mitgenommen«, sagte Ela, während Tom seine langen Beine unter dem Küchentisch unterzubringen suchte. »Sie war einmal kurz draußen, mit Sonnenbrille, und ist gleich wieder rein. Ich hätte hingehen müssen, Tom, trotz allem.«

»Und dich verprügeln lassen? Nein. Du hast alles richtig gemacht.«

»Aber solche Typen sind feige. Wenn jemand Fremdes sie zur Rede stellt, dann ziehen sie den Schwanz ein, weichen zurück.«

»Schau *dich* an. Und *ihn*. Da reicht ein Schlag und du liegst.«

»Man hält mehr aus, als man denkt«, sagte sie leise.

»Wahrscheinlich. Aber muss man das?«

Es tat ihr gut, mit ihm zu reden. Die Dinge begannen sich zu ordnen, allein dadurch, dass sie sie aussprach und er zuhörte, nickte oder mit wenigen Worten ihre Zweifel zerstreute. Sie wechselte das Thema. »Hast du nachgesehen? Weißt du schon mehr?«

Er nickte und beugte sich über den Anwaltsbrief. »Schau her: Wenn ich das richtig verstehe, wird, wenn die Erben das verlangen, der Wert von Haus und Grundstück zum Erbe dazugezählt und davon dann der Pflichtteil berechnet. Wenn aus dem Erbe zu wenig Geld da ist, musst du den Restbetrag auf den Pflichtteil aus der Schenkung beisteuern.«

»Aber das kann ich nicht!« Sie war verzweifelt. »Wie soll das … ich hab doch kein Geld! Was soll ich machen? Tom?«

»Du hast gesagt, es gibt eine große Wohnung, er hatte Geld. Vielleicht reicht es ja.«

»Tom, der will mich –«

»In Panik versetzen. Eine Art Schreckschuss. Ein Test, ob du die Nerven verlierst.« Er kratzte sich am Kinn. »Schau, der alte Kornmesser war kein Guter. Und das Verhältnis der beiden war schlecht. Kann also gut sein, dass er Lukas gar nichts vererbt. Das sähe ihm ähnlich.«

»Dass er nichts erbt? Das ist möglich?« Ihr Atem flog.

»Wenn der Sohn dem Erblasser zu Lebzeiten schweres seelisches Leid zufügt, seine Pflichten als Kind gröblich vernachlässigt hat, ist er erbunwürdig, ja.«

»Sich nicht um ihn kümmert?«

Er nickte. »Genau. Ihn zum Beispiel nie besucht, ihm seine Unterstützung verweigert.« Seine Brauen zogen sich zusammen. »Ich weiß, was du jetzt denkst«, sagte er. »Es wird nicht funktionieren.«

»Was?«

»Wenn du dich totstellst.«

»Wenn der wirklich nichts kriegt … Tom, der wird es nicht bei einem Anwaltsbrief belassen.«

»Möglich. Aber lass dich nicht einschüchtern. Du musst kämpfen«, sagte er.

Einen Augenblick lang dachte sie daran, ihm zu sagen, dass die Entscheidung bereits gefallen und der Verkauf so gut wie durch war. Dass es für sie nur noch darum ging, die Zeit durchzustehen, bis sie das Geld hatte. Sie blinzelte nervös. »Wie du«, sagte sie nach einer Weile.

»Ja. Wir müssen zusammenhalten. Weißt du«, sagte er nachdenklich. »Ich frage mich die ganze Zeit, ob das alles irgendwie zusammenhängt: Lukas' Auftritt bei dir, der Brief hier«, er deutete auf das Schreiben vor sich auf dem Tisch, »die Zeitungsausschnitte … Klingt das paranoid? Ich habe jedenfalls an die WOGE geschrieben, dass ich mir weitere Besuche verbitte.«

Sie zögerte. »Hast du dir nie überlegt …?«

»Nein, Ela«, sagte er. »Ich gehe hier nicht weg.«

¤ ¤ ¤ ¤

»Frau Faber, die Zeit wird uns knapp.« Frau Niedeck beugte sich zu Ginny hinunter, die aufgeregt an ihr hochsprang. Der kleine Hund hatte es sofort geschafft, sie für sich einzunehmen, und so saß er jetzt in einem gut gepolsterten Körbchen in Marisas Büro, und es war kein Problem, wenn sie alle zwei, drei Stunden mit ihm hinunterging. Dafür nahm sie nur noch an jeder zweiten Besprechung teil, blieb abends oft länger und aß mittags nur schnell ein Brot.

»Schau, Ginny, ich habe dir etwas mitgebracht. Ja, ganz was Feines. Das ist gut, ja.« Sie kraulte sie und richtete sich wieder auf und stöhnte. »Ich werde heute wohl den ganzen Abend hier verbringen. Und morgen …« Sie sah müde aus.

»Ich kann gern was übernehmen.«

Die Ältere winkte ab. »Danke. – Das Telefon habe ich auf den Anrufbeantworter umgeleitet.«

Marisa nickte. »Okay.«

Ginny trottete in ihr Körbchen, und sie wandte sich wieder ihren Zahlen zu. Durch die Wand hörte sie Sesselrücken, lautes Gelächter, dann wurde es ruhig. Es war ihr recht. Kein Hecker, kein Weber, keine blöden Witze, sich nicht zusammenreißen müssen, wenn ihre Gedanken abschweiften. Sie versuchte, nicht an Lukas zu denken, und solange sie konzentriert vor sich hin arbeitete, beschäftigt war, gelang es ihr ganz gut. Sie rechnete, tippte, überprüfte die Zahlen und blätterte in ihren Unterlagen. Viele Bauarbeiter hatten Schulden, aber es dauerte seine Zeit, bis ein Gläubiger mittels Drittschuldneranfrage den neuen Arbeitgeber eruiert hatte. Mit den Gehaltspfändungen würde es erfahrungsgemäß in etwa drei Monaten losgehen. Aber – von wegen ein paar Firmen! Sie hatte ordentlich zu tun.

»Ginny?« Sie war aus ihrem Körbchen gesprungen, schnupperte um sich und begann im Kreis zu gehen. Jetzt musste sie schnell sein!

Sie rannten hinunter, sprinteten über den Hof, standen zehn Minuten auf dem schmalen Grasstreifen vor der Einfahrt, bis der Hund alles beschnuppert und sein kleines Geschäft erledigt hatte, und liefen wieder zurück. Die Besprechung war noch immer am Laufen. Marisa holte sich einen Kaffee und arbeitete weiter, bis Heckers markante Stimme durch den Gang dröhnte und nach und nach alle aus dem Besprechungszimmer kamen. Es wurde laut.

»Frau Faber?« Der Chef. Er schien in Eile. »Ich wollte nur schauen, wie es Ihnen geht. Kommen Sie zurecht?«

»Ich bemühe mich.«

»Vielleicht«, sagte er, »klappt das sogar schneller …«

»Schneller?«

»Mit Ihrem Wechsel in die Zentrale. Ich muss weiter. Einen schönen Tag noch.«

Marisa lächelte. Es ging wieder voran.

¤ ¤ ¤ ¤

Jemand hämmerte an die Eingangstür. Mit beiden Fäusten. Ela legte das Gemüsemesser weg und nahm es wieder auf.

Wer war das? Kornmesser? Ein Vertreter wohl kaum! Der WOGE-Typ?

Du kannst dich nicht totstellen, hatte Tom gesagt. Du musst kämpfen. Jetzt war es still. Sie schaute zum Fenster. Ein einzelner heftiger Schlag.

Die Nachbarin! Die Frau war in Gefahr! Mit einem Mal war sie sich völlig sicher. Sie sah den Sessel fliegen. Und dann sich selber, halbnackt, zitternd, in einem Stiegenhaus um Hilfe schreien – und keiner kommt. Sie hört die Schritte hinter Türen näher kommen, wieder gehen … und einen »Ruhe!« brüllen, und …

Man musste helfen, immer, ganz egal … Sie rannte los und riss die Tür auf.

Schwer atmend starrte sie der Nachbar an. »Hast du die Polizei gerufen?«

»Und wenn?« Sie wich zurück.

Er rückte nach. Jetzt stand er schon im Flur. »Ich schwöre dir, wenn du das warst …« Er war ihr viel zu nahe. Sein Atem stank nach Wurst, der ganze Mann …

»Du bist ein Arschloch, weißt du das! Draußen den Helden spielen und dann, zu Hause, prügelst du die Frau! Fass mich nicht an!«

Er rückte näher.

»Wag es nicht!« *Das ist mein Haus, und keiner fasst mich an! Nie mehr!* Sie hob das Bein und holte Luft und wirbelte herum. Der Schlag traf sie am Kinn. Sie schrie auf und knallte gegen die Wand.

»Und pass bloß auf, was du jetzt tust.« Er spuckte aus, dann drehte er sich um und ging ganz langsam weg.

Sie röchelte und kroch zur Tür. Und schlug sie zu. Und traf eine Entscheidung.

¤¤¤¤

Zum ersten Mal war Tom mit sich zufrieden. Er war mit einem guten Gefühl von Ela weggegangen, hatte sich einmal nicht läppisch benommen, sondern beinahe souverän. Sobald es um etwas Konkretes, Handfestes ging, war es einfach: Er hörte ihr zu und beantwortete ihre Fragen. Sprach über Dinge, die er gelesen hatte und von denen er annahm, sie könnten sie interessieren. Aber wenn sie ihn ansah! Wie die Hitze ihm in die Wangen stieg, er hustete, um es zu verdecken, wie er Unsinn zu reden anhob. Wie er nach seinem Glas griff und trank und hoffte, sie würde nichts merken und wieder etwas fragen oder sich umwenden, eine Zigarette anzünden, etwas holen, bis er wieder auf sicherem Boden war.

Ob er im Garten arbeitete, im Haus, ob im Bus oder abends im Bett, immer dachte er an sie. Erinnerte ihre Begegnungen, ihre Blicke, wie sie sich bewegte, wie sie lachte. Zerpflückte, drehte, wendete, was sie gesagt hatte und wie sie es gemeint haben könnte, und prüfte seine Antworten, an denen er immer etwas auszusetzen fand. Hoffte, wünschte, träumte davon, sie zu beeindrucken, ein bisschen wenigstens, bis sie, vielleicht, auch hin und wieder an ihn dachte, nachts, wenn sie das Licht löschte, oder mitten am Tag, wenn etwas sie an ihn erinnerte. Und dass sie sich freute, ihn zu sehen.

Er legte das Buch weg, in dem er kaum gelesen hatte, und

löschte das Licht. Im Dunkeln zog er den dünnen Schal, den er, als sie kurz aus der Küche gegangen war, vom Boden aufgehoben und in die Hosentasche gesteckt hatte, unter dem Kopfkissen hervor und legte ihn sich übers Gesicht. Es fühlte sich an, als wäre sie hier.

¤ ¤ ¤ ¤

Marisa knallte den Hörer auf die Gabel. Sie hätte schreien mögen. So ein Idiot! Rief der sie doch tatsächlich im Büro an, aus heiterem Himmel, um nach einem kurzen »Hallo, wollte nur schauen, wie es dir geht« nachzufragen, ob es etwas Neues hinsichtlich des Projekts, des Hauses gäbe, ob der Chef irgendwas habe verlauten lassen. Ginny hob den Kopf. Mit einem Geräusch, das einem tiefen Seufzen glich, legte sie sich wieder hin. Es dauerte nicht lange, und ihre weißen Pfötchen zuckten. Das Telefon läutete erneut, aber Marisa reagierte nicht.

Es klopfte. Sie wandte sich um.

»Ah, Sie sind eh da. Ich dachte …« Frau Niedeck kam mit einer schmalen Ledermappe auf sie zu. »Oh, sie schläft.« Sie senkte ihre Stimme. »Sind Sie mit dem Auto hier? Nein? Okay. Es ist nicht so weit. Ein Gasthaus. Herr Hecker hat gerade angerufen. Fahren Sie bitte hin und geben Sie ihm das. Er wartet. – Wie spät ist es? Halb vier. Sie können danach nach Hause gehen.« Sie beugte sich hinunter. »Ja, jetzt habe ich dich aufgeweckt. Das tut mir leid. Nein, Ginny, ich habe jetzt leider –«

Marisa beugte sich über ihr Notebook. »Ich schau mir nur schnell an, wo das ist.« Ihre Finger flogen über die Tastatur. »Gut. Eine halbe Stunde, schätze ich.« Sie loggte sich aus und griff nach der Mappe.

Frau Niedeck nickte. »Ich sage ihm Bescheid.«

Es war eine kleine Seitengasse in einem Außenbezirk. Grasbüschel wuchsen zwischen den Pflastersteinen, ausgetretene Stufen führten in dunkle Hauseingänge, Männer in Unterleibchen lehnten in den Fenstern, eine Frau schüttete einen Schwall schmutzigen Wassers auf den Gehsteig, Kinder kreischten. Ginny schnüffelte, war ganz Nase.

Sie zog sie weiter. »Ginny, komm, wir haben es eilig.« Das Gasthaus war in einem desolaten Haus untergebracht und erst auf den zweiten Blick als solches erkennbar. Der Eingang lag um die Ecke, die Lüftung darüber klapperte, nur mit Mühe bekam Marisa die Tür auf. Ginny stemmte ihre Vorderpfoten in den Boden. Sie wollte nicht weiter. »Jetzt komm!«

Die Tür schwang auf. Bierdunst und der Gestank nach altem Fett und Fusel schlugen ihnen entgegen. Laute Männerstimmen schrien erregt durcheinander, sie verstand kein Wort. Vorne an der Theke, hinter der ein phlegmatischer Wirt Schnaps einschenkte, gab es einen Tumult. Inmitten einer Gruppe wild gestikulierender schwitzender Männer in Arbeitskluft machte sie Hecker aus, der etwas erhöht stand, auf einer Art Bühne wohl, und beschwichtigend auf sie hinunterredete.

»Herr Hecker!« Sie winkte.

Ihre Stimme ging im Gebrüll unter. Sie blieb stehen, keine vier Schritte von der Tür entfernt, und überlegte. Sich ins Gewühl stürzen? Sicher nicht. Wieder hob sie den Arm, aber Hecker war beschäftigt. Ein dünner Mann hatte ihn vorne am Hemd gepackt und brüllte auf ihn ein. Jetzt hatte der Wirt sie entdeckt. Er schrie, seine Faust hämmerte auf die Theke. Es wurde ruhiger, schließlich still, Gesichter wandten sich ihr zu, zerfurchte, junge, sonnenverbrannt und erhitzt von Wut und Alkohol. Hecker riss sich los und sprang vom Podium.

»Da sind Sie ja!« Er wirkte angespannt und schwitzte. Sein Hemd war zerknittert.

Sie ging ihm entgegen und reichte ihm die Mappe. »Brauchen Sie mich noch? Nein, oder?« Er patschte ihr auf die Schulter, schüttelte den Kopf und drängte sich wieder nach vorne. Der Lärm schwoll erneut an.

Plötzlich stand ein großes Glas Bier vor ihr. »Trink, es ist heiß draußen«, sagte der Wirt.

»Nein danke.«

Ginny fiepte.

»Frisch gezapft.« Er lachte, sein Kinn zitterte.

Der Großteil der Männer kehrte ihr jetzt den Rücken zu, nur zwei junge ganz vorne am Fenster sahen immer wieder herüber, tuschelten, stießen einander an und lachten. Hecker erklomm das Podium. Es wurde ruhiger. Ein Mann brüllte etwas und sprang unvermittelt auf, wurde aber sofort von mehreren Armen zurückgerissen. Schimpfend plumpste er auf den Sitz.

»So«, schrie Hecker, »es geht weiter. Kein Stress. Jeder kriegt, was ihm zusteht.«

Sie griff nach dem Glas und nahm zwei, drei Schlucke. Es prickelte angenehm. Dann wühlte sie in ihrer Tasche. Es war Zeit, dass sie wegkam.

»Geht aufs Haus«, sagte der Wirt.

Wieder stieg der Lärmpegel an. Sie nickte und dankte. Hastig verstaute sie ihr Portemonnaie und zippte die Tasche zu. Dann nahm sie Ginny auf den Arm und floh.

¤ ¤ ¤ ¤

Ela betastete ihre Rippen. Es tat immer noch weh. Sie drückte eine zweite Tablette aus der Folie, eine gegen die Schmerzen dazu, schluckte sie und trank Wasser nach. Es würde ihr nicht schaden. Sie musste schlafen, endlich schlafen.

Noch einmal machte sie ihre Runde durchs Haus, überprüfte die Fenster (geschlossen), die Eingangstüre (versperrt) und schaute durch den Türspion (alles ruhig).

Im Schlafzimmer war es schwül und dampfig. Sie zog das verschwitzte Zeug ab und nahm frische Bettwäsche aus dem Schrank. Dann löschte sie das Licht und riss das Fenster auf. Mit ausgebreiteten Armen sog sie die kühle Nachtluft ein. Nach und nach gewöhnten sich ihre Augen ans Dunkel. Im Nachbargarten knackten Zweige, streifte eine Katze umher. Sie huschte unter die Veranda. Ela wartete eine Weile, aber sie zeigte sich nicht mehr. Der Mond verschwand hinter den Wolken und tauchte wieder auf. Der Stamm der Birke schimmerte hell zwischen den Sträuchern.

Sie schlüpfte ins Bett. Tom hatte versucht, sie zu beruhigen, aber es funktionierte nicht. Kaum war er weg, wirbelte wieder alles durcheinander. Schneller, wilder als zuvor. Manchmal schien ihr, als wäre alles geplant gewesen. Und sie nur eine Puppe in einem Spiel, in dem es darum ging, sich zu rächen. Sie rollte sich auf die Seite und zog die Beine an. Ich war ein Schaf, dachte sie.

»Jeder will doch was. Keiner macht einfach so, umsonst …« Die Tabletten begannen zu wirken. »Der Große frisst den Kleinen …« Kurz noch, dachte sie, nur ganz kurz. Ich muss noch das Fenster schließen. Die Augen fielen ihr zu. Keine zwei Minuten später schlief sie tief und fest.

Ein dumpfes Geräusch. Ein Wischen. Der Boden knackste. Da war es wieder, das Atmen! Näher als je zuvor. Panik! Ela, du träumst. Es ist nur ein Traum. Die Küche, der Fliesenboden … das offene Grab. Und Erde, viel Erde. Du hast es gesehen. Und Lilien, so ekelhaft süß. Und Rosen. Magst du Blumen? Du magst das doch …

Sie driftet weg. Es wird kühl. Etwas streicht über ihre Beine. Eine Katze, ich hatte eine Katze … ein Kater. Man hat ihn … Alles voller Blut … Nein! Wie hässlich das ist. Alles.

Wenn man die Augen nicht öffnet, wenn man weggeht, innen, ganz leise, spürt man die Hand nicht, die einen niederdrückt. Immer vermischt sie alles. Lügt sie. Sie hat dauernd gelogen, damals schon. Es riecht fremd. Sie verzieht das Gesicht. Keiner tut dir was. Komm her. Weil die Augen nicht aufgehen … Wenigstens der Mund. Sie will schreien, aber …

Sie erwachte mit dem Gefühl, als wäre eine Walze über sie hinweggerollt. Benommen setzte sie sich auf. Das Nachthemd war nach oben gerutscht und zerknittert. Sie zog es über die Hüften, den Po. Die Zehen fühlten warmes Holz. Sie bewegte die Arme, die Beine, streckte sich. Ihr war flau, das helle Licht schmerzte in den Augen.

Das Fenster war offen! Mit einem Schlag war sie wach. Sie sprang auf, taumelte, tastete nach einem Halt und sank wieder aufs Bett. Das Atmen! *Das habe ich nicht geträumt. Das war echt. Es war jemand hier in der Nacht.* Verzweiflung fiel sie an. *Die verdammten Tabletten!*

Sie ging zum Fenster. Kühle wehte in den Raum. Was war das? Schmutz? Ein Fußabdruck? Der Kratzer, war der neu? Sie stöhnte.

Einer ist hier gewesen. Es hört nicht auf.

Du siehst Gespenster. Wie damals.

Ich bin doch nicht verrückt.

Sie hatte es genau gesehen.

Von außen. Eben.

Er beugt sich über mich.

Er? Wer war das? Hat er ein Gesicht?

Nein, kein Gesicht. Aber seinen Geruch, sie stöhnt, den vergesse ich nie.

¤ ¤ ¤ ¤

Als Ela anrief, war Rita mit einem Korb voller Schmutzwäsche auf dem Weg hinunter in die Waschküche gewesen. Sie war zurückgerannt, hatte alles liegen und stehen lassen, Korb und Schmutz- und Bügelwäsche, und sich auf den Weg gemacht.

Vielleicht sollten wir Tom …

Sie hatte nein gesagt. Nein, das will ich nicht.

Sie sah schlechter aus als im Spital, war blass und fahrig. Ihre Hände zitterten. Während sie nach Spuren suchten, ums Haus herum, das Fensterbrett im Schlafzimmer inspizierten und auch da nichts fanden, keine Fußabdrücke, keinen Hinweis darauf, dass jemand eingestiegen war, redete Ela auf sie ein. Sie flatterte um sie herum, immer dicht an ihrer Seite, zupfte sie am Ärmel und benahm sich insgesamt so seltsam, dass Rita sich allmählich eher um ihre Verfassung sorgte als um eine mögliche oder tatsächliche Bedrohung.

Alle paar Minuten sprang sie auf. Setzte sich wieder hin. Sie gestikulierte wild und verstieg sich in Behauptungen, Vermutungen, die zunehmend abstruser wurden. Von einem Taxifahrer war die Rede, verschiedene Männer kamen vor.

Rita blinzelte. Zwischen ihnen stand der Rauch. »Hast du was eingenommen? Ela?«

Langsam hob sie den Kopf, verwirrt. Dann nickte sie. Sie kratzte sich am Kinn. »Meine Tabletten.«

»Und – mehr als sonst?« Vielleicht war es ja besser, einen Arzt zu rufen. Sie hatte so was schon gesehen: Bisweilen kehrte sich die Wirkung um. Statt ruhiger zu werden, drehten die Leute dann erst richtig auf. Und wenn sie austickte? Die Angst sie wieder packte? *Wenn jemand läutet und sie meint …*

»Ja, klar, war nötig. Du, am Fensterbrett …« Sie riss die Augen auf, die Brauen gingen hoch und stürzten mittig ab. Sie hatte Angst!

»Am Fensterbrett, da war nichts, Ela. Ein bisschen Staub, ein Blatt. Das hat der Wind –«

»Er hat es weggewischt!« Sie klang verzweifelt. »Du glaubst mir nicht!«

»Er ist, nachdem du die Spur am Fensterbrett entdeckt hattest, noch einmal zurückgekommen?«

Verständnislos sah sie sie an.

»Hast du mit Tom gesprochen?«

»Nein!«

»Und hat das einen Grund?«

Sie schnellte hoch. »Was willst du trinken, Rita? Tee? Ich hab auch Saft.«

»Dann einen Tee.«

Sie rannte planlos durch die Küche, als wäre sie hier fremd, zog Laden auf und schob sie zu. Und fing von vorne an. Sie wirbelte herum. »Ich habe keinen Schwarztee mehr, es tut mir leid. Nur noch Kamille.«

»Gut. Dann Saft.«

Sie schnupperte an einer Packung Orangensaft, suchte nach einem sauberen Glas. Sie wird ruhiger, dachte Rita und probierte es noch einmal. »Warum willst du nicht, dass Tom herüberkommt? Ist irgendwas passiert?« Vielleicht hatten sie sich ja gestritten. Oder er hatte ihr gesagt, dass er sie sehr mochte. Und sie …

Und jetzt schämt er sich, dachte sie.

Er hatte gesagt: Es ist besser, du kommst eine Weile nicht her, Rita. Ich melde mich wieder …

Wegen der Gerüchte? Weil die Leute reden?

Er war vage geblieben: Es ist besser so.

Und dann ruft Ela an: Bitte, Rita, komm! Sie wurde nicht schlau aus dem Ganzen.

Jetzt wackelte der Tisch, sie blickte auf.

»Hier, dein Saft.«

Sie griff danach und schnupperte am Glas. Dann stellte sie es ab.

Ela zündete sich schon wieder eine an. Ihre Wangen

wurden hohl, sie rauchte hastig, sprang wieder auf. Stuhlbeine scharrten über die Fliesen. »Du hast gesagt, bei euch wird eine Stelle frei.«

Was war *das* jetzt? Wie kam sie plötzlich darauf? In ihrem Zustand? »Halbtags, ja.«

»Und kannst du –?«

»Ich kann Frau Stanić fragen. Du musst dich halt bewerben. In der Zentrale. Wenn sie dich will, kriegst du den Job. Aber, Ela, vielleicht …«

»Gut«, sagte sie, als hätte Rita sie um einen Gefallen gebeten, und klopfte die Asche ab. Jetzt wirkte sie fast wie immer. »Gut, ich überlege es mir.«

¤ ¤ ¤ ¤

Sie nahmen eine Parallelgasse zurück zur Hauptstraße. Marisa schwirrte der Kopf. Hecker zahlte Geld an Arbeiter von irgendwelchen Fremdfirmen aus. Das er von der Niedeck bekam. Aus dem Firmentresor? In bar. In irgendeinem trostlosen Gasthaus an der Peripherie.

Sicher hatte keiner von denen ordentliche Papiere. Und wozu, zum Teufel, plagte sie sich mit der Lohnverrechnung, wenn alles unter der Hand lief? Klar, für die offiziellen Unterlagen! Steckte Weber da auch mit drin? Und die anderen? Wie passte das zu Wolff, den Restaurants, seinen Prestigeprojekten Immobilienentwicklung und Finanzierung? Einen Augenblick lang zweifelte sie: Er weiß nicht, dass … Nein. Unmöglich! Das Ganze war zu groß. Und hatte er nicht gesagt … Und die Niedeck … Erol hatte sie gewarnt.

Sie erreichten eine Hauptstraße, sie blieb stehen. Autos rauschten vorüber. So viel war jedenfalls sicher: Die WOGE erledigte mitnichten die Buchhaltung für ein paar Freunde, wie die Niedeck behauptet hatte. Alles deutete darauf hin, dass all diese kleinen Firmen irgendwie mit Wolff zusammenhingen oder bei ihm zusammenliefen. Von ihm betrieben wurden – auch wenn sein Name nirgends aufschien? Auf dem Briefpapier standen serbische, albanische, jedenfalls für ihre Ohren unvertraute Namen. Jetzt erst fiel ihr auf, dass zumindest sieben von ihnen an derselben Adresse gemeldet waren. Irgendwo hier in der Gegend oder noch weiter draußen.

Am Abend saß sie vor ihrem Notebook. Sie las Zeitungsberichte über Gerichtsverfahren, über Arbeiter, die betrogen worden waren. Der Ablauf war immer gleich: Auf Großbaustellen wurden Aufträge in langen Ketten von einer Firma an die nächste weitergegeben. Der Bauherr beauftragte einen Generalunternehmer, der in der Folge einzelne Arbeiten an Subunternehmen auslagerte. Die bedienten sich weiterer Subunternehmer, und gegen Ende der langen Kette wurden schließlich Scheinfirmen eingesetzt, die weder Sozialversicherungsbeiträge noch Steuern abführten. Nach einiger Zeit, oft schon nach wenigen Monaten, wurden sie in Insolvenz geschickt. Für die Lohnansprüche der Arbeiter sollte dann der Insolvenz-Entgeltsicherungsfonds aufkommen. Natürlich gab es Maßnahmen dagegen, aber die schienen, anders als in Deutschland, ziemlich zahnlos zu sein. Den Schaden trugen die Steuerzahler, geprellte Bauarbeiter und die korrekten Bauunternehmen. »In der Baubranche ist es an der Tagesordnung«, erfuhr sie, »Arbeiter direkt auf der Baustelle unter Vertrag zu nehmen. Für die Betroffenen ist somit nicht erkennbar, dass sie sich auf eine Firma einlassen, die letztlich vorhat, weder Abgaben noch ihre Löhne zu zahlen. Selbst wenn der betroffene Arbeiter schon öfter bei derartigen Firmen gearbeitet und letztlich Zahlungen vom Insolvenz-Entgeltsicherungsfonds beantragt hat, ist das für ihn kein Warnsignal, weil die Abläufe branchenüblich sind.«

Das war eindeutig. Erol hatte recht gehabt. Sie arbeitete in einem Unternehmen, das mafiöse Strukturen aufwies. Und jetzt?

¤ ¤ ¤ ¤

Jemand klopfte ans Schlafzimmerfenster. Ela ließ die Bettdecke los und wich zurück, erschrocken, bereit wegzurennen, sich zu verbarrikadieren. Anzugreifen? Aber womit?

Wieder klopfte es. Sie stand wie erstarrt, während die Gestalt vor dem Fenster in einen seltsamen Tanz verfiel, wippte wie ein Bär, sich vorbeugte. Hinter den dünnen Stores konnte sie nicht erkennen, wer es war. Sie hörte leise ihren Namen rufen.

»Ela! Mach auf.«

Eine Falle? Warum klopfte der hier, wo man ihn von der Straße aus nicht sehen konnte? Wo niemand ihr zu Hilfe eilen …

»Ela. Ich bin's.« Jetzt ging er in die Knie.

Sie wischte die Kleider vom Sessel und packte ihn an der Lehne, hob ihn hoch. Sie sog die Luft ein. Zwischen ihren Rippen hämmerte der Schmerz. Langsam ging sie auf das Fenster zu.

Ihre Arme sanken herab. »Manuel?«

»Ich muss dir was sagen«, klang es dumpf durch das Glas. »Mach auf.«

Sie atmete aus. »Komm zur Haustür.«

»Nein! Kann ich nicht.« Hektisch schaute er sich um. »Die dürfen mich nicht sehen. Bitte, mach auf.«

Sie öffnete einen Flügel. »Manuel, was –« Sofort hob er das Bein. »Bleib stehen.« Er gehorchte auf der Stelle. »Du hast mich erschreckt«, sagte sie.

»Ich muss dir was sagen.« Er beugte sich vor. Er roch nach Milch. »Da war jemand«, flüsterte er. »In der Nacht. Ich hab's genau gesehen. Ich wollte –«

»Wo? Wann, Manuel? Und warum flüsterst du?«

Verwirrt sah er sie an. »Ich hab dir versprochen, dass ich auf dich achte, aber, Ela, ich konnte nicht raus. Die sperren am Abend ab.«

»Wann war das?«

»Du bist mir nicht böse deswegen?«

»Nein, bin ich nicht. Also, wann? Wann hast du den Mann gesehen?«

»Am Sonntag. Es war schon spät. Da war ein Auto. Es fuhr ganz langsam vorbei. Dann wieder zurück. Das kam mir komisch vor. Ganz vorne an der Straße hat es dann gehalten. Ich habe die Autotür gehört. Da habe ich dann das Licht gelöscht, damit er mich nicht sieht. Die Taschenlampe rausgesucht. Die ist sehr stark, die leuchtet weit.«

Sie lächelte. »Das war sehr schlau. Und dann?«

»Dann hab ich ihn hier gesehen. Ich habe laut gerufen. Geh weg! Was machst du da? Ich hole die Polizei! Ich hab die Lampe angeknipst. Ihn mit dem Strahl gesucht, ihn voll erwischt, geblendet. Da ist er weggerannt. Und dann war auch schon Gerda da. Und schreit mich an: Bist du verrückt? Was machst du da? Du weckst ja alle auf, das Kind …«

»Ich bin sehr froh.« Sie drückte seinen Arm.

»Die haben mir verboten …«

»… mit mir zu reden.«

»Ja.«

»Und Manuel, der Mann – wie hat der ausgesehen? War er sehr groß?«

Er runzelte die Stirn. »Nicht so besonders. Ganz normal. So ungefähr wie ich.«

»Wie du?«

»Ich habe ihn nicht so gut gesehen.« Er klang betrübt. »Aber das Auto: ein großer dunkler Wagen. Bestimmt sehr teuer, ziemlich neu.«

Sie ließ ihn los. »Du hast mir sehr geholfen.«

Jetzt strahlte er. »Ich muss zurück. Wenn Gerda mitkriegt, dass ich hier bin …«

»Klar.«

»Gib acht auf dich. Bleib besser nicht allein. Ich bin ja nur am Wochenende da.« Er sah sich um, als sei ihm einer auf den Fersen.

»Wie bist du rausgekommen?«

Er grinste, sein Gesicht ging in die Breite. »Vorn durch die Terrassentüre. Den Vorhang zugezogen, weil – dann sieht man's nicht. Weißt du, ich kann ganz leise sein.«

Sie lächelte und drückte seine Hand.

¤ ¤ ¤ ¤

Tom schämte sich. So etwas tat man einfach nicht. Er war sich sicher, dass sie es bemerkt hatte. Aber was machen? In der Nacht hingehen und … Sagen, er habe … So tun, als ob er … Nein!

Noch immer tuschelten die Leute, wenn er zum Einkaufen ging. Sie drehten sich weg. Die füllige Frau warf ihm wütende Blicke zu, der Mann ballte demonstrativ die Fäuste. Einmal lag Müll draußen im Garten. Jemand kackte ihm vor die Tür. Schamrot räumte er beides weg.

Er stand am Fenster und schaute hinüber.

Im Dunkeln griff er unter das Kissen und atmete ihren Duft.

Am Grab seiner Großmutter wusste er nichts zu sagen.

Er war fast fünfzig und war wieder vierzehn. Er hatte einen Fehler gemacht. Sie würde nicht mehr kommen. Nicht mehr mit ihm reden. Das Gesicht verziehen und ihn verachten. Und der Sommer dauerte an.

¤ ¤ ¤ ¤

Die Besprechung schien zu Ende zu sein. Sie hörte Sesselrücken, Frau Niedeck stöckelte nach vorne in ihr Büro, die Männer verzogen sich in die Küche. Die Kaffeemaschine röchelte, sie hörte Weber husten.

Marisa hatte einen Arzttermin vorgeschützt und sich entschuldigt. Nichts war, wie es schien. Sie hatte weiter recherchiert, immer von zu Hause aus, und schließlich einen Notar kontaktiert, der das Firmenbuch am Handelsgericht für sie einsehen sollte. Der Datenauszug war gestern in der Post gewesen und hatte sie verblüfft. Keine von Wolffs Innenstadtfirmen gehörte tatsächlich ihm. Er trat zwar nach außen als Chef in Erscheinung, lachte von den Promiseiten der Tratschblätter, häufig an der Seite seiner Frau, einer aparten Fünfundvierzigjährigen mit wachen Augen, hielt aber tatsächlich nur einen minimalen Anteil an den jeweiligen Firmen, der ihm kaum Rechte einräumte. Die beiden Restaurants gehörten je zur Hälfte ihr und ihrem Vater. Klar, dass Wolff seine Zukunft nicht an der Seite seiner Sekretärin sah.

Es klopfte. Sie schlug die Lade zu und stand auf.

Wolff stand in der Tür. »Darf ich? Haben Sie kurz Zeit?«

Sie nickte. Ginny schaute gelangweilt auf und rollte sich wieder zusammen.

Er schloss die Türe. »Dauert nicht lange«, sagte er. »Frau Niedeck lobt Sie sehr: flott, engagiert …«

Vor kurzem noch wäre sie vor Freude errötet. »Danke«, sagte sie. »Ich bemühe mich.«

»Zeit für eine Lohnerhöhung, wenn Sie sich weiter so ins Zeug legen.«

Sie wusste nicht wohin mit ihren Händen. Zum Glück läutete das Telefon.

»Lassen Sie«, sagte er und kam näher. Zu nahe. »Das hat Zeit, Frau Faber. Ich muss Sie etwas fragen. Es geht um eine Kleinigkeit. Ein Freund von mir hat ein Problem. Ich brauche Ihre Hilfe.«

»Meine Hilfe?«

Er nickte. »Frau Faber, wir brauchen eine Adresse. Nur für ein, zwei Monate, um die Firmengründung abzuwickeln«, sagte er. »Dann kann er sich ummelden und …«

Jetzt ging es also los. »Es tut mir leid«, sie räusperte sich, »die Wohnung gehört mir nicht.«

Er lachte und berührte ihren Arm. »Das ist hier kein Problem. Ich brauch nur Ihre Unterschrift, die Anmeldung, und wie gesagt, das nur für kurze Zeit.«

Sie hob den Kopf und sah ihn an. »Mein Vermieter, der arbeitet im Meldeamt. Ich bin mir nicht sicher …«

»Ach so. Okay.« Er fuhr sich an den Hals. »So wichtig ist das nicht.« Er lächelte. »Vergessen Sie's! Und sonst, Frau Faber? Alles klar? – Entschuldigen Sie.« Er nahm sein Handy aus der Hosentasche und tippte drauf. »Wir unterhalten uns ein andermal. – Ja, ja, ist kein Problem, Mirjana … Ja. Ich sag dir doch … Ist kein Problem … Ja, ist okay. Sag Veli … ja … ich kümmere mich darum.« Vor der Tür wurde er laut, dann hörte sie ihn schimpfen. Er klang gestresst. Sie schloss die Tür.

Nicht vom Fach und reichlich unbedarft. Ein bisschen Lob, eine Karotte vor der Nase – und schon beißt die Kleine an. Und übernimmt, von Wolffs Aufmerksamkeit gekitzelt, Aufgaben, deren Sinn und Zweck sie nicht versteht. Nein, sicher nicht! Sie dachte an Frau Niedeck: Auch sie rannte einer Karotte nach, einem Leben an seiner Seite. Seit so vielen Jahren, dachte Marisa, und plötzlich tat ihr die Ältere leid. Wie musste man beschaffen sein, um derart blind … Sie schüttelte den Kopf. Eine Schönheit, nicht mehr ganz jung, fällt auf einen herein, der verspricht, ihr die Sterne vom Himmel zu holen: Ich brauche dich, Luisa … wir beide … nur du … und bald … Sie war darüber alt geworden, welk, und hoffte immer noch. Topgestylt unter verschwitzten, dumpfen Kerlen, hielt sie für ihn die Stellung – und wenn alles crashen sollte, vermutlich auch den Kopf hin. Und seine Weste blieb weiß. Rado, du hast versprochen … diesmal …

Sie musste hier weg. So schnell wie möglich. Und jetzt an die frische Luft. Sie sprang auf und griff nach der Leine.

Es hatte zu nieseln begonnen. Ginny strebte auf ihren mageren Rasenstreifen zu. Sie folgte ihr. Dort drüben hatte Lukas auf sie gewartet. Es hat mir geschmeichelt, dachte sie. Und dann … Man sah, was man sehen wollte. Was man sich sehnlich wünschte. Es funktioniert, dachte sie, weil wir von Kindheit an mit diesem zuckersüßen rosa Kitsch gefüttert werden. Weil wir nie genügen und ständig an uns selber zweifeln, werden wir zur leichten Beute.

In dem Moment begann es zu regnen. Sie rannten zurück. Die beiden Staplerfahrer standen unter dem Vordach des Lagers und lachten und winkten ihnen zu.

⌘ ⌘ ⌘ ⌘

Der Regen fällt so dicht, dass die Sträucher, der Zaun, das Nachbarhaus im tristen Grau versinken. Eine nasse Wand steht rund ums Haus, und Ela sitzt am Boden in der Küche, in einem dicken Pullover, barfuß, gefangen, wie gelähmt. Das hört nicht auf, wimmert sie, das hört nicht auf. Es ist, als hätte man ihr die Haut abgezogen. Bei lebendigem Leib. Alles ist wieder da. In gleißendem Licht. Mit einem Schlag.

Hast du gut geschlafen?

Nicht! Sie rappelt sich auf. Die Lade klemmt. Ihre Finger fliegen. Zwei Packungen, fast voll. Zum Schlafen …

Warum gehst du in den Keller und kramst herum? Öffnest die Schachtel? Weckst alles auf ohne Not?

Trink noch was!

Die Knochen stechen von innen durch die Haut. Schlüsselbeine, Hüften. Alles ist taub. Und all der Schmutz … Es ist so ekelhaft. Und es klebt überall.

Und der Geruch. Dieser Geruch. Ganz nah. Und Schritte. Schritte. Das alte Holz knarrt, es knarrt. Die Tür. Und wenn der Nebel sich hebt, am Morgen …

Sie drückt sie aus der Folie, alle, eine nach der anderen, langsam, konzentriert, als käme es darauf an, alles richtig zu machen – einmal alles richtig. Zum letzten Mal.

Hast du gut geschlafen?

Schlecht geträumt.

Geträumt …

Sie wankt. Eine Handvoll, zwei. Ob es reicht?

Trink schon! Sie schluckt, sie würgt. Trink!

Es ist also wahr!

¤ ¤ ¤ ¤

»Ruf sie an«, hatte Frau Stanić gesagt und war weitergeeilt. »Ich kann nicht warten, ob deine Freundin vielleicht doch noch kommt.« Das war's dann, dachte Rita. Ihre Chefin legte großen Wert auf Pünktlichkeit.

Halb zwei, klar. Pünktlich. Versprochen.

Der Regen. Sie hat verschlafen. Oder der Bus hatte einen Unfall. Sie hat es sich anders überlegt. Aber – dann hätte sie doch abgesagt?

Der Typ, Rita …

Der kommt nicht mehr!

Und was, wenn doch?

Es läutete und läutete. Die Sprachbox sprang an: »Nachrichten bitte nach dem Ton.«

»Was ist los? Ruf mich zurück. Warum meldest du dich nicht? Geht es dir nicht gut?«

Die Tür ging auf und fiel mit einem lauten Knall ins Schloss. Devi. Sie stöhnte theatralisch, knallte ihre Jausenbox auf den Tisch und plumpste neben Rita auf die Bank.

Sie grinste. »Geht er nicht ran, dein Freund?«

»Es ist nicht …« Sie rückte zur Seite, Devi rutschte nach.

»Ein Neuer? Lass mich schauen!« Schon hatte sie das Handy in der Hand.

»Gib her.«

Devi lachte, sie rangen um das Telefon.

»Gib her. Das ist nicht lustig. Ich muss –«

»Hey, die kenne ich! Die heißt Ela, oder? Aha, jetzt sind die Haare kurz. Apart.« Sie gab ihr das Handy zurück. »Wie kommst du zu der? Was will sie von dir?«

»Nichts.«

»Woher kennst du sie?«

»Aus dem Krankenhaus.«

»Finger weg, sag ich nur.« Devi öffnete die Box, stand auf und holte einen Teller, Besteck. »Abstand, Rita. Das ist ein Miststück. Die lügt, wenn sie den Mund aufmacht. Hast du ihr was versprochen? Geborgt? Ihr Geld geliehen?«

»Nein! Aber vielleicht … Frau Stanić meint …«

»Das ist nicht dein Ernst!« Sie riss die Augen auf. »Die soll hier arbeiten? Sicher nicht! Nicht hier! Rita, die spinnt komplett. Die lügt. Die hält nichts aus, und dann, wenn's eng wird, ist sie weg.«

»Was redest du?«

»Sie hatte es schwer, oder? Bruder gestorben, und dann war da was mit den Eltern.« Sie runzelte die Stirn und griff nach ihrem Brot. »Und jeder Kerl, jeder einzelne, ein Schwein.« Sie kaute, klappte das Brot auf und wieder zu. »Glaub ihr kein Wort«, sagte sie mit vollem Mund. »Im Heim war's der Erzieher, der nachts zu ihr ins Zimmer kam. Hat ihr aber keiner geglaubt. Zum Glück. Sonst wäre der geflogen.«

»Du kennst sie nicht.«

»Ach ja?« Sie lachte auf. »Madame hat mich beklaut.«

»Vielleicht …«

»Nein, Rita, nein!« Jetzt wurde sie energisch. »Der Typ

war cool. Den mochten alle. Und bloß, weil jemand freundlich zu dir ist … Rita, wach auf! Die spielt mit dir!

»So ist sie nicht.« *Und wenn sie jetzt … Da ist etwas passiert!*

»Die knipst dich an, die knipst dich aus, ganz wie sie's braucht. Du musst …«

Sie hob die Hand, Devi verstummte.

»Tom?« Auch hier die Box! »Geh ran.« Sie schluckte. »Hallo, Tom. Du, ich kann Ela nicht erreichen. Gehst du bitte hinüber und schaust nach? Und – ruf mich an.«

Devi seufzte und schüttelte den Kopf. »Was, der auch? Euch ist echt nicht zu helfen.«

⌑ ⌑ ⌑ ⌑

Man muss darüber reden. Über alles. Auch wenn es wehtut, hatte Rita gesagt. Nur so wird man es los. Nach und nach. Aber es half nicht. Es hatte nie geholfen. Nicht zu Hause, nicht im Heim und nicht auf der Straße. Das Einzige, was half – so wenigstens war es bisher gewesen, bis zu jenem Tag –, war, das Geschehene aus der Erinnerung zu löschen, so gut es ging. Hin und wieder hallte etwas wider von früher, träumte man schlecht, aber irgendwann war auch das vorbei.

Sie schauderte. Sie hatte nicht bemerkt, wie sich etwas verschoben hatte und es immer enger geworden war. Dann die Krise, er und sie, Gefangene der Umstände … auf Gedeih und Verderb. Da hatte es begonnen. Genau da.

Sie öffnete die Faust und sah zu, wie der blaue Wasserwirbel die Tabletten erfasste und in die Tiefe zog. Noch einmal legte sie den Handballen auf die Taste. Das Wasser rauschte. »Du musst kämpfen, Ela«, sagte sie laut.

⌑ ⌑ ⌑ ⌑

Seit drei Tagen regnete es, als wollte es nie wieder aufhören. Der Garten ertrank, auf dem abschüssigen Teil der Straße floss ein breiter Bach, der Papierfetzen, kleine Zweige und allerlei Unrat mit sich führte. Schräg gegenüber, wo der Schläger mit seiner Familie wohnte, war der kleine Abhang unter der Terrasse ins Rutschen geraten. Männer in grünen Regenjacken begutachteten mit hochgezogenen Schultern den Schaden, er, in nagelneuen Gummistiefeln, sprang hin und her, wies dahin und dorthin und gestikulierte erregt. Die Herren nickten, gingen ein Stück zum Haus hin und wieder zurück, zuckten die Achseln und verließen das Grundstück. Ein grüner Rover setzte sich in Bewegung. Wasserfontänen schossen hoch und versauten die weiß lackierten Zäune der neuen Gärten.

Tom ließ den Vorhang los und raffte ihn erneut. Da! Ela kam aus dem Haus gelaufen. Sie hatte eine Jacke über den Kopf geworfen. Sie sah herüber, sie wollte zu ihm!

Wärme durchflutete seine Brust. Er zog den Hemdkragen zurecht und ging zur Tür.

Sie trug flache Schuhe, Ballerinas. Wie Rita. Das kurze geblümte Kleid, der Pullover klebten ihr am Leib. Wasser lief die Beine hinab. Sofort bildete sich eine Pfütze. Sie blieb unter dem Vordach stehen. Sie zitterte.

»Komm herein! Ist was passiert?« Er reichte ihr ein Handtuch, sie trocknete sich ab und schlüpfte aus den Schuhen. Die Jacke zog sie an.

»Die ist nass.« Er streckte die Hand danach aus. »Willst du nicht …«

»Nein.« Sie folgte ihm in die Küche, breitete das Handtuch über einen Sessel und ließ sich nieder. Er setzte Teewasser auf. »Ich muss mit dir reden.«

Er stand mit dem Rücken zu ihr. »Ja?« Ganz langsam drehte er sich um. Seine Hände waren feucht. Er schluckte.

»Ich gehe weg. Das wollte ich dir sagen.«

Er tastete nach einem Halt. »Du gehst?«

Sie fuhr sich in die Haare. »Ich hab verkauft.«

Der Wasserkessel pfiff. Er reagierte nicht. »Du gehst.«

Da stand sie auf und kam zu ihm herüber.

¤ ¤ ¤ ¤

Es war dunkel geworden im Raum. Der Regen klatschte gegen die Scheiben. Ela schaltete den Herd aus und nahm den Teekessel von der Platte. Das Pfeifen erstarb. Endlich regte sich Tom. Das Licht flammte auf. Sie kniff die Augen zusammen.

Er fuhr sich mit der Hand an den Hals. »Entschuldige, ich habe nicht …« Hastig wich er zur Seite. »Ich stehe dir im Weg.« Er wurde rot. »Ich mache das schon.« Ihre Finger berührten sich. Er stand ganz still und schien nicht mehr zu atmen. Wieder flutete Hitze sein Gesicht. »Setz dich doch«, stammelte er. Sie überließ ihm die Kanne und ging zurück zum Tisch. »Ich bin ein schlechter Gastgeber«, hörte sie ihn sagen, während er tief gebeugt, mit dem Rücken zu ihr, in dieser Puppenküche Tee für sie beide bereitete, eine zierliche Zuckerschale füllte, eine Lade öffnete und schloss.

Er tut sich schwer mit Frauen, dachte sie. Die machen ihn nervös.

Er kam mit einem kleinen Tablett zum Tisch. Alles war liebevoll arrangiert. »Du gehst weg?« Seine Stimme klang belegt. Er holte eine Zuckerzange und legte tatsächlich Stoffservietten auf. Erst dann ließ er sich nieder. Zum ersten Mal sah er sie an.

Sie nickte. »Ich hab verkauft. An einen anderen Makler.« Sie wartete, aber er reagierte nicht. Rührte seinen Tee so heftig um, dass er überschwappte, nahm noch ein Stück

Zucker und rührte, rührte. »Nicht an die WOGE, Tom. Ich zeige dir den Vertrag.«

»Wir haben doch … Du hast gesagt …« Er sah aus, als hätte man ihn geschlagen.

¤ ¤ ¤ ¤

Er schaute auf seine Hände, die auf dem Tisch lagen, als gehörten sie nicht zu ihm. Ohne Not hatte sie zu reden begonnen, zu erklären, ihm zu erklären, was er ohnehin wusste. Weil sie die Stille nicht ertrug. Sie könnte aufstehen, die Schlüssel auf den Tisch legen, für den Notfall – und gehen. Aber sie redete, redete.

»Wenn alle so wären wie du, Tom: mich nicht bedrängen, nichts von mir wollen, aber du hast ja gesehen …«

»Ja.« Er saß unbewegt. Es fühlte sich seltsam an. Er wartete auf eine Art von Kummer, das Ziehen in der Brust, aber er spürte nichts, als beträfe es einen Fremden, nicht ihn.

»Die Leute, weißt du«, sagte Ela. »Das alles ist mir zu viel. Zu eng. Zu nahe. Ich kann das nicht.«

Er nickte. »Und wann?«

»Wahrscheinlich heut noch. Ich habe schon gepackt.« Ihr Lächeln misslang. Sie räusperte sich. »Ich … gehe ins Hotel. In vierzehn Tagen habe ich den Vertrag und ich … ich …«

»Ela.« Er griff nach ihrer Hand.

Ihr Kinn begann zu zittern. Sie rang um Fassung. Erschrocken zuckte er zurück.

»Der Alte«, krächzte sie.

»Er hat dich sehr gemocht.«

»Gemocht!« Sie krümmte sich zusammen. Ihr Kopf lag auf dem Tisch.

»Ela? Ela, was ist denn?«

Sie wimmerte. Er hörte ihre Zähne klappern.

»Was hast du denn? Du frierst. Die nasse Jacke. Du wirst dich noch verkühlen. Komm, zieh sie aus.«

»Nein!«, fuhr sie auf. Sie keuchte.

Er wich zurück. »Ich wollte nicht … Was hast du denn? Es tut mir leid.«

Da zog sie eine zusammengerollte Zeitschrift aus der Jacke und hielt sie ihm hin. Das Heft war feucht und gewellt vom Regen. Er schlug es auf, blätterte rasch über drei, vier Seiten. Ihm war schlecht. Er wagte nicht, sie anzusehen.

»Heute früh«, sagte sie stockend. »Im Keller. Ich habe … Plötzlich, Tom, war alles wieder da. Ich hab gekotzt. Ich wollte … ich wollte das nicht im Haus. Verbrenn das. Bitte«, sagte sie. Ihr Blick war glasig, fern. »Ich dachte, ich hätte das geträumt. Das ist das Schlimmste.«

»Tabletten«, sagte sie später. »Wahrscheinlich Tabletten. Ich hab geschlafen, tief und fest.«

Er saß ihr gegenüber, die Hände im Schoß. Er atmete und schwieg.

»Abends, manchmal, haben wir uns einen Film angesehen. Er hat mir ein Glas Wein hingestellt.« Ihre Augen rutschten weg. »Und am nächsten Morgen: ›Hast du gut geschlafen?‹«

Dann wurde sie wütend. »Er war ein Arschloch, Tom. Schlimmer als die anderen. ›Ich bin kein Perverser.‹ Was *denn*? So perfide, so mies … Während ich wehrlos war, im Schlaf!«

»Gut, dass er tot ist. Ich hab mir Geld genommen«, sagte sie. »Ich fand, das steht mir zu.«

Er räusperte sich. »Weiß Lukas das?«

»Vielleicht. Ist mir egal. Was kann er tun? Ich hab verkauft. Ich gehe … Tom? Zeigst du mich an?«

»Nein! Was denkst du denn von mir! Da drin gehst du kaputt.«

Sie nickte. »Du sagst es niemandem, auch Rita nicht?«

Er sah sie lange an. »Nein. Weiß sie, dass du gehst?«

»Ist besser so.«

Er nickte, obwohl er nicht überzeugt war. »Und jetzt?«

»Hinübergehen. Ein Taxi rufen. Wenn etwas sein sollte mit dem Haus … du hast meine Nummer.« Sie lächelte, aber ihre Augen lachten nicht.

Er sah ihr nach, wie sie langsam durch den strömenden Regen zurückging, als könne er ihr nichts anhaben. Er sah das Taxi kommen und abfahren. Sie hatte kaum Gepäck.

»Vergiss, dass ich da war. Vergiss alles. Und Tom, es tut mir leid.«

⌘ ⌘ ⌘ ⌘

Sein Ellbogen kracht in ihre Rippen. Jetzt, plötzlich, will er Schlagobers zum Kaffee und herrscht sie an.

Sie atmet zischend ein, hält sich die Seite, geht ins Bad.

»Was ist?«, schreit er ihr nach. »Ich kann, du weißt das, jederzeit … Vertrauensmissbrauch, grober Undank …«

Sie hat es oft genug gehört. Es reicht. Dann mach das doch! Sie pfeift aufs Haus und seinen Garten. Die Arme um sich selbst gelegt, wiegt sie sich vor, zurück. Sie will nicht mehr. Ich gehe, denkt sie, ein für alle Mal. Egal wohin. Nur weg. Nur weg.

So zornig ist er oft in letzter Zeit. Und jedes Mal kriegt sie es ab. Es ist sonst keiner da.

Die Schritte kommen näher. »Soll ich denn ganz allein hier hocken? Hörst du mich? – Er kommt heut nicht, er hat mir abgesagt.« Er rüttelt an der Schnalle. »Jetzt komm! Ich kriege das blöde Ding nicht auf.« Er hämmert an die Tür. Sie hört ihn atmen, keuchen. »Das weiß er ja noch nicht, mein Herr Sohn.« Er lacht. »Dass du das Haus hast, er's nicht kriegt. Das ist mir eine Freude.«

Sie wäscht sich das Gesicht. Das Wasser rauscht. Sie drückt die Schnalle nieder.

Da hört sie ein Geräusch wie einen dumpfen Schlag, ein Gurgeln und fast zeitgleich einen Knall. Und etwas Hartes rollt über die Fliesen. Dann steht sie in der Küchentür. Alles ist weiß, das Schlagobers klebt überall. Und er, der Alte, auf dem Boden, mittendrin. Dort der für zwei gedeckte Tisch, die Blümchentassen, Tortenstücke, der Kaffee … Der Aluminiumsiphon ist weggerollt, der abgesprengte obere Teil liegt nah beim Fenster. Sie steht, die Hände auf der Brust. Sieht sein Gesicht, ganz bleich, er schnappt nach Luft, die Lippen werden blau. Sein weißes Hemd hat gelbe Flecken. Er hebt die Hand ein kleines Stück, er zuckt, er krampft, die Augen starr auf sie gerichtet.

Sie rührt sich nicht. Sie klammert sich am Türstock fest. Ein Nagel splittert, bricht.

Jetzt liegt er still. Und langsam dunkelt seine helle Hose. Fast bis zum Knie. Er liegt ganz schlaff. Man muss … Ich muss … Ein Herzanfall, denkt sie.

Und dann, dann denkt sie gar nichts mehr. Sie löst sich von der Tür. Sie dreht sich um, geht durch den Flur und nimmt das Tuch, den Korb aus Sisalgras mit breiten gelben Streifen. Schlüpft in die Schuhe, zieht die Türe zu. Links liegt der Lift. Sie geht daran vorbei. Noch einen Schritt und weiter, weiter. Der Handlauf gibt ihr Halt. Nur elf Stufen sind es bis ins Erdgeschoss. Und neunzehn große Schritte bis zur Tür. Nie mehr, denkt sie. Nie mehr: er über mir, er viel zu nahe, feixend, grob. Nie mehr mich ekeln – nie mehr denken: selber schuld.

Dann fährt sie mit der Straßenbahn irgendwohin. Geht zum Friseur. Schaut auf die Uhr. Jetzt, sagt sie leise. Fährt zurück. Sperrt auf und stellt den Korb ab, atmet aus. Jetzt kommt es auf dich an. Sei stark. Es geht vorbei. Es ist vorbei …

Sie hat alles bedacht. Das eine Tortenstück muss in den Müll und Teller, Tasse in den Schrank … Dann auf die Knie.

Das Hemd aufknöpfen … Telefon. Den alten Arzt, zu dem er immer geht … Mit weichen Knien bewegt sie sich zur Küche. Und atmet auf. Er liegt ganz starr. Die Zeit, sie hat gereicht.

¤ ¤ ¤ ¤

Wie lange machte die Niedeck das schon mit? Fünfzehn Jahre? Zwanzig?

»Das muss aufhören, Rado, bitte. Hast du mit ihr geredet? Es ihr gesagt? Du hast versprochen …« Marisa hörte sie auf und ab gehen und ihn hinterher.

»Luisa, bitte, mach mir keinen Druck. Das kann ich jetzt nicht brauchen!«

Gestern hatten sie gestritten. Jetzt war sie krankgemeldet.

»Früher … Weißt du noch?«

»Luisa, komm, ich bitte dich …«

Alles zerfiel.

Weber, der völlig verdattert dastand. »Nicht weiterverfolgen? Wieso denn, Chef? Die Kiliç hat verkauft? Das ist doch nicht ihr Ernst!«

»Und du hast nichts davon bemerkt?« Der Chef war laut geworden. »Was seid ihr bloß für Dilettanten! Ja, machst du das zum ersten Mal? Nein! Sieht aber so aus.«

Heute war es ungewöhnlich ruhig. Hecker war um zehn mit zwei Leuten wieder aufgebrochen. Die Niedeck musste am Abend noch einmal hier gewesen sein. Ihr Schreibtisch war aufgeräumt, das Blumenfenster leer.

Weber ging herum, blieb ein-, zweimal vor ihrer Türe stehen. Sie gab sich beschäftigt. In der Küche stellte er sie.

»Weißt du, was mit der Niedeck los ist?«

»Wieso?«

Er zögerte. »Sie ist nie krank. Und gestern … na ja, Hecker sagt, es ist etwas im Busch.«

»Im Busch?«

Er wechselte das Thema. »Die Kiliç hat verkauft. Und nicht an uns. Damit ist das Projekt gestorben.«

»Das heißt, Herr Kralik –«

»Ach Gott, der Kralik! An den denken Sie immer noch? Der tut Ihnen leid?«

Sie zuckte die Schultern.

»Sie können ja hinfahren und ihn informieren.« Er sah sie lauernd an. »Und Kornmesser.«

»Kornmesser?« Mit einem Klacken meldete sich der Kaffeeautomat. Sie wandte sich um und entnahm ihre Tasse.

»Den haben Sie doch, wie soll ich das nennen – beraten, seinerzeit.«

»Und das klebt jetzt bis in alle Ewigkeit an mir?« Sie sah ihn an und lachte.

»Na ja«, brummte er. »Es ist einfach … Ich kenn mich nicht mehr aus. Ich hab's auch grade nicht leicht, weißt du.« Unvermittelt streckte er die Hand aus. »Ich bin der Rainer.«

»Marisa.« Jetzt kam es darauf nicht mehr an.

»Bist eh in Ordnung«, sagte er.

Sie nickte. »Gut, Rainer, dann rufe ich den Herrn Kornmesser an. Und informiere ihn.«

Er glotzte. »Du machst was? – Haha, du bist mir eine. Den Herrn Kornmesser, hehe.«

Warum eigentlich nicht?, dachte Marisa, als sie mit Ginny die Stufen hinuntereilte. Ihr Zorn war verraucht. Sie hatten beide ihren Teil dazu getan, dass alles so gekommen war. Immerhin wusste sie jetzt, was sie wollte und was nicht. So schnell würde sie keiner mehr einkochen – weder beruflich noch privat.

Sie versuchte es mehrere Male und hinterließ ihm schließlich eine Nachricht. Aber Lukas meldete sich nicht mehr.

¤ ¤ ¤ ¤

Einen Augenblick lang war Tom nahe dran gewesen, ihr den Schal zurückzugeben. Er hatte sich dagegen entschieden: Dann habe ich gar nichts mehr. Seit Stunden war er wie betäubt. Er dachte an die Bilder und hätte schreien mögen.

Hätte sie ihn umgebracht, dachte er, ich würde es verstehen.

Er sah sie auf dem Plattenweg im viel zu dünnen blauen Mantel. Sah sie lachen, im Garten stehen, die Bräune auf den Schultern ... und auch die Brust, unter dem Linnen von Gelächter und Atemnot ... und ihre nackten Zehen im Gras.

Wenn alle wären wie du, Tom. Der nichts von mir will ...

Und wie sein Herz fast stehenbleibt: Rufst du mich an? Falls irgendetwas ist. Mit dem Haus.

Er nickt, er räuspert sich, verspricht: Falls Lukas ...

Sie schaut ihn an, verwirrt. Der kommt nicht mehr.

Warum?

Da lächelt sie.

¤ ¤ ¤ ¤

Das Taxi hielt direkt vor dem Hotel. Ela reichte einen Geldschein nach vorne und griff nach den beiden Taschen, die neben ihr auf dem Rücksitz standen.

Der Portier hatte eine Stupsnase und war noch sehr jung. »Wie lange werden Sie bleiben?«

»Eine gute Woche, zehn Tage? Ich weiß noch nicht ...«

Er war völlig von seinem Handy absorbiert, sie musste ihn mehrmals stören. Sie gab eine ihrer früheren Adressen an, einen anderen Namen und zahlte im Voraus in bar.

Es war ein geräumiges Zimmer in freundlichen Farben. Das Doppelbett, das Bad waren frisch gemacht und makellos sauber. Mittlerweile hatte es aufgehört zu regnen. Vor dem Fenster stand ein alter Baum. Die herzförmigen Blätter glänzten vor Nässe. Unten brauste der Verkehr.

Sie legte sich aufs Bett und breitete die Arme aus. Eine sanfte Brise strich über ihren Körper. Draußen auf dem Gang ratterten Rollkoffer vorbei, Stimmen wurden laut und entfernten sich wieder. Die Zimmerdecke war von feinen Rissen durchzogen. Eine kleine Spinne seilte sich ab und verharrte direkt über ihr. Das Zimmer war abgekühlt, sie stand auf und schloss das Fenster. Der Verkehr wurde zu einem leisen Rauschen. Barfuß spazierte sie herum und trank Wein. Dann legte sie sich in die Wanne.

Keine Schritte, kein Atmen. Nur ein fernes Brausen, wie am Meer, ein helles Lachen auf dem Gang. Sie schloss die Augen und tauchte ab.

¤ ¤ ¤ ¤

Am Dienstag rauschte die Finanzpolizei ein. Die Männer sammelten alle Laptops ein und verlangten die Schlüssel zum Dachboden und Zutritt zu allen Räumen. Mehrere Finanzer verschwanden nach oben. Eine Frau mit schmalem Rock und Fünfzigerjahre-Brille, sehr schick, führte das Kommando. Niemand wusste, wem die Aktion zu verdanken war. Frau Niedeck war nicht wieder aufgetaucht. Hecker rannte schwitzend hin und her und versuchte vergeblich, sie zu erreichen. Sie rief nicht zurück. Marisa stand in der Tür zum Besprechungsraum. Es war wie im Film. Alles lief wie am Schnürchen. Die Ersten transportierten bereits kistenweise Akten ab.

Ein Mann nahm ihre Daten auf. »Das war's dann. Danke.«

Sie nickte und wandte den Kopf. Rainer Weber sah aus, als hätte man ihm die Luft ausgelassen.

»Wo ist der Chef?«

Er zuckte die Achseln. »Ich habe mich lange genug …«,

sagte er mit gepresster Stimme. »Aber wenn du Kinder hast, Sorgepflichten …«

»Du meinst –«

Seine Lippen waren ein schmaler Strich, die Pupillen klein wie die eines Junkies. »Hast du etwas unterschrieben?«, fragte er leise.

»Unterschrieben? – Nein.«

»Sie werden ihn verhaften. Und wahrscheinlich …« Und als sie schwieg: »Was machst du jetzt?«

»Es wird sich was finden.« Sie gab ihm die Hand, ging durch die Räume und verabschiedete sich von den anderen.

Der Himmel war bewölkt. In der Ferne grollte ein Donner. Wenn sie sich beeilte, konnte sie mit Ginny noch eine Runde laufen, bevor der Regen kam.

¤ ¤ ¤ ¤

Sie saßen nebeneinander auf einer Bank in der Sonne. Die Luft flirrte, es roch nach Heu. Devi hatte ihre Jacke ausgezogen und rauchte. Rita hielt eine kleine blaue Seifenblasendose mit rotem Schraubverschluss in der Hand. »Nein. Keine Ahnung.« Sie wollte nicht mehr drüber reden.

Devi schloss die Augen und lehnte sich zurück. »Hab ich's dir nicht gesagt? Die knipst dich an, sie knipst dich aus. Ganz wie sie's braucht. Wer weiß, was sie diesmal ausgefressen hat.« Sie schwiegen eine Weile. »Und das Haus?«

»Keine Ahnung.«

»Was sagt dein Bekannter?«

»Tom?«

Sie war hier, hatte er gesagt. Sie hat das Haus verkauft. Sie lässt dich grüßen.

Und sonst?

Er hatte auf seine Hände gesehen.

Sie hat uns nicht vertraut.

Hat es wohl nicht ausgehalten auf dem Land.

Devi stupste sie an. »Und, hat sie? Also erzählt, was sie vorhat.«

»Nein.« Notlügen, dachte sie, sind erlaubt.

»Die vertraut keinem.«

»Bitte?« Hatte sie laut gedacht?

»Ich sage, die vertraut keinem, weil sie selber alle bescheißt.« Devi dämpfte ihre Zigarette aus. »Ich muss, Rita … Bis morgen.« Sie beugte sich zu ihr herab. »Du musst aufpassen. Auch wenn du es nicht glaubst: Die Welt ist schlecht. Es rennen jede Menge Leute herum –«

»Weil ich einmal enttäuscht worden bin?«

Ihre Kollegin seufzte. »Du bist und bleibst …«

Du bist und bleibst ein Kind, Rita. Eine hoffnungslose Optimistin. Zu gut für die Welt.

Sie tauchte das Stäbchen in die Dose und rührte um. Holte tief Luft und spitzte die Lippen. Seifenblasen stiegen auf und schwebten nach oben, schillernd zart. Sie sah ihnen nach, wie sie sich bauchten, langsam verformten, höher stiegen und sich vom Wind davontragen ließen. Die Sonne lag warm auf ihrem Gesicht.

Ein kleiner Hund rannte über den Rasen auf sie zu. Er sprang an ihr hoch, als hätte er sie lange nicht gesehen.

»Ginny, nein! Komm her! – Ginny!«

Sie spürte seine feuchte kleine Schnauze an ihren nackten Zehen. Es kitzelte. Sie beugte sich vor und streichelte ihn. Er verzog den Mund. Es sah aus, als würde er lachen.

Anne Goldmann

Das Leben ist schmutzig

Ariadne 1194 · 978-3-86754-194-7

Man kann eine Geschichte an jedem beliebigen Punkt beginnen. Diese hier beginnt irgendwann im Sommer. Oder auch ein paar Jahre vorher. Zu einer anderen Jahreszeit. Es schneit also vielleicht gerade, oder man schläft zum ersten Mal bei weit offenem Fenster und tiefer als sonst.

»Goldmann beweist gleich mit ihrem Erstling, dass sich auf dem weiten Feld des Kriminalromans immer noch ein neues Pflänzchen ziehen lässt.« *Frankfurter Rundschau*

Das größere Verbrechen

Ariadne 1234 · 978-3-86754-234-0

»Würgegriff der Geschichte: Der Autorin geht es um den Nachhall, die bleibenden Erinnerungen, das Verarbeiten und Verdrängen. Goldmann ist erfahren darin, das Ungefähre wirkungsvoll zu nutzen, ihre Sprache ist präzise.« *FAZ*

Lichtschacht

Ariadne 1220 · 978-3-86754-220-3

Lena ist neu in der Stadt, schlägt sich mit Jobs durch, hofft Freunde zu finden. Eines Abends sieht sie, wie eine Frau vom Dach gestoßen wird. Oder hat sie sich das bloß im Rausch eingebildet?

»Das ist Hitchcock. Und Highsmith. Ein schleichendes, sprachlich schönes, hochwirksames Gift.« *Die Welt*

Triangel

Ariadne 1202 · 978-3-86754-202-9

Vollzugsbeamtin sucht Frieden im Grünen, doch im Rosengarten lauert ein grausiges Geheimnis, und zwei Männer drängen sich in ihr Leben – der eine will Liebe, der andere Geld.

»Ein Reigen der Unehrlichen. Enorm.« *KrimiZEIT-Bestenliste*

Liza Cody

»Sie ist die Beste. Wie sonst niemand schafft Cody es, hochgradig unterhaltsame Genreliteratur zu schreiben, in der beiläufig die großen und kleinen Übel der Gesellschaft verhandelt werden.« *taz*

Miss Terry

Deutsch von Grundmann & Laudan
Deutscher Krimi Preis 2017 · Ariadne 1219 · 978-3-86754-219-7

Nita hat Arbeit und eine hübsche Wohnung. Aber sie sieht anders aus. Als ein Verbrechen geschieht, zeigen alle Finger auf sie.

»Codys Romane machen die Gegenwart zum Thema, haben einen doppelten Boden. Das beflügelt – herrlich, besonders wenn der Müllcontainer wieder ferkelt.« *Süddeutsche Zeitung*

Ballade einer vergessenen Toten

Deutsch von Martin Grundmann
Ariadne 1238 · 978-3-86754-238-8

Eine Schriftstellerin am Tiefpunkt. Ein alter Song, der im Radio läuft. Die Idee, eine Künstlerinnenbiografie zu versuchen: Leben und Tod von Elly Astoria, ermordet in den 1980ern, Täter unbekannt.

»Unglaublich spannungsgeladen, höchst unterhaltsam. Geniales Spätwerk.« *Badische Zeitung*

Lady Bag

Deutsch von Laudan & Szelinski
Ariadne 1222 · 978-3-86754-222-7

»Haarsträubender, herzzerreißender Höllentrip durch Londons Unterwelt. Was *Lady Bag* zu einem der aufregendsten Kriminalromane des Jahres macht, ist Codys Entscheidung, die Geschichte ausschließlich aus der Perspektive der Obdachlosen zu erzählen.« Marcus Müntefering, *Krimi-welt.de*

»Sie hat kein Geld, keine Zähne, keine Peilung, aber sie hat große Klasse.« *Perlentaucher*

Ariadne
Herausgegeben von Else Laudan

Deutsche Originalausgabe

Glashüttenstraße 28, 20357 Hamburg
Telefon 040/4018000 – Fax 040/40180020
www.argument.de
Umschlag: Martin Grundmann
Lektorat: Else Laudan
Satz: Iris Konopik
Druck und Bindung: CPI books, Leck
Gedruckt auf säure- und chlorfreiem Papier
ISBN 978-3-86754-251-7
Erste Auflage 2021